KB273498

돈의 방정식

돈의 방정식

The Art of
Spending
Money

돈의 방정식

돈을 지위와 성공의 기준,
그 이상으로 다루기 위한 21가지 이야기

모건 하우절
박영준 옮김

서三삼독

나의 유니콘 켈리_{Kellie}에게 이 책을 바칩니다.

《돈의 심리학》에서 나는 부와 투자를 바라보는 우리의 생각을 다뤘다. 겉으로는 이성적인 판단처럼 보이지만, 사실은 감정과 사회적 압력이 의사결정을 좌우한다는 점을 보여주고 싶었다.

이번 책은 그다음 이야기다. 《돈의 심리학》이 '부를 어떻게 키울 것인가'였다면, 이 책 《돈의 방정식》은 그 '부를 어떻게 다룰 것인가'에 초점을 맞춘다.

나는 독자에게 하나의 답을 주려 하지 않는다. 대신, 돈을 다룰 때 우리 마음속에서 어떤 일이 벌어지는지를 함께 이해하기 위해 이 글을 썼다. 사람은 제각각 다르지만, 동시에 놀라울 만큼 비슷하다.

핵심은 하나다. 돈은 숫자가 아니라 이야기다. 무엇이 중요한지, 무엇이 행복을 주는지, 어떻게 성공을 정의하는지에 대한 우리 각자의 이야기다.

돈을 다루는 데에는 하나의 답이 없다. 어떤 사람에겐 즐거움이 다른 사람에겐 공허함일 수 있다. 그래서 감정을 이해하는 것이 중요하다. 우리의 편향, 희망, 두려움을 알아야 더 현명한 선택을 할 수 있고, 그 선택이 곧 우리의 삶을 만든다.

《돈의 심리학》이 자유를 얻는 법을 말했다면,《돈의 방정식》은 그 자유를 어떻게 누릴 것인가에 대한 이야기다.

자, 지금부터 이야기를 시작해보겠다.

차례

독자들에게 6

들어가는 말 그들의 삶이 단순한 이유는
돈에 지배당하지 않고 돈을 지배하기 때문이다 12

1 '너와 나'는 다르다
개인 금융의 핵심은 금융이 아닌 '개인'이다 25

2 이력서와 추도사
당신이 남기고 싶은 것은 숫자인가 미덕인가. 45

3 도파민의 질문 "자, 다음 목표는 뭐지?"
뇌는 소유를 원하지 않는다. 소유하는 과정을 즐길 뿐이다. 63

4 당신이 보지 못하는 것
목표를 이루는 순간, 우리는 삶에 지쳐버린다. 79

5 그는 왜 결승점 앞에서 죽음을 택했을까
세계 일주 요트 경주에서 벌어진 일 95

**6 하루에 세 번씩
5성급 호텔 요리를 먹는다면**

돈으로 행복해지는 비결은 '쾌락의 쳇바퀴'와 싸우는 데 있다.　115

7 3,000억 달러를 남긴 밴더빌트 가문 이야기

돈은 우리를 복종시키는 주인이 아니라,
우리를 돕는 도구가 되어야 한다.　129

8 쾌적하고 편리한 vs. 남에게 보이기 자랑스러운

당신이 원하는 건 과시인가 효용인가,
세상에 틀린 답은 없다.　149

9 오늘을 위할 것인가, 내일을 위할 것인가

진정한 리스크는 몇 년, 혹은 몇십 년 뒤에 찾아올 후회다.　163

**10 시기와 지위의 게임에서 승리하는
유일한 방법**

남을 질투하는 일은 정신적 자해 행위와 다를 바 없다.　183

11 독립이 없는 부는
또 다른 형태의 빈곤일 뿐이다

상위 0.001퍼센트 억만장자가 파산하는 이유　201

12 조용한 돈

"내 꿈은 이름 없는 부자가 되는 것"　219

13 부자가 되는 가장 빠른 길

'빠름'은 모든 관심을 차지하고
'느림'은 모든 능력을 차지한다.　233

14 돈이 당신의 정체성을 결정할 때

삶의 주도권을 쥔 쪽은 당신인가, 아니면 당신의 경제적 신념인가.　245

15 '그것'을 찾아서

무엇을 구매할지를 배우기보다
무엇을 포기할지를 배우는 게 더 중요하다.　261

16 내 아이들에게 보낸 편지

자녀에게 돈, 그리고 무엇을 가르쳐야 할까.　279

17 스프레드시트는 감정이 없다

감정이 숫자보다 깊은 통찰을 발휘할 때   295

18 사소한 것에 관하여

작은 비용을 절약하면 큰 부를 쌓을 수 있다.
반대로 사소한 비용에 목을 매다가 큰 문제를 놓칠 수도 있다.   303

19 탐욕과 공포의 수명주기

"내가 틀렸다고? 말도 안 돼."
어제 옳았다고 과연 내일도 옳을까.   317

20 돈을 쓰면서 불행해지는 19가지 방법

이렇게 쓰라고 말할 수는 없지만
이렇게 써선 안 된다고 말할 수는 있다.   337

21 돈에 관한 나의 유일한 목표

독립적인 삶은,
돈으로 살 수 없는 최고의 투자 수익률을 보장한다.   349

감사의 말 361
주 362

그들의 삶이 단순한 이유는
돈에 지배당하지 않고 돈을 지배하기 때문이다

안과의사 댄 굿맨은 안경을 벗고 싶어 하는 어느 여성에게 라식 수술을 해준 적이 있다. 환자는 몇 주일 뒤에 실의에 빠진 모습으로 검진을 위해 다시 병원을 찾았다. 그녀는 이 수술이 자신의 삶을 망쳐놓았다고 말했다.[1]

수술 자체는 아무런 문제도 없었다. 그녀는 여러 해 만에 처음으로 안경을 쓰지 않고도 사물을 선명하게 볼 수 있게 됐다.

굿맨이 물었다. "그럼 뭐가 문제인가요?"

그 여성은 안경을 벗으면 남편이 자신에게 더 매력을 느끼고 직장 동료들도 자신을 더 지적인 사람으로 생각할 거라고 기대했다. 하지만 그런 반응이 나오지 않자 사랑과 존경은 안경 같은 피상적인 물건 때문에 생겨나지 않음을 깨달았고, 이에 실망했다는 것이다.

"제가 도와드릴 만한 문제는 아니네요." 굿맨이 말했다. 그리고 덧붙였다. "그런 일도 있을 수 있다는 사실을 미리 알지 못해 미안합니다."

늘 갖고 싶어 했던 물건을 손에 넣은 사람이 행복은 생각보다 복잡하다는 사실을 깨닫는 장면이다.

돈도 예외가 아니다.

"원하는 모든 것을 얻었어도, 정작 가장 필요한 한 가지를 갖지 못한 것보다 더 나쁜 일은 없다"라는 말이 있다. 돈과 성공의 관계를 잘 요약해주는 격인이다. 당신이 운이 좋아서 원하는 물건(돈)을 손에 넣었더라도 정작 자신에게 필요한 것(가족, 친구, 건강, 소속감 등)은 돈과 상관이 없었다는 사실을 뒤늦게 깨달을 수 있다. 그 순간 당신은 실망할 것이다. 그보다 더 나쁜 일이 있을까?

이 책은 우리가 돈을 쓰는 일이 스프레드시트나 숫자와는 별 관계가 없고, 대신 돈의 세계에서 종종 무시되는 시기심, 사회적 열망, 정체성, 불안감 등의 심리적 주제와 관련이 깊다는 사실을 이야기한다.

돈으로 행복을 살 수 있을까? 살 수 있다.
돈을 쓰면 더 행복해질까? 행복해질 수 있다.

하지만 현실은 생각보다 훨씬 복잡하다. 숫자, 도표, 데이터 같은 객관적인 정보 뒤에는 혼란스럽고 비합리적인 인간의 심리가 자리 잡고 있다. 제대로 쓰는 방법만 안다면 돈은 당신에게 더 나은 삶을 안겨줄 수 있는 놀라운 도구다. 하지만 돈을 다루는 법을 배우는 일은 돈을 버는 법을 배우는 일과 사뭇 다르다.

윈스턴 처칠은 술을 마셔서 잃은 것보다 얻은 게 더 많다는 유명한 말을 남겼다. 돈에도 비슷한 논리를 적용할 수 있다.

나는 돈을 벌어서 얻은 것보다 잃은 게 더 많은 부자들을 수없이 보았다. 그들은 평생 필사적으로 돈을 좇았지만, 정작 돈을 어떻게 써야 행복해지는지는 알지 못했다. 반대로 소득이 낮은 사람들이 얼마 안 되는 돈에서 큰 가치를 발견하고 이를 지렛대로 삼아 행복한 삶을 누리는 모습도 보았다.

당신이 얼마나 많은 돈을 가졌느냐는 중요하지 않다. 정말 중요한 것은, 돈과 행복의 관계를 복잡하게 만드는 인간의 심리와 행동을 얼마나 제대로 이해하고 통제할 수 있느냐 하는 것이다.

빈털터리 젊은이가 허세를 부리느라 자기 능력으로 감당하지도 못할 값비싼 자동차를 사서 끌고 다니는 장면을 상상해보라. 반면 평생 근면하게 돈을 모았으나 '절약'이라는 미덕에 지나치게 몰두한 나머지 은퇴 후 꼭 필요한 곳에도 돈을 쓰지 못하는 사람을 생각해보라.

침실 두 개짜리 집을 구하기 위해 열심히 돈을 모으던 젊은 부부가, 얼마 전 침실 세 개짜리 집으로 이사한 친구의 영향을 받아

 돈의 방정식

갑자기 눈높이가 올라갈 수도 있다. 아무리 돈이 많아도 만족을 모르는 부유한 사업가가 있는가 하면, 쥐꼬리만 한 월급도 풍족하게 여기는 저소득 근로자도 있다.

이런 현상은 스프레드시트나 숫자로 분석할 수 없으며, 그보다 훨씬 복잡하다. 이는 심리학과 사회학의 영역이자, 세상 사람들이 서로 어떻게 다른지를 알아야만 파악할 수 있는 문제다. 우리는 사람들이 어떤 식으로 삶을 살고 각자의 경험을 통해 세상을 어떻게 인식하는지 이해해야 한다. 또 그들이 어떤 사람이 되기를 원하고 남들이 자신을 어떤 시선으로 바라본다고 생각하는지도 따져봐야 한다.

학교에서는 돈에 관련된 과목을 명확한 공식과 논리를 지닌 과학으로 가르친다. 하지만 현실 세계에서 돈은 과학이 아니라 예술에 가깝다.

*

나는 대학교에 다닐 때 로스앤젤레스의 어느 5성급 호텔에서 주차 안내원으로 일한 적이 있다. 하루는 그 호텔에서 LA에 거주하는 부자들을 초청해서 값비싼 가구 전시회를 열었다.

어떤 사내가 주차 안내대 옆에서 친구와 이야기를 나누고 있었다. 그는 자기가 방금 2만 1,000달러를 주고 안락의자 하나를 샀다고 말했다. 나는 물론이고 그곳에서 일하던 다른 동료들도 그 말을 듣고 깜짝 놀랐다. 의자 하나를 사는 데 그만한 돈을 치른다는 건 우리로서는 상상도 할 수 없는 일이었기 때문이다.

그 사내는 얼떨떨한 표정을 짓는 우리를 향해 이렇게 말했다. "젊은 친구들, 나도 알아. 자네들 눈에는 내가 미친 사람처럼 보이겠지. 하지만 돈이 있으면 이 정도는 써줘야 하는 거야."

나는 그가 고른 단어가 재미있다고 생각했다. '이 정도는 써줘야 한다'니. 그는 그 의자가 정말 마음에 들었던 것일까? 아니면 부자라면 마땅히 어떤 물건을 좋아해야 한다거나 어떻게 돈을 써야 한다고 사회가 가르친 대로 행동한 걸까?

부자를 꿈꾸던 열아홉 살 젊은이였던 나는 이렇게 생각했다. 나도 언젠가는 저 사람처럼 행동해야 하나? 대학에서 열심히 공부하고 직장에서 수십 년 일한 뒤에, 보통 가정의 반년 치 수입을 들여 이상한 의자 하나를 샀다고 친구에게 말할 수 있어야 하는 건가? 그러면 더 행복해질까?

그런 생각을 하다 보니 그 사내에 대한 내 마음은 황당함에서 흥미로움으로 바뀌었다가, 나중에는 안쓰러운 느낌으로 변했던 기억이 난다.

그동안 이런 부자들을 수없이 만나봤다. 그들 대부분은 더 많은 돈을 향한 원초적 욕구에 사로잡혀 자기가 돈을 원하는 이유도 알지 못한 채 무작정 부를 추구했다. 돈을 버는 쪽으로는 남다른 능력을 발휘했어도 더 나은 삶을 살기 위해 돈을 의미 있게 활용하는 법은 잘 모르는 것 같았다.

세상을 사는 방법은 여러 가지다. 많은 사람이 돈이라는 도구를 활용해서 삶의 행복을 얻는 방법을 터득한다. 그러나 값비싼 의자를 사들인 그 사내의 경우처럼, 우리 사회가 '부자라면 이 정도는 돈을 써줘야 한다'고 가르치는 방법과 돈에서 진정한 가치를 얻어내는 방법이 항상 일치하는 것은 아니다. 그건 우리 잘못이 아니다. 진화적으로 형성된 본능에 사회적 분위기가 더해지며 우리는 더 많은 것을 욕망하도록 끝없이 강요를 받는다. 남보다 더 많은 돈, 더 큰 집, 더 반짝거리는 보석을 가져야 한다고 말이다. 물론 때로는 우리가 진심으로 원하는 것이 그런 물건일 수도 있다.

하지만 남에게 부를 과시하기 위해 무분별하게 돈을 지출하는 일은 빈털터리가 되는 지름길이거나, 너무 비싼 가격을 치르고 타인의 존경을 사들이는 잘못된 거래다. 그 결과는 실망뿐이다.

나는 당신이 돈을 이용해서 더 나은 삶을 쌓아 올릴 수 있다고 믿는다. 물론 근사한 물건이 당신에게 기쁨을 안겨줄 수도 있다. 그러나 내가 사랑하는 것은 원대한 야망, 근면한 노동, 그리고 독립적인 삶이다.

나는 지난 20년간 돈에 관한 책을 저술해왔다. 그런데도 여전히 놀라움을 느끼는 대목은 사람들 대부분이 돈으로 무엇을 하고 싶은지 알지 못하고, 지위나 성공을 과시하는 일 이외의 용도로 돈을 쓰는 법을 잘 모른다는 것이다. 이 책에는 나 자신의 삶에서 돈과 행복의 원리를 찾기 위해 노력했던 성찰의 과정이 담겨 있다.

아이가 있는 부모들에게 자녀에게 바라는 게 무엇이냐고 물으면 그들은 십중팔구 이렇게 대답한다. "아이들이 행복했으면 좋겠어요." 아이들이 부자가 되고 성공하기를 바라는지 물으면 그들은 이렇게 말할 것이다. "물론이죠. 그렇지만 우리가 원하는 건 아이들이 행복한 삶을 사는 겁니다."

훌륭한 마음가짐이다. 하지만 그렇게 말하는 부모들도 막상 자신의 삶에서는 행복을 희생하고 사회적 지위를 얻기 위해 평생 돈을 좇는다. 그런 그들이 자식에게만은 행복을 더 바라는 이유는 맹목적으로 성공을 추구하는 행위의 부작용을 직접 경험했기 때문일 것이다.

세계에서 가장 영향력이 큰 심리학자 중 하나인 카를 융_{Carl Jung}은 이런 질문을 받은 적이 있다. "사람의 마음에서 행복이라는 감정을 불러일으키는 기본 요인은 무엇이라고 생각하는가?"

그는 다음과 같은 몇 가지 요인을 꼽았다.[2]

1. 신체 건강과 정신 건강
2. 배우자, 가족, 친구 같은 친밀한 사람들과의 긍정적 인간관계
3. 예술품이나 자연의 아름다움을 알아보는 눈
4. 합리적인 생활 수준과 만족스러운 직업
5. 삶의 우여곡절을 극복하게 해주는 철학적·종교적 신념

보다시피 이 목록에 돈(특히 많은 돈)은 포함되지 않는다. 돈은

 돈의 방정식

이 요인들을 충족하는 데 얼마간 영향을 줄 뿐이다.

*

이 책은 돈을 쓰는 법을 가르치지 않는다. 그런 일이 가능했다면 이 책의 제목을 지출의 과학이라고 지었을 것이다.

나는 돈을 다루는 예술art에 관심이 더 많다. 예술은 객관적인 공식으로 표현할 수 없다. 예술은 복잡할 뿐 아니라 종종 모순적이다. 그러면서도 사람의 독특한 개성이나 성품을 들여다보게 해주는 창문의 역할을 한다. 개인의 특성, 욕심, 질투심, 사회적 지위, 후회 같은 인간의 복잡한 심리와 관련이 깊다. 이것이 이 책에서 주로 다루는 내용이다.

나는 다양한 각도에서 접근하려고 노력했다. 하지만 여러분은 이 책의 내용에서 몇 가지 공통점을 발견할 수 있을 것이다.

하나, 돈을 쓰는 방법은 두 가지다.

하나는 더 나은 삶을 살기 위한 도구로 이용하는 것이고, 또 다른 하나는 사회적 지위를 가늠하는 잣대로 활용하는 것이다. 많은 사람이 전자를 염원하면서도 결국에는 후자를 추구하는 데에 평생을 보낸다.

둘, 돈은 당신이 이용할 수 있는 도구다. 그러나 주의를 게을리하면

돈이 당신을 이용할 것이다.

돈은 당신이 알지 못하는 사이에 당신을 인정사정없이 이용한다. 돈은 경제적 자산이면서 동시에 심리적 부채다. 맹목적으로 더 많은 돈을 추구하는 행동은 정체성을 파괴하고, 개성을 통제하고, 행복을 박탈할 수 있다.

셋, 돈을 쓰면 행복해질 수 있다. 하지만 그 방법은 간접적이다.

돈 자체로는 행복을 살 수 없다. 그러나 자유를 얻고 삶의 목적을 찾는 방향으로 활용할 수는 있다. 크고 화려한 집을 구매한 사람이 행복을 느낄 수 있지만, 그가 행복을 느끼는 이유는 그 집에 가족이나 친구들을 초대할 수 있기 때문이다. 그 말은 그를 진정으로 행복하게 해주는 것은 돈이나 큰 집이 아닌, 가족과 친구라는 뜻이다.

넷, 지속적인 행복은 만족에서 나온다. 돈에서 가장 큰 행복을 느끼는 사람은 돈을 생각하지 않는 법을 알아낸 사람이다.

당신은 돈의 가치를 높이 평가하고, 돈에 감사함을 느끼고, 심지어 돈 앞에서 경외감을 품을 수도 있다. 하지만 마음속에서 돈에 관한 생각을 떨쳐내지 못하면 결국 돈에 집착하게 되고 통제받게 된다. 돈을 사용하는 최고의 방법은 당신이 어떤 사람인지를 돈으로 정의하는 게 아니라, 당신이 되고자 하는 사람에 가까워지는 도구로 돈을 활용하는 것이다.

다섯, 더 나은 삶이 무엇인지 모르는 사람일수록 '돈이 많은 삶'이 더 나은 삶이라고 단정하기 쉽다.

그런 단편적인 시각은 심오한 문제를 가릴 수 있다. 돈은 워낙 눈에 잘 띄는 물건이라 목표로 삼기가 쉽다. 자신의 영혼을 진정으로 채워주는 게 무엇인지 알아내지 못한 사람에게는 돈을 추구하는 방법이 가장 수월하게 삶의 목표를 달성하는 길이다.

여섯, 모든 사람은 자신을 더 행복하게 해주는 방향으로 돈을 쓸 수 있다. 그러나 그 방법을 정의하는 공식은 없다.

나를 행복하게 해주는 물건이 당신 눈에는 쓸모없는 잡동사니처럼 보일 수 있다. 어떤 삶의 방식이 옳으냐를 두고 토론을 벌인다는 것은 개성과 취향이 다른 사람들이 서로를 향해 자기 이야기를 늘어놓는 것에 불과하다. 작가 루크 버기스Luke Burgis는 이렇게 말한다. "우리는 하나의 생명체로서 기본적 필요를 충족한 뒤에 인간의 욕망이라는 세계로 진입한다. 당신에게 무엇이 필요한지를 아는 것보다 당신이 무엇을 갖고 싶어 하는지를 알아내기가 훨씬 어렵다."[3]

＊

영국의 작가이자 설교자 윌리엄 도슨William Dawson은 1907년《단순한 삶을 찾아서The Quest of Simple Life》를 출간했다. 그는 이 책에서

런던에 거주하는 자신의 친구들이 일생을 바쳐 돈과 성공을 추구했는데도 여전히 불행을 느낀다고 썼다. 반면 시골에서 단순한 삶을 사는 사람들은 훨씬 기쁨에 넘친다는 것이다.

그가 관찰한 바에 따르면 오로지 더 많은 돈을 벌기 위해 안간힘을 쓰는 사람들은 결국 돈의 노예가 되고 만다. 그들은 부를 쌓는 데 집착한 나머지 분별력, 인간관계, 삶의 질에 대한 통제력을 잃어버린다. 더 나은 삶을 위한 전략이라고 생각했던 것이 어느 순간 눈에 보이지 않는 독재자처럼 자신을 옭아매는 족쇄로 바뀐다.

그들은 돈이 많을수록 더 행복해지리라고 생각한다. 그러나 돈으로 많은 것을 살 수는 있지만 돈을 향한 집착에서 벗어날 능력은 사지 못한다. 집착은 불안감과 불행으로 이어진다. 이는 영원히 계속되는 악순환의 고리다. 하지만 사람들 대부분은 그런 사실을 알지 못한다.

당신이 사들인 물건이 본인의 행동에 너무 큰 영향을 미쳐서 당신이 그 물건을 소유했는지 그 물건이 당신을 소유했는지 분명하지 않을 때가 있다. 벤저민 프랭클린은 그런 상황을 적절히 묘사하는 글을 남겼다. "많은 사람이 돈을 주고 쾌락을 사들인다고 생각하지만, 사실은 자신을 쾌락의 노예로 팔아버리는 것이다."[4]

윌리엄 도슨은 가장 단순한 삶이 가장 이상적인 삶이라고 말했다. 단순한 삶을 살아가는 사람들도 좋은 집이나 사치스러운 물건을 소유할 수 있다. 그들의 삶이 단순한 이유는 돈에 지배당하

 돈의 방정식

지 않고 돈을 지배하기 때문이다.

당신이 어떤 방식의 삶을 선택하느냐는 중요하지 않다. 핵심은 외적인 화려함에 중독된 삶이 아니라 스스로 선택한 삶이 되어야 한다는 것이다. 도슨은 자신의 목표가 생계를 이어가는 것make a living이 아니라 삶을 살아가는 것make a life이라고 썼다. 어리석은 사람은 본인이 상상하는 삶을 끝없이 추구하며 현실의 삶을 희생한다.

당신이 어떤 삶을 선택하든 상관없다. 단순한 삶을 추구하는 것은 내면에 대한 깊은 이해와 성찰에서부터 시작된다.

첫 번째 장에서는 사회에 적응하지 못하는 아이들의 이야기를 통해 그 주제에 대해 이야기해보겠다.

1

'너와 나'는 다르다

개인 금융의 핵심은 금융이 아닌 '개인'이다.

무엇이 가치 있는 지출인지를 두고 논란을 벌이는 것은

삶의 경험이 다른 사람들이

서로 자기 이야기를 늘어놓는 것에 불과하다.

내가 좋아하는 질문이 하나 있다. "당신의 믿음을 이루고 있는 경험 중에 내가 겪어보지 않은 일은 무엇인가? 나도 똑같은 일을 경험한다면 똑같은 믿음을 갖게 될까?"

이 질문은 삶의 여러 부분에 적용할 수 있다. 돈도 그중 하나다.

돈을 쓰는 일과 연관된 가장 중요한 주제이자 우리에게 가장 큰 좌절과 실망을 안겨주는 사실은 돈을 지출하는 '올바른' 방법이 없다는 것이다. 어떻게 돈을 써야 모든 사람을 행복하고 만족스럽게 해줄 수 있는지를 규정하는 보편적인 법칙은 없다.

내가 좋아하는 소비 방식이 당신에게는 이해되지 않을 수도 있다. 내가 공포를 느끼는 대상이 당신에게는 즐거움을 선사할지도 모른다. 당신이 평생 추구하고 싶은 목표가 내게는 가장 피하고 싶은 악몽일 수도 있다.

이런 말이 있다. "단어를 잘못 발음하는 사람을 비웃지 마라. 그 사람이 책을 읽고 그 말을 배웠다는 뜻이니까." 비슷한 맥락에서 이렇게 말할 수도 있다. "어떤 사람이 돈을 쓰는 방식을 비웃지 마라. 그가 삶의 경험을 통해 그 방식을 배웠다는 뜻이니까."

모든 사람은 자신만의 특별한 과거를 통해 만들어진 존재다. 사람들이 특정한 방식으로 돈을 쓰는 이유를 이해하기 위해서는 먼저 그들이 어떤 삶을 경험했는지 이해해야 한다.

✳

내 처남은 사회복지사다. 사회의 최하층에서 극심한 빈곤에 시달리며 위탁 기관을 들락날락하는 결손 가정의 아이들을 돌보는 것이 그의 일이다.

이 아이들은 대부분 학교생활에 어려움을 겪는다. 행동도 좋지 않고 수업도 빼먹기 일쑤다. 집중력도 떨어지고 툭하면 싸움을 벌인다. 그들은 자신의 앞날을 준비하는 데 집중하지 못한다.

주위 사람들은 아이들의 행동을 나무랄 뿐 아니라 혼란스러운 마음으로 고개를 젓는다.

"그 아이들은 왜 그렇게 행동할까?" "더 올바르게 행동하면 더 나은 미래가 있다는 사실을 왜 알지 못할까?" "어떻게 그런 행동에 아무런 문제가 없다고 생각할 수 있을까?"

하지만 위탁 기관에서 일하는 사람들 사이에는 이런 말이 오간다. 정보만 있으면 모든 행동을 이해할 수 있다는 것이다.

이 아이들이 각자의 집에서 어떤 상황을 겪었는지 알게 된다면 누구라도 그들의 행동을 이해할 수 있을 것이다. 그들은 안전, 사랑, 관심이 절대적으로 부족하고 미래가 불확실한 환경에서 성장했다. 게다가 말 그대로 '생존 모드'로 하루하루를 살았기 때문에, 평범한 아이들이 자라면서 자연스럽게 체득하는 사회적 기술을 익힐 틈이 없었다.

그렇다고 그런 행동을 장려하거나 정당화해야 한다는 말은 아니다. 다만 그 아이들의 시선에서 세상을 바라보면, 그들이 우리로선 이해할 수 없는 의사결정을 하는 이유를 조금쯤 납득할 수 있게 된다는 것이다.

정보만 있으면 모든 행동을 이해할 수 있다. 사람들이 다양한 방식으로 돈을 지출하는 행위도 마찬가지다.

*

1920년대 중반에 접어들면서 미국은 거대한 사회·경제적 주기의 끝자락에 도달했다. 제1차 세계대전이 남기고 간 폐허는 심각한 경기 침체로 이어졌다. 사람들은 10여 년간의 고통 끝에 '광란의 20년대Roaring 20s'라 불리는 사상 초유의 경제 호황기를 맞았다.

'광란'이라는 말로는 당시의 시대 상황을 표현하기에 부족하다. 그때는 온 나라가 파티를 즐기며 흥청대던 시절이었다. 1920년대 후반의 5년 동안 미국 경제는 낮은 대출 이자, 거품 가득한 주식 시장, 불법으로 제조된 밀주의 유통 등에 힘입어 한껏 달아올랐다.

1928년 6월, 칼럼니스트 로버트 퀼런Robert Quillen은 어느 신문의
머리기사에 당시의 상황을 14개 단어로 간결하게 묘사한 제목을
달았다.[5]

가난할 때 냉대받은 경험이 많을수록, 부를 드러내는 데서 더 큰 즐거움을 느낀다.

정확한 지적이었다. 1920년대 후반에 사람들이 새로운 자동차,
화려한 옷, 신기한 물건들을 앞다퉈 사들이면서 부를 과시하고자
했던 욕구는 이전에 겪었던 극심한 빈곤과 불확실성에 대한 반작
용이었던 것이다.

뭔가에 억눌려있다가 갑자기 풀려난 사람들이 보이는 공통적
인 반응은 잃어버린 시간을 보상받기 위해 정신없이 앞만 보고
달려가는 것이다. 역사학자 프레더릭 루이스 앨런Frederick Lewis Allen
은 그때의 시대상을 이렇게 묘사했다.[6]

이 나라 사람들은 갑자기 자유를 얻은 피서객들처럼 흥
청거렸다. 삶은 헛될 뿐이고 아무것도 중요하지 않다는 게
그들의 생각이었다. 어차피 인생이 그런 거라면 마음껏 즐기
며 사는 편이 낫다는 것이다. 무리를 따라 몰려다니며 사람

돈의 방정식

들이 열광하는 새로운 물건들을 함께 가지고 노는 것처럼.

사람들은 경제가 어려웠던 시절 무시당하고 억눌렸던 과거를 보상받기 위해 닥치는 대로 돈을 썼다. 마치 누군가에게 복수하거나 잘못된 일을 바로잡기라도 하는 것 같았다. 그들이 미친 듯이 돈을 써댄 이유는 숫자를 꼼꼼히 계산한 뒤에 올바른 결정이라고 판단해서가 아니라 감정적 상처를 치료하기 위해서였다. 시대를 가리지 않고 관찰되는 이런 행동은 우리에게 많은 것을 시사한다.

나와 가까운 친척 한 사람은 매우 가난하고 불우한 가정에서 자라났다. 그는 성장하면서 온갖 어려움을 겪고 남들에게 무시당했지만, 나중에는 사업으로 크게 성공을 거뒀다.

딸이 대학에 갈 때가 되자 그는 이렇게 말했다. "수업료가 가장 비싼 학교를 고르거라." 딸을 비싼 학교에 보내는 일은 자신이 극복한 어려움을 상징하는 표시였다. 그는 가장 터무니없는 가격을 최고로 선호한다는 듯이 행동했다. 그가 생각하기에 비싼 수업료는 사회에서 얻어낸 트로피였고, 자신이 걸어온 삶의 우여곡절을 보여주는 자랑스러운 증거였다.

그 친척처럼 남에게 무시당하면서 어린 시절을 보내지 않은 사람은 그의 행동을 이해하기가 어려울 것이다. 어떤 사람의 소비 습관을 제대로 이해하려면 그의 성격을 더 깊이 들여다보고 그가 어떤 목표를 이루고자 하는지, 또 메우고 싶어 하는 마음의 빈틈이 무엇인지 파악해야 한다.

과거의 경험이 소비 습관에 미치는 영향은 사람에 따라 정반대의 모습으로 나타나기도 한다. 유치원 교사 출신으로 성공적인 재무 교육자가 된 티파니 알리셰Tiffany Aliche는 자신이 외상 후 빈곤 증후군Post-Traumatic Broke Syndrome에 시달린다고 고백했다.[7] 큰돈을 벌었는데도 좀처럼 돈을 쓰기가 어렵다는 것이다. "너무 오랫동안 가난하게 살다 보니 어려운 시절로 다시 돌아가게 될까 두려워요."

사람들의 소비 습관을 이해하려면 먼저 그들이 즐거움이나 유용함을 위해 돈을 쓰는 것만은 아니라는 사실을 알아야 한다. 인간의 의사결정은 살면서 겪어온 사회적·심리적 경험을 반영한다. 삶의 경험은 사람에 따라 천차만별이다. 당신에게는 당연하게 여겨지는 소비가 내 눈에는 터무니없어 보일 수도 있다.

당신이 대학교 학위를 따기 위해 엄청난 돈을 쏟아붓는 일이 누군가에게는 쓸데없는 낭비처럼 느껴질지도 모른다. 반면 어떤 사람에게는 필수적인 투자로 생각될 수도 있고, 또 다른 사람에게는 신분 상승의 기회로 여겨질 수도 있다. 똑같은 결과물이라도 사람에 따라 전혀 다른 의미가 부여될 수 있는 것이다.

원래부터 풍족한 가정에서 자라난 사람의 눈에 람보르기니 같은 고급 스포츠카는 허세로 가득한 사치품으로 보일 수 있지만, 가난한 집안에서 성장한 사람에게는 성공을 상징하는 표시일 수 있다. 이런 문제에 정답이 있다고 생각해서는 안 된다.

사람들은 돈을 이용해서 각자의 심리적 욕구를 충족한다. 한 주에 100시간씩 일하면서 자신의 직업을 지긋지긋하게 생각하는 변호사는 고된 노동에 대한 보상의 의미로 마구잡이로 돈을 쓸 수 있다.

투자은행에서 일하는 사람들은 연말 보너스를 받자마자 주머니에 구멍이라도 뚫린 듯이 순식간에 돈을 써버린다. 그들은 매일 새벽 3시까지 엑셀 모델링 작업을 하느라 12개월을 시달린 끝에, 이제 그 희생에 가치가 있었다는 사실을 입증하고 싶은 욕구를 느낀다. 마치 물속에 가라앉았다가 물 위로 올라온 사람이 한꺼번에 숨을 몰아쉬는 모습과 비슷하다. 아닌 게 아니라 많은 이들이 숨을 몰아쉬듯 돈을 쓴다.

그런 점에서 보자면 '지연된 만족'을 가장 잘 실천하는 사람은 자기 일을 진심으로 좋아하는 사람일 것이다. 그런 사람은 자신의 노력을 보상받고자 하는 마음이 없으므로 높은 급여를 받더라도 과도한 소비를 일삼지 않는다.

어떻게 돈을 써야 가치 있는 지출인지를 논의한다는 것은 삶의 경험이 제각각인 사람들이 서로를 향해 자신의 이야기를 늘어놓는 것에 불과하다. 당신이 어떻게 돈을 써야 하는지, 또는 다른 사람들이 왜 그런 식으로 돈을 쓰는지 이야기하려면 먼저 당신과 삶의 경로가 다른 사람들은 원하는 것도 다르다는 사실부터 받아들여야 한다.

내가 특정한 지출 방식을 선호한다고 남들도 그래야 한다고 생각하는 것은 성숙하지 못한 사고방식이다. 내가 어떤 일을 무가치하게 여긴다고 해서 남들도 그래야 한다고 믿는 것도 마찬가지다. 세상은 그런 식으로 돌아가지 않는다. 당신에게는 합리적이고 만족스러운 소비가 내게는 아무런 의미가 없을 수 있다. 내게는 꼭 필요한 지출이 당신 눈에는 낭비처럼 보일 수도 있다.

소프트웨어 엔지니어 빌리 마커스Billy Markus는 이렇게 말한다. "사람은 합리적이지 않다. 다만 뭔가를 합리화할 뿐이다. 이 단순한 사실을 깨닫는 순간 남들이 특이하게 행동하는 이유를 이해하게 될 것이다."[8]

돈을 지출하는 행위를 과학이 아니라 예술로 봐야 하는 이유도 그 때문이다. 돈을 어떻게 써야 하는지, 무엇이 가치 있는 소비인지를 규정하는 보편적인 정답은 없다. 우리가 할 수 있는 일은 사람들의 생각이 얼마나 각양각색이고 돈을 쓰는 취향이 얼마나 다양한지를 폭넓은 시각에서 이해하는 것뿐이다.

＊

리사 펠드먼 배럿Lisa Feldman Barrett은 인간의 감정이 어디에서 비롯되는지를 연구하는 심리학자다. 심리학의 전통적 관점에 따르면 사람의 감정은 태어날 때부터 두뇌 속 깊은 곳에 뿌리를 내린다고 한다. 오랜 시간 지속된 진화의 결과로 나에게 두려움, 재미, 모욕감 같은 감정을 초래하는 원인은 다른 모든 사람에게 똑같은 감정을 유발하도록 미리 정해져 있다는 것이다.

하지만 배럿은 30년의 연구를 통해 현실은 그보다 훨씬 복잡하다는 사실을 밝혀냈다.

"사람의 감정은 태어날 때 두뇌 속에 고정되는 게 아니다. 필요할 때마다 두뇌가 만들어내는 것이다."[9]

사람은 태어난 순간부터 무엇이 무섭고, 무엇이 재미있고, 무엇이 자신을 화나게 하는지 배우기 시작한다. 심지어 그 감정에 어떤 식으로 반응해야 하는지, 가령 화가 났을 때는 상대방에게 그 사실을 알리기 위해 어떤 표정을 지어야 하는지도 배운다.

감정이 학습된다는 사실은 대단히 중요하다. 감정은 우리가 니고 자란 문화와 환경의 산물이다. 배럿은 이렇게 말한다.[10]

'분노'나 '혐오' 같은 개념은 유전적으로 미리 결정되는 게 아니다. 당신에게 친숙한 감정적 개념들이 마음속에 자리 잡은 이유는, 당신이 그 개념들이 유용하고 의미 있게 받아들여지는 사회적 환경 속에서 성장했기 때문이다. 당신의 두뇌는 자신도 인식하지 못하는 사이에 그 감정적 개념들을 적용해서 경험을 구축한다.

문제는 사람의 경험이 극단적으로 다를 수 있다는 것이다. 아프리카의 가난한 아이가 자라면서 배운 두려움의 대상은 캘리포니아의 부잣집 아이가 배운 두려움의 대상과 다르다. 맨해튼에 거주하는 어린이에게 기쁨을 안겨주는 물건은 아이오와의 농촌에 사는 어린이에게 기쁨을 주는 물건과 같지 않다.

인간에게 가장 원초적인 느낌처럼 생각되는 기쁨, 공포, 수치심, 자부심 같은 감정도 문화, 가정, 개인에 따라 그 형태가 천차만별이다. 당신을 부끄럽게 만드는 뭔가가 내게는 자긍심을 심어줄 수 있다. 내가 공포를 느끼는 것에서 당신은 짜릿함을 맛볼 수 있다. 당신이 추구하는 목표가 내게는 악몽일지도 모른다.

사람의 감정만 다른 게 아니다. 어떤 문화권에서는 '상식'으로 받아들여지는 행동이 다른 문화권에서는 우스꽝스럽고 낡아빠진 행위로 여겨지기도 한다. 심리학자 조너선 하이트Jonathan Haidt에 따르면 미국에서는 25세 아들이 아버지의 이름을 부르는 게 자연스러운 일이지만, 다른 문화권에서는 도덕적으로 받아들여지지 않는다.[11] 음식 준비, 위생 관리, 자녀 양육, 배우자를 대하는 태도에 대한 관점도 지역이나 문화에 따라 제각각이다.

우리가 '상식'이라는 개념을 모든 사람이 동의하는 보편적 진리라고 정의한다면, 2+2=4처럼 과학적으로 증명된 진리를 제외한 상식은 그렇게 흔치 않다는 사실을 알게 될 것이다. 작가 데이비드 맥레이니David McRaney는 이렇게 말한다. "사람들에게 합의된 현실은 대부분 지리적 환경의 결과물일 뿐이다."[12] 요컨대 도전할 만한 모험, 흥미로운 실험, 사소한 즐거움, 필수적인 욕구 등에 대한 사람들의 관점은 저마다 다르다.

조금 극단적이기는 해도 작가 로버트 헨더슨Robert Henderson이 들려주는 사례를 생각해보자. 그는 어린 시절 10곳 이상의 위탁 가정을 전전하면서 성장했고, 케임브리지 대학에서 심리학 박사 학위를 받았다.

◢ 부유한 가정에서 자라 좋은 대학교에 진학한 대학생은 코카인을 한 번쯤 경험해도 큰 문제가 없을 것이다. 그러나 부모의 보살핌이 부족한 결손 가정에서 자라난 아이는 필로폰에 한 번만 손을 대도 인생이 망가질 가능성이 크다. 이는 카토 연구소가 2019년 시행한 여론 조사에서 학사 학위 이상을 소지한 미국인 60퍼센트가 마약 합법화에 찬성했으나, 학위가 없는 사람들의 찬성률은 절반에 미치지 못한 이유를 설명해준다. 부자들에게는 마약이 시간을 보내기 위한 오락거리에 지나지 않지만, 가난한 사람들에게는 더 큰 고통으로 향하는 지름길이기 때문이다.[13]

사회복지사로 일하는 내 처남 이야기를 다시 들려주겠다. 한번은 그가 어느 가난한 부부에게 다음 달에 아파트에서 쫓겨나지 않으려면 조금씩이라도 돈을 모아야 한다고 설득한 적이 있다.

"그 사람들은 나를 보고 비웃더군요." 처남이 내게 말했다.

"오, 당신은 미래를 생각하는 사람future thinker이네요." 그중 남편이 처남을 향해 큰 소리로 웃으며 이렇게 말했다고 한다.

"네? 뭐라고 하셨나요?" 처남이 물었다.

"미래를 생각하는 사람이라고 했어요. 당신은 미래를 생각하는 사치를 부리고 있네요. 우리는 그럴 형편이 못 돼요. 우리가 내다보는 미래는 24시간뿐이에요. 때로는 5분이 되기도 하죠. 당장 다음 끼니를 어떻게 해결할지부터 걱정해야 하니까요. 우리가 생각할 수 있는 미래는 그게 전부예요."

그 부부는 주머니에 든 돈을 가장 이른 시간 안에 한 푼도 남김없이 써야 했다. 그들이 생각하는 '미래'의 개념이 당신이나 내가 생각하는 미래와 완전히 달랐기 때문이다. 그들과 우리 사이에는 상식이라고 부를 만한 공통된 기반이 없었다.

마켈 그룹Markel Group의 CEO 톰 게이너Tom Gayner는 국선 변호인으로 일하는 자신의 딸과 점심을 먹으며 나누었던 이야기를 들려주었다. 게이너가 딸에게 요즘 어떤 사건을 맡았느냐고 묻자, 딸은 어떤 사람이 식당에 들어가 음식을 주문해서 먹은 뒤에 아이들이 보드게임에서 사용하는 가짜 돈으로 음식 값을 치르려 했다고 말했다.

"그 남자가 바보라서 그런 거야, 아니면 장난을 친 거야?" 게이너가 물었다.

"아빠, 그 사람은 가난하고 배가 고팠을 뿐이에요. 제 의뢰인들은 도를 닦는 선사처럼 오직 이 순간에만 집중해요. 과거나 미래 같은 건 없어요. 그 사람은 그저 배가 고팠던 거예요."

너무 심각한 사례를 예로 들었는지도 모르겠다. 하지만 당신과 나를 포함한 모든 사람은 그녀의 의뢰인들과 어느 정도 비슷한 삶을 살아간다. 부자든 가난뱅이든 사람의 가치관은 개인적인 취향에서 비롯되고, 개인적인 취향은 현재의 욕구와 과거의 경험에서 축적된 교훈을 조화시키는 과정에서 형성된다.

*

돈을 다루는 법에 관한 두 가지 조언을 소개한다.

투자 자문역으로 일하는 팀 마우러Tim Maurer는 이렇게 말했다. "개인 금융personal finance이라는 용어에서 눈여겨봐야 할 부분은 '금융'이 아니라 '개인'이다."[14] 지금까지 내가 들은 돈에 관련된 말 중에 가장 현명한 조언이라고 생각한다.

돈과 관련하여 일어나는 문제의 대부분은 사람들이 각자의 취향을 따르지 않고, 사회적 기준에 맞춰 돈을 쓰거나 저축하는 과정에서 생겨난다. 그들은 지극히 개인적인 문제 앞에서도 모든 상황에 통용되는 하나의 정답을 찾으려 한다. 마치 자기 자신이 아닌 다른 사람이 되어 평생을 살아야 한다고 스스로 강요하는 것처럼 말이다.

사람들은 당신이 이탈리아 음식을 좋아하고 내가 멕시코 음식을 좋아하는 게 옳고 그름의 문제가 아니라는 사실을 잘 안다. 그것은 개인의 취향일 뿐이다.

하지만 어떤 집에 살아야 할지, 어떤 옷을 입어야 할지, 언제 은퇴를 선언해야 할지, 얼마나 자주 여행을 가고 얼마나 자주 외식할지와 같은 문제로 대화의 폭을 넓히면 그 논리는 어느덧 사라져버린다. 당신이 어떤 삶을 선택하든 수많은 사람(친구, 가족, 동료, 온라인에서 댓글을 다는 사람들)이 잘못된 행동이라고 저마다 비난을 퍼부을 것이다.

우리가 돈과 맺고 있는 관계가 얼마나 개인적이고 감정적인지를 인식하는 순간, 이 여정은 나 홀로 걷는 길임을 깨닫게 된다. 당신의 배우자나 아이들도 그 과정에 어느 정도 영향을 미치겠지만, 어느 지점에 이르면 남들 의견에 휘둘리지 않고 돈을 다루는 자신만의 방식을 스스로 찾아내야 한다.

코미디언 조지 칼린George Carlin은 이런 말을 했다.[15] "나보다 천천히 운전하는 사람은 멍청이고, 나보다 빨리 달리는 사람은 미친놈이다." 우리는 자신과 다른 의사결정을 모두 잘못된 결정으로 몰아붙이는 경향이 있다.

물론 이 책에서도 다른 사람들이 돈을 사용하는 방식을 놓고 나무라는 순간이 있다. 하지만 그런 사람들에 대한 비판은 돈을 쓰는 방식이 본인의 행복에 명백히 지장을 초래하는 경우로만 한정하려고 노력했다.

자기가 내린 의사결정이 어떤 결과로 이어질지 잘 모르는 사람에게는 도움과 조언이 필요하다. 하지만 타인의 의사결정이 당신의 결정과 다르다는 이유만으로 그 사람을 비난해서는 안 된다.

어떤 사람들은 남들이 자신처럼 생각하지 않는 이유를 도무지 이해하지 못한다. 나는 왜 그런지 알 것 같다. 내가 그들과 다른 삶의 방식을 선택하면 그들은 내가 내린 의사결정을 자신에 대한 공격으로 받아들인다. 특히 자신의 의사결정에 의구심을 품거나 확신이 떨어지는 사람들은(사실 모든 사람이 그렇다) 그런 성향이 더 강하다.

문제는 내가 당신이 돈을 쓰는 방식에 대해 비판하는 순간 세상에는 돈을 쓰는 올바른 방법(즉, 나의 방법)이 존재한다고 착각할 수 있다는 것이다. 그로 인해 나 자신의 의사결정을 성찰하지 않게 되고, 더 나은 방법이 없는지 자문하지 않게 되며, 내 감정을 이해하려는 노력도 하지 않게 된다. 남을 섣불리 판단하는 일은 무모한 자신감을 앞세워 스스로 성장할 기회를 가로막는 행위일 뿐이다.

건전한 돈의 철학은 타인의 경험을 존중하고, 나 자신의 경험을 통찰하고, 그 사람에 대한 충분한 정보만 있다면 모든 행동을 이해할 수 있다는 진리를 받아들이는 데서 시작된다.

자, 이제 다음 장에서는 존중과 존경에 대한 이야기를 해보려한다. 물건이 아닌 사람을 향한 진정한 관심에 대한 얘기다.

Money,
Mind,
and
Meaning

/

"나보다 천천히 운전하는 사람은 멍청이고,

나보다 빨리 달리는 사람은 미친놈이다."

우리는 자신과 다른 의사결정을
모두 잘못된 결정으로 몰아붙이는 경향이 있다.

/

2

이력서와 추도사

당신이 남기고 싶은 것은 숫자인가 미덕인가.

당신은 멋진 물건이 갖고 싶다고 생각하겠지만

당신이 진정으로 원하는 것은
남들의 존중, 존경, 관심이다.

더 나은 삶이란 무엇인가? 이 질문의 의미가 무엇인지 잘 모르는 사람은 '돈이 너 많은 삶'이 너 나은 삶이라고 속단하기 쉽다. 그런 단순한 사고방식은 많은 사람에게 영향을 미친다. 무엇이 '좋은 삶'이냐의 문제는 지난 수천 년 동안 철학자들 사이에서 수많은 논쟁을 불러일으킨 복잡한 주제다. '더 많은 돈'은 우리가 가장 쉽게 추구할 수 있는 수량화된 목표다.

하지만 사람들은 더 많은 돈과 그 돈으로 사들일 수 있는 물건에 대한 욕망에 사로잡혀 정작 자기가 진정으로 바라는 게 무엇인지는 깨닫지 못한다. 알고 보면 당신은 남들의 존중, 존경, 관심을 가장 바라고 있다.

당신은 더 많은 돈을 벌면 멋진 자동차를 살 수 있고, 멋진 자동차나 큰 집이 있으면 남들이 자신을 더 많이 존중하고 존경하리라고 생각한다. 물론 그럴 수도 있다. 하지만 여기에 대해 내가 깨달은 교훈을 공유하고자 한다.

나는 두 아이에게 이따금 편지를 써서 지금까지 배운 돈에 대한 교훈을 전해주려고 노력한다. 최근에는 편지에 이런 내용을 적었다. 아이들은 더 좋은 자동차나 큰 집이 갖고 싶다고 생각하겠지만, 사실 그들이 진정으로 원하는 건 그런 물건이 아니다. 아이들은 타인의 존중과 존경을 원할 뿐이며, 멋진 물건을 사는 순간 존중과 존경도 함께 따라오리라고 생각한다.

어떤 사람이 근사한 물건을 소유했다는 이유만으로 남들에게 존경받는 일은 거의 없다. 적어도 당신이 기대하는 만큼은 아니다. 특히 당신이 가장 존중과 존경을 받고 싶어 하는 사람들은 절대 그런 물건으로 당신을 판단하지 않는다.

＊

나는 '미리 쓰는 부고'라는 아이디어가 매우 참신하다고 생각한다. 요점은 이렇다. 당신이 세상을 떠났을 때 신문에 실리기를 원하는 부고의 내용을 본인이 직접 작성하고 그 내용에 맞춰 남은 인생을 살아가는 것이다. 이는 당신이 삶에서 무엇을 진정으로 원하고 무엇을 가장 중요하게 여기는지를 되돌아볼 수 있는 가장 확실하고 단순한 방법이다.

사람들이 작성한 부고는 각자 다르겠지만, 당신은 주로 다음과 같은 내용이 부고에 포함되기를 바랄 것이다. 당신은 남들의 사랑과 존경을 받았다. 세상에 유용한 사람이었다. 훌륭한 부모였고,

좋은 배우자였으며, 배려심이 깊은 친구였다. 공동체의 큰 자산이었고, 자신이 속한 산업 분야에도 공헌했다. 당신은 현명하고, 재미있고, 영리했다. 여기에서 빠진 게 무엇일까.

본인의 부고에 자동차가 몇 마력인지, 집이 몇 평인지, 옷을 사는 데 얼마나 지출했는지를 적는 사람은 없을 것이다. 연봉이 얼마나 됐는지, 결혼반지가 몇 캐럿이었는지, 주방을 수리할 때 얼마나 비싼 이탈리아산 수입 가구를 들여왔는지도 언급하지 않을 것이다.

나도 멋지고 비싼 물건을 좋아한다. 그런 물건들을 이따금 사들이기도 한다. 하지만 사람들이 갖고 싶어 하는 물건과 그들이 진정으로 원하는 것이 얼마나 다른지를 확인할 때마다 놀라움을 감출 수 없다.

당신이 이상적으로 생각하는 부고의 내용에 물질적 소유에 대한 언급이 없는 이유는 그런 물건이 진정으로 중요하지 않다는 사실을 본능적으로 알고 있기 때문이다.

소설가 알랭 드 보통은 《불안Status Anxiety》이라는 책에서 이렇게 썼다. "사회의 위계질서를 거슬러 오르고자 하는 욕망 뒤에 자리 잡은 지배적 충동은 우리가 축적할 수 있는 물질이나 휘두를 수 있는 권력에 대한 추구가 아니라, 높은 위치로 올라섰을 때 그 결과로 남들에게 얼마나 사랑받을지에 대한 기대에 뿌리를 두고 있다."

사람들은 근사한 물건을 타인의 관심과 맞바꿀 수 있는 상품권으로 생각한다. 이는 최근 들어 발견된 통찰이 아니다. 남에게 관

심받기를 원하는 심리는 현대의 소셜 미디어나 물질만능주의와
별로 관계가 없다. 그건 인간의 내면에 깊이 뿌리박힌 본능적 반
응일 뿐이다.

위대한 경제학자 애덤 스미스는 1759년에 이런 글을 썼다. "이
세계가 그토록 바쁘게 움직이며 애쓰는 목적은 무엇인가? 인간
은 왜 탐욕과 야망을 품고 부와 권력과 우월함을 추구하는가? 생
존의 필요를 충족하기 위함인가?"[16]

스미스의 생각은 그렇지 않았다. 그가 살았던 시대에도 노동자
들에게는 음식과 거주지와 가족이 있었다.

그렇다면 인간을 움직이는 동력은 무엇인가? 스미스는 이렇게
썼다. "남들의 눈에 띄고, 관심을 끌고, 주목받고, 사람들의 공감
과 호의와 인정을 얻어내는 것, 그것이 우리가 진정으로 원하는
이익이다. 우리의 흥미를 자극하는 것은 편안함이나 쾌락이 아니
라 허영심이다."

참으로 놀라운 통찰이 아닐 수 없다. 우리는 돈으로 구매할 수
있는 물건의 편안함이나 편리함보다 그 물건에 따라오는 타인의
관심을 더 중요하게 생각한다.

이런 사고방식은 사람마다 형태와 정도가 다르다. 당신이 멋진
물건을 욕망하는 이유가 남들의 관심을 끌기 위해서라는 사실을
인정한다 해도, 당신은 이렇게 되물을 것이다. "그게 어떻다는 말
인가?" 내가 얻고 싶은 것이 다른 사람들의 존중과 존경이라면
근사한 자동차를 사서 그들의 존중과 존경을 얻어내는 데 무슨

　　　　　돈의 방정식

문제가 있나?

물론 문제가 없을 수도 있다. 하지만 우리는 좀 더 미묘한 부분에 주목해야 한다. 사람들이 멋진 물건을 과시하는 이유는 그것이 남들의 존중과 존경을 받을 '최후의' 방법이거나 심지어 '유일한' 방법이기 때문이다. 지성, 유머 감각, 공감 능력, 사랑 같은 덕목을 통해 타인의 존중과 존경을 얻어내기 어려운 사람은 남아있는 유일한 수단이자 가장 효과가 없는 지렛대를 동원할 수밖에 없다. 자기가 소유한 물건을 자랑하는 것이다. 내 차를 좀 봐. 빵빵, 부릉부릉.

타인의 관심을 끌 방법을 궁리하는 사람은 세 가지 중요한 변수(즉, 남들의 존중과 존경을 얻기 위한 전제 조건)를 고려해야 한다. 첫째, 그 방법은 얼마나 효과적인가? 둘째, 효과가 얼마나 오래가는가? 셋째, 누가 관심을 보이는가?

하나씩 살펴보자.

얼마나 효과적인 방법인가?

멋진 물건에 돈을 쓰면 남들의 관심을 빨리 끌 수 있다. 물건은 금방 눈에 띄고, 공개적이고, 말로 설명할 필요가 없기 때문이다.

효과가 얼마나 오래가는가?

내가 오늘 당신의 차에 깊은 인상을 받았다면 당신에게 조금 관심을 보일 수 있다. 하지만 내일이 되면 그 충격은 조금 시들해진다. 한 달쯤 지나면 당신의 차를 보고 하품을 할 것이고, 1년 뒤에는 모든 관심이 사라질 것이다.

누가 관심을 보이는가?

당신의 물건에 관심을 보이는 것은 대개 낯선 사람들이다. 더구나 어떤 사람이 당신의 차에 눈길을 준다고 해도 그가 감탄하는 대상은 자동차지 당신이 아니다. 당신의 배우자도 차에 주목할까? 부모님은? 가까운 친구들은? 아이들은? 물론 그들도 자동차에 관심을 보이겠지만, 당신을 얼마나 존중하고 존경할 것인지를 측정하는 수단으로 삼지는 않는다. 그들은 당신이 친절하고, 재미있고, 지적이고, 유용하고, 사랑스러운 모습을 보여주는 것에 더 관심이 많다.

멋진 물건을 구매하는 데 돈을 쓰는 일은 남들의 관심을 사로잡는 가장 빠른 길일 수 있다. 하지만 그렇게 얻어낸 관심은 오래가지 않는다. 더구나 당신이 존중과 존경을 가장 얻고 싶어 하는 사람들의 관심을 끄는 데는 가장 덜 효과적인 방법이다. 마치 정크푸드와 비슷하다. 겉으로는 먹음직스러워 보이고 금세 만족감을 주지만 그 피해는 오랫동안 지속된다.

그렇다고 자동차, 집, 옷으로 남들의 관심을 끌어서는 절대 안 된다는 말은 아니다. 당신이 사회의 일원이라는 신호를 보내는 일은 원만한 사회생활을 유지하는 데 중요한 부분이다. 다만 멋진 물건을 사들여 타인의 관심을 유도하는 행위를 정크푸드를 먹는

     돈의 방정식

일과 비슷하게 생각할 필요가 있다는 뜻이다. 그러다 보면 성공을 과시할 목적에서 돈을 쓰려는 욕구가 눈에 띄게 줄어들 것이다.

당신이 가장 좋아하는 가수나 배우, 운동선수가 어쩌다 빈털터리가 됐다고 해도 그들을 좋아하는 마음은 변하지 않을 것이다. 그들의 주머니가 비었다고 해서 그들을 향한 존경의 크기가 달라지지는 않는다. 당신이 그들을 존경하는 이유는 돈으로 따질 수 없는 그들의 재능 때문이다.

미식축구의 스타 채드 존슨Chad Johnson은 남들이 자신을 구두쇠라고 생각하는 이유를 이렇게 설명했다. "당신이 유명한 인물이라면 사람들은 당신의 재능만으로도 이미 당신을 존중하고 존경한다. 따라서 굳이 물질적인 부를 자랑할 필요가 없다."

当신의 이름이 돈으로 살 수 없을 만큼 커지는 순간이 오면, 그게 당신의 진정한 가치가 된다. 나는 내 이름보다 더 가치 있는 물건을 살 수 없다. 그러므로 보석 따위를 사들이는 일은 무의미하다. 나는 나일 뿐이다. 돈을 낭비하는 것은 아무런 효과가 없다.[17]

제프 베이조스는 아마존의 규모가 커지고 엄청난 성공을 거뒀을 때도 구형 혼다 어코드를 몰고 다녔다.[18] 오늘날 그는 5억 달러짜리 요트를 가지고 있다.[19] 그렇다고 그가 사람들에게 더 많이 존중받고 존경받을까? 그렇지 않다. 그가 싸구려 자전거를 타고 돌아다닌다고 해도 사람들은 여전히 그를 이 시대의 가장 위대한 사업가로 존경할 것이다. 그게 바로 그의 본모습이다. 스티브 잡스는 가구가 하나도 없는 집에 산 적도 있다.[20] 그래도 아무런 문제가 없었다. 그는 변함없이 시대의 아이콘이었다.

이들은 모두 유명한 인물이며, 그런 점에서 다소 예외적인 사례일 수 있다. 하지만 우리 같은 보통 사람도 그들의 이야기에서 배울 점이 많다. 당신이 물질적 소유가 아니라 진정한 자신의 모습으로 남들의 존중과 존경을 받을 수 있다면, 근사한 물건을 사들이는 데 돈을 쓰고자 하는 욕구는 줄어들 것이다.

당신이 존경하는 사람들도 마찬가지다. 내가 부모님을 사랑하고 존경하는 이유는 두 분이 아름다운 옷을 차려입어서가 아니다. 여기에도 생각해볼 점이 있지 않을까? 우리의 궁극적인 목표는 물질적 소유가 아니라 자신의 진정한 모습을 통해 남들의 존중과 존경을 받는 것이 되어야 하지 않을까?

언론인이자 작가인 제니퍼 브레니 월리스Jennifer Breheny Wallace는 자신의 책《결코 충분하지 않음Never Enough》에서 이렇게 썼다. "사람들은 두 가지 방식으로 자존감을 느낀다. 하나는 자신을 진심으로 자랑스러워하는 데서 오는 내적 자존감이고, 또 하나는 타인의 의견이나 시선에 의해 형성되는 외적 자존감이다. 심리학자들은 후자를 오만한 자존감hubristic pride이라고 부른다."[21]

현대인들이 멋진 물건에 돈을 쓰는 이유는 대부분 외적 자존감을 충족하기 위해서다. 반면 우리가 본능적으로 갈망하는 것은 심오하고 만족스러운 내적 자존감이다. 당신은 어떤 옷을 입었고 어떤 자동차를 타느냐가 아니라, 자신이 어떤 사람이고 어떤 일을 이뤘는지를 자랑하고 싶어 한다.

심리학자 팀 캐서_{Tim Kasser}는 내적 자존감을 추구할 능력이 부족한 사람일수록 외적 자존감을 가치 있게 여긴다고 지적했다. 마치 정크푸드(물질적 지위)를 탐하다가 영양가 높은 음식(가족, 친구, 지성, 유머 감각, 사랑)에 대한 식욕을 잃어버리는 사람과도 비슷하다. 연구에 따르면 외적 자존감을 중요시하는 사람들은 불안감과 우울증에 빠져 알코올을 남용할 가능성이 크다고 한다.

돈을 자랑하고 싶은 마음은 인간의 자연스러운 욕망이다. 내가 생각하기에 화려한 스포츠카를 가장 많이 갈망하는 사람은 젊은 이들, 그중에서도 젊은 남성들인 듯하다. 나이가 어리고 삶의 경험이 부족한 사람들은 아무래도 지혜, 지식, 사랑 등을 통해 남들의 존경을 얻어낼 능력이 나이 든 사람보다 다소 부족할 수밖에 없다. 따라서 마지막 선택지인 물질적 소유로 자연스럽게 이끌리게 된다.

나도 그럴 때가 있었다. 세상 물정 모르고, 사회성이 부족하고, 변변한 기술도 없던 시절에는 페라리가 그토록 갖고 싶었다. 하지만 지금은 소박한 자동차에도 더없이 만족한다. 대신 나는 인자한 아버지, 좋은 남편, 능력 있는 작가로서 남들의 존중과 존경을 받고 싶다. 스무 살 젊은이였을 때는 세상에 그런 가치를 제공할 능력이 없었다.

다른 사람들이 당신의 어떤 면을 중요시하는지 제대로 보기 바란다. 내게는 수십 년 동안 친하게 지내온 친구가 한 명 있다. 내가 가장 좋아하는 사람 중 하나다. 그 친구는 아주 부자는 아니어도 그럭저럭 밥을 먹고 산다. 하지만 자기가 동료들보다 못한 사람처럼 느껴진다고 종종 말하는 걸 보면 그 점이 늘 마음에 걸리는 듯하다.

어느 날 나는 친구에게 이렇게 말했다. 네가 좋은 아버지, 훌륭한 남편, 정직한 시민, 성실한 근로자, 믿음직한 친구, 유머 감각이 뛰어난 사람이라면, 내가 너에게 바칠 수 있는 존중과 존경의 98퍼센트는 벌써 확보한 셈이다. 만일 네가 큰 부자고 성공한 인물이라면 그 비율이 99퍼센트 정도로 높아질 수 있다. 보다시피 그 차이는 그렇게 크지 않다. 나는 네가 얼마나 많은 돈을 벌었고 어떤 자동차를 타느냐에 상관없이 지금의 모습을 좋아한다.

물질적 소유와 무관하게 남들의 존중과 존경을 받는 이들을 보면 왜 우리가 소유물에 집착해야 하는지 의문이 든다. 모든 사람의 성향은 각자 다르다. 나는 물질적 소유에 대한 욕심이 생길 때마다 그건 내가 세상에 내놓을 만한 다른 장점이 없다는 뜻이라고 생각한다. 근사한 물건을 향한 욕망이 커질수록 내가 세상에 제공할 수 있는 진정한 가치, 나를 행복하게 해주는 가치는 줄어든다. 이 단순한 사고방식은 삶의 우선순위를 올바로 정립해준다.

내가 존중과 존경을 받고 싶은 사람들은 누구인가? 대부분 가족이나 가까운 친구들이다.

그들은 나의 어떤 점에 관심이 있나? 내가 그들에게 어떤 느낌을 안겨주는지, 그들을 어떻게 대하는지, 그들에게 얼마나 유용한 사람인지에 관심을 보인다.

그들이 내가 소유한 물건에 흥미를 느끼나? 별로 그렇지 않다. 답은 너무나 간단하다.

*

나는 다음 두 가지 교훈을 항상 염두에 두려고 노력한다.

> **첫째, 무엇이 당신을 행복하게 하는지 파악하고 이를 극대화하라.**

다른 사람들처럼 나도 사회생활을 하면서 수입이 오르내리는 시절을 겪었다. 놀라운 사실은 수입이 적었을 때 나를 행복하게 해주던 일이 수입이 많아졌을 때도 여전히 나를 행복하게 해준다는 것이다. 가족들과 시간을 보내고, 야외 활동을 즐기고, 친구들과 오랫동안 대화를 나누는 순간들은 언제나 내게 행복을 준다. 퍼스트클래스를 타고 5성급 리조트에서 휴가를 보내며 아이들과 해변에서 모래성을 쌓는 시간에 10점을 준다면, 작은 아파트의 거실에서 아이들과 함께 레고를 가지고 노는 시간에도 8점이나

9점을 주기에 충분했다.

　나도 멋진 휴가를 좋아하고 그런 순간을 손꼽아 기다린다. 10년 전보다 수입이 늘어난 만큼 휴가를 보내는 데 예전보다 많은 돈을 쓰기도 한다. 하지만 휴가의 어떤 부분이 나를 행복하게 해주는지 깨달은 뒤에는 휴가에서 추구하는 즐거움이 최종적인 목표에 가깝게 바뀌어가고 있다. 예컨대 '휴가에 더 많은 돈을 써야겠어'라는 마음이 이제는 '가족들과 더 의미 있는 시간을 보내야겠어'로 바뀌는 것이다.

　이 말을 문자 그대로 받아들일 필요는 없다. 작가 로버트 그린Robert Greene의 글에서 빌려 온 표현이니까. 요컨대 근사한 물건을 동원해서 성공을 자랑하려거든 이왕이면 당신이 존중과 존경을 받고 싶은 사람들에게 자랑하라는 것이다. 나는 내가 사들인 물건으로 친구나 가족에게 혜택을 주고 싶다. 낯선 사람들이 그 물건을 어떻게 바라보는지는 상관하지 않는다.

　또 하나 생각해봐야 할 점이 있다. 당신은 낯선 사람에게 자신의 성공을 과시하면 그 사람이 당신에게 관심을 쏟고 존경의 눈길을 보내리라고 생각한다. 하지만 낯선 사람이 당신에게 느끼는 감정은 존경과 찬사가 아니라 대개 질투나 시기심이다.

　벤저민 프랭클린은 사람들이 당신을 시기하지 않을 때 당신을 더 많이 존경하게 된다고 말했다. 존경심이 시기심으로 바뀌는 순간이 언제인지는 알기 어렵다. 화려한 성공을 거둔 사람들은 자신이 남들에게 존경받는다고 생각할 때도 실제로는 시기와 질투의 대상이 되고 있다는 사실을 잘 모른다.

특히 주위 사람들의 도움과 지원에 힘입어 성공을 거두고 부를 쌓아 올린 사람들은 그런 상황에 더 취약하다. 존경심이 시기심으로 바뀌는 순간, 사람들은 당신을 지원하지 않을 것이며 사소한 실수에도 인내심을 보이지 않을 것이다.

사회적 사다리를 밟아 올라가며 타인의 관심을 끌기 위해 노력하는 사람은 이런 질문을 늘 염두에 두어야 한다. 내가 남들의 시기심을 부추기고 있지는 않나? 성공과 부를 맹목적으로 추구하면서 다른 사람들의 마음을 살피지 못하는 게 아닌가?

네덜란드의 정치철학자 얀빌럼 판 데르 레이트Jan-Willem van der Rijt는 이렇게 말했다. "남에게 박수받고 싶은 마음은 인간의 가장 저급한 욕망 중 하나다."[22]

＊

칼럼니스트 데이비드 브룩스David Brooks는 사람들이 지닌 미덕을 '이력서 미덕resume virtue'과 '추도사 미덕eulogy virtue'으로 구분했다. 이력서 미덕은 연봉, 직위, 재산, 소유물 따위를 의미한다. 추도사 미덕에는 당신이 얼마나 많은 존중과 존경을 받았는지가 요약되어 있다.

당신이 삶에서 어떤 길을 추구해야 할지 고민될 때는 자신에게 어떤 미덕이 있는지, 그리고 '미리 쓰는 부고'에 어떤 내용을 적어 넣고 싶은지 생각해보라.

워런 버핏은 세계 최고의 부자 중 한 명이고, 원하는 것은 무엇이든 손에 넣을 수 있는 사람이다. 그런 그가 다음과 같은 말을 남겼다.[23]

> 내 나이쯤 되면 내가 사랑받고 싶어 하는 사람들이 나를 얼마나 사랑하는지가 성공의 크기를 가늠하는 잣대가 된다. 그것이 바로 당신이 어떤 삶을 살았는지 알 수 있는 궁극적인 기준이다. 사랑의 가장 큰 문제는 돈으로 살 수 없다는 것이다.
>
> 돈을 주면 섹스를 살 수 있다. 화려한 파티도 열 수 있다. 내가 위대한 사람이라고 추켜세우는 광고지도 뿌릴 수 있다. 하지만 남에게 사랑받는 유일한 방법은 사랑스러운 사람이 되는 것이다.
>
> 돈 많은 사람에게는 짜증 나는 일이다. 마음 같아서는 100만 달러짜리 수표만 쓰면 사랑도 살 수 있을 것 같다. 하지만 세상은 그런 식으로 돌아가지 않는다.

그렇다. 세상은 그런 식으로 돌아가지 않는다. 어쩌면 당신이 가진 것만으로도 이미 충분할지 모른다. 버핏의 말에 이어서 어느 멕시코 어부의 이야기를 들려주겠다.

▰ 미국인 사업가 한 사람이 멕시코를 방문했다가 어촌에서 고기를 낚는 어부 한 사람을 만났다. 미국인은 그 어부가 하루에 몇 시간밖에 일하지 않는다는 말을 듣고 깜짝 놀랐다. "그럼 나머지 시간에는 무슨 일을 합니까?" 미국인이 물었다. "늘어지게 늦잠을 자고, 가족들과 어울리고, 책을 읽고, 낮잠을 즐기고, 친구들과 기타를 치며 놀지요."

"당신은 잘못된 길을 가고 있습니다. 이렇게 한 번 해보시죠." 미국인이 말했다. "하루 내내 열심히 일하세요. 돈을 빌려 배를 한 척 더 사고, 다른 어부들을 고용해서 고기를 더 많이 잡는 겁니다. 그렇게 돈을 벌면 10년 뒤에는 은퇴할 수 있을 겁니다."

"은퇴 후에는 무슨 일을 하나요?" 어부가 물었다.

"늘어지게 늦잠을 자고, 가족들과 어울리고, 책을 읽고, 낮잠을 즐기고, 친구들과 기타를 치며 놀면 되죠." 미국인이 대답했다.

다음 장에서는 할머니와 억만장자에 대한 이야기를 해보겠다.

어떤 사람이 근사한 물건을 소유했다는 이유만으로

남들에게 존경받는 일은 거의 없다.

적어도 당신이 기대하는 만큼은 아니다.

특히 당신이 가장 존중과 존경을 받고 싶어 하는 사람들은

절대 그런 물건으로 당신을 판단하지 않는다.

3

도파민의 질문
"자, 다음 목표는 뭐지?"

뇌는 소유를 원하지 않는다.
소유하는 과정을 즐길 뿐이다.

수입이 늘어나는 속도보다

눈높이가 높아지는 속도가 빠른 사람은

아무리 많은 돈을 벌어도

행복해지지 못한다.

행복한 미래를 상상한다는 것은 무슨 말일까? '지금 가진 것'에 만족한 자신의 모습을 상상한다는 뜻이다. 예를 들어 근사한 집에서 살거나 값비싼 라이프스타일을 즐기는 장면을 떠올릴 수 있겠다. 하지만 실제로는 그런 소유물에 만족하며 눈앞에 주어진 것을 온전히 즐기는 '자신'을 상상하는 것이다. 그런 상상이 당신을 행복하게 한다. 그것이 바로 당신이 추구하는 감정이다.

현실의 경험이 당신에게 기대만큼의 기쁨을 안겨주지 못하는 이유는, 원하는 물건을 손에 넣자마자 아직 갖지 못한 또 다른 물건을 향한 욕구를 품기 때문이다.

진정한 행복은 무엇을 더 가져야 행복해질지 묻지 않을 때 찾아온다. 그 점을 염두에 두면 내 손에 없는 것을 안타까워하는 시간을 줄이고 내게 주어진 것을 즐기는 데 더 많은 시간을 보낼 수 있다. 행복의 열쇠는 이미 가진 것에 만족하는 것이고, 불행의 지름길은 아직 갖지 못한 것에 목을 매는 것이다.

*

소설가 마르셀 프루스트는 부자와 귀족의 삶을 꿈꾸고 부러워한 어느 젊은이의 이야기를 들려주었다. 그 젊은이는 툭하면 미술관을 찾아가 부자들의 화려한 저택과 사치스러운 생활이 담긴 그림들을 보고 자기가 그런 삶을 누리지 못한다는 사실을 괴로워하곤 했다. 프루스트는 그 젊은이에게 장 시메옹 샤르댕^{Jean Siméon Chardin}의 그림들을 눈여겨보라고 조언했다. 샤르댕은 음식, 동물, 자연 같은 일상의 삶을 주로 화폭에 담은 화가였다. 프루스트는 그 젊은이가 주위에 존재하는 사물의 아름다움을 감상함으로써 꿈속의 삶에 집착하지 않고 이미 소유한 것에서 가치를 찾는 법을 배우기를 바랐다.

"자네는 집의 주방을 걸어 다니다가도 '이 물건은 재미있군, 이건 훌륭하군, 이건 샤르댕의 그림처럼 아름답군' 하고 말하게 될 거야." 프루스트가 젊은이에게 말했다.[24]

갖지 못한 것에 집착하지 말고 가진 것에 만족하라. 이는 돈의 세계에서도 대단히 소중한 조언이다.

내가 아는 가장 행복한 사람들은 자신의 삶에 가장 만족하는 사람들이다. 세상에서 가장 돈이 많고, 가장 건강하고, 가장 외모가 아름답고, 가장 크게 성공한 사람이 가장 행복한 것은 아니다.

 돈의 방정식

행복하기 위해서는 "이 정도면 충분해. 나는 내가 가진 것과 지금의 내 모습에 만족해"라고 말할 수 있어야 한다. 그것이 바로 열반의 경지다. 그런 사람들만이 행복의 왕관을 쓸 자격이 있다.

행복한 사람도 돈이 많을 수 있다. 어떤 사람들은 많은 돈을 쓰면서 호화롭고 풍요로운 물질적 삶을 누리기도 한다.

하지만 나는 세상에서 가장 행복한 사람을 생각할 때마다 내 아내의 할머니를 떠올린다. 할머니는 은퇴 후 30년 동안 별다른 수입 없이 얼마 안 되는 사회보장연금으로 생계를 이어나갔다. 사실상 빈곤에 가까운 삶이었다. 하지만 할머니는 살아가는 데 필요한 모든 것을 이미 샀고 있다며, 더 이상 갖고 싶은 게 없다고 말했다. 그녀는 작은 정원에 앉아 도서관에서 빌려 온 책을 읽으며 더없이 만족해했다. 가진 것은 적었지만, 바라는 것은 더 적었다. 할머니는 내가 지금까지 만난 사람 중 가장 행복한 사람이었다.

나는 지금까지 살면서 여러 명의 억만장자를 만났다. 그중 아내의 할머니보다 행복한 사람은 한 사람도 보지 못했다. 이유는 간단하다. 할머니는 물질적 소유에 대한 기대치가 낮은 만큼 삶의 만족감이 컸고, 그 덕에 세상에서 가장 돈이 많은 사람도 얻지 못한 심리적 부를 누릴 수 있었다.

심리적 부psychological wealth는 매우 중요한 개념이다. 당신의 심리적 부는 돈에 관련된 눈높이를 적절히 조율하는 데서 생겨난다. 행복은 곧 만족이고, 만족은 당신이 소유한 것과 원하는 것의 차이에서 비롯된다. 모든 사람의 삶은 어떤 형태로든 이 원리의 적용을 받는다.

행복은 기대와 현실의 차이를 뜻한다. 세상의 모든 것을 가진 사람이라도 더 많은 것을 향한 욕심을 내려놓지 못하면, 적게 갖고도 원하는 게 없는 사람보다 가난할 수 있다. 그것이 바로 부자와 가난한 사람의 차이 아닐까?

그렇다고 우리가 꼭 수도승 같은 삶을 살아야 한다는 말은 아니다. 당신도 큰 집과 값비싼 자동차를 사고 근사한 휴가를 보낼 수 있다. 단지 더 많은 것을 바라지 말고 주어진 것에 만족하며 감사함을 느끼라는 뜻이다. 그것이 바로 놀라운 삶이다.

어떤 삶의 방식을 선택하든, 행복이란 그 무엇도 부족하지 않은 상태를 의미한다는 사실을 알아야 한다. "이 자동차가 있으면 더 행복할 텐데"라고 말할수록 지금 행복하지 않다는 사실만 강조될 뿐이다. 인간의 욕구는 숨겨진 빚과 같아서, 그 빚을 모두 갚기 전까지는 결코 행복해질 수 없다.

아일랜드의 소설가 아이리스 머독Iris Murdoch은 이미 소유한 것에 감사할 줄 모르는 사고방식의 문제점을 이렇게 표현했다. "꽃이 없는 별에서 온 사람들은 우리가 이처럼 아름다운 피조물 앞에서 온종일 미친 듯이 기뻐해야 한다고 생각할 것이다."[25]

우리는 꽃을 보고 기뻐하는가? 그렇지 않다. 이미 주어진 것에 감사하지 않고 부족한 것만 생각하는 사람은 어디서도 기쁨을 찾지 못할 것이며, 행복은 영원히 손에 닿을 수 없는 목표로 남을 것이다.

스토아학파 철학자들은 이렇게 말했다. "부를 원하지 않는 마음은 부 자체보다 더 가치가 높다." 지출의 예술, 그리고 돈으로 행복해지는 방법의 핵심은 이 교훈을 마음 깊이 새기는 것이다.

＊

갖고 싶지만 가질 수 없는 것을 향한 갈망이야말로 가장 커다란 욕구다. 모든 사람에게는 갖고 싶은 것의 우선순위가 존재한다.

- 무언가를 원하지 않고 그것을 갖고 있지도 않다면, 당신은 생각조차 하지 않는다.
- 무언가를 원하고 그것을 갖고 있다면, 그럭저럭 만족해한다.
- 무언가를 원하고 그것을 갖고 있지 않다면, 동기부여를 느낀다.
- 무언가를 원하는데 그것을 가질 수 없다면, 미친 듯이 집착하게 된다.

재무 상담사 피터 말룩Peter Malloouk은 이를 다음과 같이 표현했다.[26]

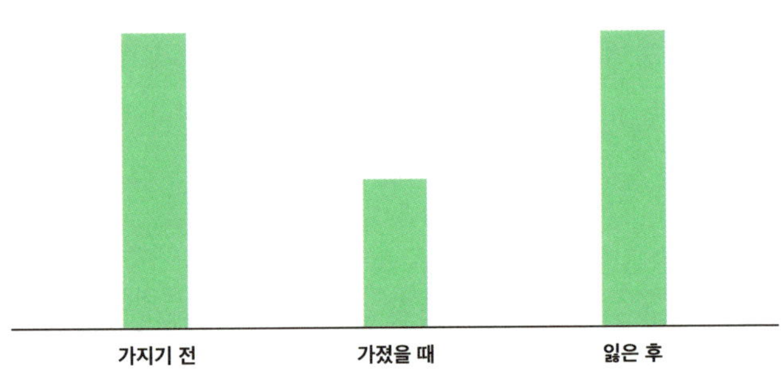

피터 말룩이 말하는 '무언가'가 어떤 것이든 상관없다. 두 대의 전용 비행기가 있는 억만장자에게 비행기 한 대를 더 주는 것보다 목마른 사람에게 물 한 잔을 건네는 것이 훨씬 더 가치가 높은 법이다.

우리의 뇌가 무엇을 원하는지를 알면 이 모든 것을 이해할 수 있다. 뇌가 원하는 것은 근사한 자동차나 큰 집이 아니다. 뇌는 도파민을 원한다. 그게 전부다. 그 과정에 대한 설명은《도파민형 인간_{The Molecule of More}》이라는 책에 맡긴다.

도파민은 우리의 뇌가 더 많은 물건, 더 많은 자극, 더 많은 놀라움을 갈망하게 하는 화학 물질이다. 도파민이 이들을 추구할 때는 감정, 공포, 도덕성 등에 개의치 않는다. 도파민의 관점에서는 뭔가를 소유하는 일보다 새로운 것을 얻어

　　　　돈의 방정식

내는 '과정'이 중요하다.

당신의 뇌는 무언가를 소유하기를 원치 않는다. 심지어 새로운 물건을 소유하는 일에도 관심이 없다. 다만 새로운 대상을 갈망하고 이를 손에 넣는 '과정'을 즐길 뿐이다. 배우 윌 스미스는 인기에 대한 견해를 이렇게 밝힌 적이 있다. "인기를 새로 얻는 것은 환상적인 일이고, 인기를 유지하는 것은 그저 그런 일이며, 인기를 잃는 것은 끔찍한 일이다." 중요한 건 '양'이 아니라 '변화'인 것이다.

돈도 마찬가지다. 젊은이들은 자동차를 소유하는 꿈을 꾼다. 어떤 차든 상관없다. 1만 달러짜리 자동차를 갖게 되면 2만 달러짜리 차에 눈을 돌린다. 2만 달러짜리 자동차를 구매하면 5만 달러짜리 차를 원한다. 5만 달러짜리 자동차를 사면 10만 달러짜리 차를 몰고 다니는 꿈을 꾼다. 그러다 10만 달러짜리 자동차를 손에 넣으면 10만 달러짜리 차 여러 대를 사고 싶어 한다.

이 과정은 끝이 없다. 100만 달러가 있는 사람은 1억 달러를 원하고, 10억 달러가 있는 사람은 100억 달러를 탐내고, 100억 달러가 있는 사람은 1,000억 달러를 꿈꾼다. 1,000억 달러가 있는 사람은 무엇을 바랄까? 영원한 삶이다.

당신은 이렇게 생각한다. 다음 목표는 무엇인가? 내게 무엇이 부족한가? 다음 단계로 가려면 어떻게 해야 하나? 그게 당신의 뇌가 원하는 것이다.

올림픽에서 금메달을 딴 선수들은 경기에서 이겨 기쁘기보다 뭔가에서 놓여난 기분이 들었다고 말하는 경우가 많다. 주위의 기대가 너무 크다 보니 우승한 순간에도 진정한 기쁨을 맛보지 못하고 심리적인 안도감을 느낀 게 전부였다는 것이다. 우승자의 초점은 아직 이루지 못한 목표에 곧바로 맞춰진다. 즉, 다음번 올림픽에서 금메달을 따는 것이다.

리처드 닉슨 전 대통령은 지금까지 자기가 만난 세계 최고의 부자들은 세계에서 가장 불행한 사람들이었다고 말한 적이 있다.[27] "그들은 술을 너무 많이 마시고, 말을 너무 많이 하고, 생각은 너무 적게 한다. 은퇴 후에는 아무런 목적 없이 살아간다."

보통 사람의 눈에는 부자들의 삶이 환상적으로 보이겠지만, 돈으로 무엇이든 살 수 있는 사람에게는 인생이 그저 공허할 뿐이다. 닉슨은 이렇게 덧붙였다.

    돈이 많아 좋은 집에 살고, 골프를 즐기고, 호화로운 파티를 열고, 멋진 옷을 입고, 원할 때마다 여행을 다니는 일이 당신에게는 대단하게 느껴질 것이다. 갖지 못한 사람은 그런 혜택을 매우 중요하게 생각한다. 그러나 가진 사람에게는 아무런 의미가 없다.

"갖지 못한 사람은 중요하게 생각해도 가진 사람에게는 아무런 의미가 없다."

참으로 강렬한 메시지다. 돈에 관련된 가장 자연스럽고 보편적인 감정은 내가 갖지 못한 것을 추구하는 데서 나온다.

사람마다 정도의 차이는 있겠지만, 도파민의 끝없는 유혹은 누구에게나 강력한 덫으로 다가온다. 도파민은 이렇게 묻는다. 당신은 돈으로 무엇을 사고 싶은가? 새로운 자동차? 좋은 집? 화려한 옷? 하지만 대부분의 사람들은 그런 물건을 원치 않는다. 적어도 직접적인 추구의 대상은 아니다. 단지 사람들은 자기가 갖지 못하는 것을 원할 뿐이다.

갖고 싶어 했던 물건을 손에 넣은 사람은 그 순간 목표가 바뀐다. 도파민이 다시 이렇게 추궁하는 것이다. "자, 다음 목표는 뭐지?"

*

당신이 기억해야 할 중요한 교훈이 있다.

내가 당신에게 아주 재미있는 농담을 하나 들려준다고 해보자. 당신은 한참 동안 배를 쥐고 웃을 것이다. 그 얘기를 한 번 더 반복하면 당신은 조금 킥킥댈지도 모른다. 하지만 그 농담을 몇 번이고 거듭하면 당신은 이렇게 물을 것이다. "다른 농담 없어?"

행복도 마찬가지다. 훌륭한 감정이기는 하지만 순식간에 사라진다. 미국 드라마 〈매드 맨Mad Men〉의 등장인물 돈 드레이퍼Don Draper는 이렇게 말한다. "행복이란 당신이 더 많은 행복을 원하기 전에 잠깐 느껴지는 감정이다."

행복의 문제점은 강렬한 만큼 수명이 짧다는 것이다. 그 느낌을 계속 좇다 보면 중독 비슷한 상태에 빠질 수도 있다.

그러나 만족을 느끼는 사람은 더 많은 것을 바라지 않고 오직 그 순간에 몰두한다. 과거에 매달리거나 미래를 꿈꾸지 않고 현재를 즐기려면 지금보다 상황이 나아야 했다거나 나을 수 있었다는 기대를 내려놓아야 한다. 그래야만 당신이 가진 것, 만들어낸 것, 하는 일, 그리고 곁에 있는 사람들의 존재에 감사하고 있는 그대로의 삶을 온전히 누릴 수 있다. '만족'을 최후에 도달해야 할 심리적 결승점으로 바라보는 순간, 당신의 목표는 바뀔 것이다.

사람은 도파민과의 게임에서 절대 이길 수 없다. 도파민은 항상 다음 단계의 목표를 갈망하라고 우리의 등을 밀어댄다. 이 게임에서 승리하는 유일한 길은 게임에서 손을 떼고 주어진 것에 만족하는 것이다.

당신에게 필요한 모든 것은 만족할 만큼(심지어 행복할 만큼) 충분히 주어져 있다. 그 사실을 깨닫는 것보다 더 큰 기쁨은 없다.

우리는 부를 쌓는 일을 '추가'의 과정으로 생각한다. 더 많은 돈을 벌어들일수록 더 부자가 된다는 것이다. 하지만 기대와 만족이 우리의 삶에 얼마나 중요한 역할을 하는지 알게 된다면 계산법은 조금 복잡해진다.

부의 크기를 정의하는 최고의 방법은 당신에게 얼마나 돈이 많은지를 측정하는 게 아니라, 당신이 가진 것과 원하는 것 사이의 격차가 얼마나 큰지를 측정하는 것이다.

원하는 것을 줄이면 더 많은 돈을 버는 것과 똑같은 효과를 얻을 수 있다. 게다가 자신의 삶에서 더 많은 것을 통제할 수 있게 되고, 도파민과의 게임에서 승리함으로써 순간적인 행복 대신 오래 지속되는 만족을 누릴 수 있다.

원하는 걸 줄인다는 것은 무언가를 포기한다는 뜻이 아니다. 돈을 쓰는 법을 모르거나 즐기지 못한다는 뜻도 아니다. 오히려 그 반대다. 지금 가진 것에 만족할 줄 아는 것이야말로 자신이 구매한 집, 입고 있는 옷, 가족들과 보내는 휴가를 온전히 즐길 수 있는 최고의 방법이다.

당신은 매일 아침 불안한 마음으로 잠에서 깨어 자기보다 돈이 많은 사람들을 질투하는 억만장자가 되고 싶은가? 아니면 아침마다 만족스럽게 일어나 얼마가 됐든 가진 것에 감사하고 기쁨을 느끼는 평범한 사람으로 살기를 원하는가?

　내 아내의 할머니는 경제적으로는 가난했어도 심리적으로는 부자였다. 할머니가 소유했던 것과 원했던 것의 차이는 자신보다 백배 천배 돈이 많은 어떤 사람보다도 작았다. 이 진실을 깨달은 사람은 다시는 예전과 같은 잣대로 부를 평가하지 않을 것이다.

　이미 불행한 삶을 살아가는 사람에게는 세상의 모든 돈을 다 주어도 소용이 없다. 다음 장에서는 그 이야기를 해보자.

갖고 싶어 했던 물건을 손에 넣은 사람은

그 순간 목표가 바뀐다.

도파민이 다시 이렇게 추궁하는 것이다.

"자, 다음 목표는 뭐지?"

뇌는 소유를 원하지 않는다.

소유하는 과정을 즐길 뿐이다.

/

4

당신이 보지 못하는 것

목표를 이루는 순간, 우리는 삶에 지쳐버린다.

행복의 크기는 수입의 크기에 좌우되지 않는다.

세계에서 가장 돈이 많은 사람 10명은

합해서 13차례나 이혼했다.

당신은 10만 달러의 연봉을 받으며 사랑하는 아내, 귀여운 아이들, 좋은 친구, 건강한 몸, 맑은 정신을 가진 사람이 되고 싶은가? 아니면 100만 달러를 벌면서도 그렇게 소중한 재산이 전혀 없는 삶을 원하는가? 답은 분명할 것이다.

이제 돈에 관해 매우 중요한 이야기를 해야 한다. 돈이 우리에게 절대 해줄 수 없는 일이 있을까? 있다면 그것은 무엇일까?

*

전직 미국 대통령 존 애덤스는 죽음을 앞두고 침대에 누워 이렇게 말했다. "제퍼슨이 아직 살아있어." 그는 죽어가는 순간에도 자신의 정적 토머스 제퍼슨이 죽지 않고 살아있음을 질투했다.[28] 하지만 그의 말은 틀렸다. 애덤스는 끝내 몰랐겠지만, 제퍼슨은 애덤스보다 몇 시간 전에 먼저 세상을 떴다. 질투하는 사람의 삶은 늘 불완전하다.

내가 이 책을 쓰고 있는 시점에서 세계 최고의 부자 10명은 합해서 13차례나 이혼했다. 그중에서도 상위 7명은 적어도 한 번 이상의 이혼을 경험했다.

그렇다고 부와 이혼 사이에 명확한 인과관계가 있다는 뜻은 아니다. 인과관계를 따지기에는 표본의 크기가 너무 작다. 하지만 누구나 부러워하는 최고의 부자들이 인간의 행복에 그토록 큰 영향을 미치는 '결혼'이라는 분야에서 국가 전체의 평균치보다 훨씬 낮은 성공률을 보였다는 사실은 흥미롭지 않은가?

사람들은 자신의 삶을 좀처럼 공개하지 않는다. 특히 어렵고, 우울하고, 비참한 부분은 어떻게든 숨기려 애쓴다. 돈에 관련된 흥미로운 사실 하나는, 더 많은 돈을 꿈꾸는 사람들은 돈 덕분에 삶이 더 나아지리라고 생각하는 부분에만 초점을 맞춘다는 것이다. 반면 돈으로 해결할 수 없는 문제는 무시하고 넘어간다.

사람들에게 이렇게 물어보라. "당신은 행복해지기 위해 얼마나 많은 돈이 필요합니까?" 가장 흔한 대답은 현재 수입의 두 배 정도다. 이 대답은 소득의 높고 낮음에 관계없이 누구에게나 비슷하다. 1년에 3만 달러를 버는 사람들은 6만 달러가 있으면 행복해질 거라고 대답하고, 6만 달러를 버는 사람들은 12만 달러만 있으면 행복할 수 있다고 말한다. 1년에 100만 달러를 버는 사람은 200만 달러를 벌면 더 행복을 느낄 거라고 답한다.

사람들이 그렇게 말하는 이유는 돈만 있으면 모든 문제가 저절로 해결되리라고 믿기 때문이다. 절대 그렇지 않다는 사실을 확인한 뒤에도, 돈이 조금만 더 있으면 어떤 문제든 쉽게 풀릴 거라 착각한다. 오직 돈으로 할 수 있는 일에만 초점을 맞추고, 돈으로 어찌할 수 없는 일은 간과하면서 끝없는 욕망의 굴레에서 벗어나지 못하는 것이다.

＊

진 폴 게티_{Jean Paul Getty}는 한때 세계 최고의 부호였고, 인류 최초로 재산 규모가 10억 달러를 돌파한 사람 중 하나였다. 1963년에 제작된 다큐멘터리를 보면 그가 280만 제곱미터 넓이에 방만 72개에 달하는 '서튼 플레이스_{Sutton Place}'라는 이름의 저택에서 취재진의 인터뷰에 응하는 장면이 나온다. 아마도 그 저택은 그때까지 세상에 존재한 가장 화려하고 웅장한 집이었을 것이다.

진행자는 그에게 여러 차례 묻는다. "이런 곳에서 현대의 왕처럼 살아가는 기분은 어떻습니까?" 그때마다 게티는 어깨를 으쓱하고 시큰둥한 반응을 보인다. 세상의 돈을 다 가진 사람이 기쁨에 겨워 보이는 반응은 분명 아니다. 마지막으로 진행자가 묻는다. "당신도 부러워하는 사람이 있나요?" 그는 이렇게 대답한다.

▍ 나보다 젊고, 강하고, 활발한 사람들이 부럽습니다. 성격이 좋은 사람들도 부러워요. 나도 성격이 좋아서 사람들을

즐겁게 해줄 수 있었으면 하고 생각할 때가 있거든요. 내 성
격이 조금 따분한 것 같아서 아쉽습니다.[29]

그의 대답은 인상적이다. 당신은 게티가 경쟁자들이나 자신보
다 더 성공한 사람들을 부러워하리라고 생각했을 것이다. 하지만
그가 부러워한 것은 자신보다 돈을 덜 가진, 별로 성공하지도 못
한 사람들이었다.

당신이 이미 불행을 느끼고 있다면 아무리 돈이 많아도 할 수
있는 일이 별로 없다. 하지만 돈을 좇는 데만 정신이 팔린 사람은
그 사실을 받아들이지 못한다. 당신을 행복하게 해주는 일은 대
부분 돈과 상관이 없다. 그토록 원하던 돈을 손에 쥐는 순간 그
고통스러운 진실을 깨닫게 될 것이다.

배우 윌 스미스는 자서전에서 이렇게 썼다. "가난하고 우울했
을 때는 앞으로 돈을 많이 벌면 모든 문제가 해결될 거라고 믿었
다. 하지만 막상 부자가 되자 그런 낙관적인 마음은 온데간데없이
사라졌다. 그렇게 갖고 싶던 돈을 손에 넣었는데도 마음은 여전히
우울했고 삶은 문제로 가득했다."

음악 감독 릭 루빈Rick Rubin도 비슷한 얘기를 했다.

당신이 진정으로 우울함을 느끼는 순간은 꿈이 이루어
진 뒤다. 오랫동안 꿈꿔온 일이 현실이 됐는데도 예전과 똑같
은 감정이 느껴진다면 무기력함에 빠질 수밖에 없다.[30]

그는 나중에 이렇게 덧붙였다.

> 우리는 외적인 성공이 내면까지 바꿔놓을 거라고 착각한다. 그 생각은 틀렸다. 성공은 삶을 조금 편안하게 해줄 수는 있어도 우리의 본모습까지 바꾸지는 못한다. 우리가 메우고 싶어 했던 마음의 빈자리는 성공으로도 채워지지 않는다. 당신이 모든 문제를 한꺼번에 해결해줄 목표를 이루기 위해 20년간 열심히 노력한다고 해보자. 그토록 오랜 시간 피땀 흘려 목표를 달성했는데도 아무것도 바뀐 게 없다. 그때가 당신이 무기력함을 느끼는 순간이다.[31]

이런 모습은 경제적 목표를 달성했거나 새로운 물건들을 사들인 사람들에게 흔히 관찰된다. 삶을 송두리째 바꿔놓고 영원한 행복을 안겨줄 것 같았던 물건이 그런 일을 해줄 수 없다는 사실을 깨닫는 일은 무척 고통스러울 것이다.

행복은 매우 복잡한 감정이지만, 우리가 행복의 정의를 사랑하는 가족, 훌륭한 건강, 좋은 친구, 하루 8시간의 수면, 바르게 잘 자란 아이들, 자신보다 더 큰 사회의 일원이 되는 일 등으로 단순화한다면 돈의 역할이 얼마나 제한적인지 깨달을 것이다. 그렇다고 돈이 해줄 만한 일이 전혀 없다는 말은 아니다. 단지 그 역할이 생각보다 훨씬 작다는 뜻이다.

세상에는 가난하면서 불행한 사람도 있고, 돈이 많으면서 행복에 넘치는 사람도 있다. 하지만 큰 부를 쌓은 사람은 돈과 행복 사이의 연결 고리가 얼마나 취약한지 알게 된다. 더 많은 돈을 번다고 망가진 결혼생활을 되돌릴 수는 없다. 돈이 많다고 사람이 매력적으로 변하는 것도 아니며, 친구들이 더 좋아하는 것도 아니다.

돈은 당신 생각만큼 삶의 성취감이나 보람을 가져다주지 않는다. 돈이 모든 것을 해결해주리라는 낙관적 관점은 돈으로 살 수 없는 게 너무도 많다는 뼈아픈 현실로 대체된다.

때로는 꿈을 꾸는 일이 당신을 행복하게 해주겠지만, 목표를 이루고 난 뒤에는 꿈이 사라지고 그 자리에 우울함이 밀려들 것이다. 미국의 기업가 맬컴 포브스Malcolm Forbes는 이렇게 말했다. "우리는 목표를 이루는 순간 삶에 지쳐버린다."

*

아내와 나는 예전에 남부 캘리포니아에 살다가 워싱턴 D.C.로 거주지를 옮겼다. 워싱턴 D.C.에 살 때는 캘리포니아의 날씨를 하루도 그리워하지 않은 날이 없었다. 로스앤젤레스의 평균기온은 겨울에 섭씨 21도였고 여름에는 27도였다. 그러나 미국 동부 해안의 계절은 오직 두 가지였다. 끔찍하게 더운 여름과 혹독하게 추운 겨울뿐이었다.

내가 이해하지 못하는 게 바로 이 대목이다. 우리가 캘리포니아의 날씨를 그리워한 이유는 그곳의 온화한 날씨가 우리를 행복하게 해주었다고 생각했기 때문이다. 하지만 캘리포니아의 주민들이 동부 해안의 주민들보다 더 행복하다는 증거는 어디에서도 찾아볼 수 없다. 통계에 따르면 미국에서 가장 행복한 사람들이 사는 곳은 다코타, 네브래스카, 미네소타라고 한다.[32] 지구상에서도 가장 기후가 좋지 않은 곳으로 꼽히는 지역이다.

돈도 마찬가지다. 심리학자이자 경제학자인 대니얼 카너먼Daniel Kahneman은 이렇게 말한 적이 있다. "사람의 인생은 그 무엇도 그것을 생각할 때만큼 중요하지 않다." 그는 이렇게 지적했다. "하반신 마비 환자는 종종 불행함을 느끼지만, 그렇다고 항상 불행한 것은 아니다. 하루의 대부분을 자신의 장애가 아닌 다른 것을 경험하고 생각하며 보내기 때문이다."[33] 비슷한 맥락에서, 돈이 많은 사람도 종종 행복을 느끼겠지만, 마냥 행복하지만은 않을 것이다. 대부분의 시간을 자신이 가진 돈이 아닌 다른 것을 경험하고 생각하며 보내기 때문이다. 카너먼의 말을 조금 더 들어보자.

소득이 높은 사람들은 소득이 낮은 사람들에 비해 평균적으로 조금 더 행복하다. 하지만 그 격차는 사람들이 생각하는 수준의 3분의 1에 불과하다. 당신은 부자나 가난한 사람들의 삶을 생각할 때 소득이 중요한 역할을 차지하는 환경에만 초점을 맞춘다. 그러나 행복은 소득 이외의 다른 요소들에 의해 더 크게 좌우된다.[34]

우리는 돈을 많이 벌어 큰 집을 사면 더 행복해지리라고 생각한다. 널찍한 거실, 대리석으로 치장한 욕실, 우아한 나선형 계단이 있는 집을 상상해보라. 그런 집에 산다면 참으로 멋진 삶이 펼쳐질 것만 같다. 물론 실제로 그럴지도 모른다.

하지만 당신이 빠뜨리고 넘어가기 쉬운 부분(미처 생각지 못했거나 관심을 두지 않은 부분)이 있다. 당신은 그런 큰 집을 청소하기가 얼마나 힘든지 잘 모른다. 빗물받이 홈통 하나를 교체하는 데도 엄청난 돈이 든다. 게다가 이웃들이 당신 집 조경이 마을 경관을 해친다고 소송을 걸어올 수도 있다. 그게 부자들이 늘 하는 일이다. 그런 종류의 문제는 끝도 없다.

또 당신은 넓은 뒷마당에서 깨끗한 공기를 즐기는 자신의 모습을 상상한다. 하지만 넓은 뒷마당이 딸린 집에서 사는 부자들도 보통 사람들처럼 소화불량, 계절성 알레르기, 독감 같은 질병을 달고 산다.

큰 집에서 사는 사람도 당신과 똑같이 동료들에게 화를 내고, 멍청한 상사나 짜증 나는 고객에게 시달린다. 거실에 근사한 홈시어터 장비를 갖춘 사람도 배우자와 다투고, 사업에서 더 크게 성공한 동료들과 자신을 비교하며 괴로워한다.

이 모든 문제는 당신이 더 많은 돈을 벌면 누릴 수 있다고 상상했던 행복에 찬물을 끼얹는다. 당신은 더 많은 돈이 안겨주는 장점만 생각하지만, 정작 돈이 가져다주지 못하는 게 무엇인지, 돈과 함께 어떤 부담이 따라올지를 간과한 끝에 결국 실망에 이르

돈의 방정식

게 된다.

그렇다고 돈이 당신을 전혀 행복하게 해주지 못한다는 말은 아니다. 다만 우리가 기대하는 마법의 약은 아니라는 것이다. 돈이 당신을 행복으로 이끄는 이유는 좀 더 미묘하고 복잡하다.

그런 의미에서 다음 몇 가지 교훈을 유념해야 한다.

하나, 당신이 이미 불행을 느낀다면 더 많은 돈이 있다고 해도 문제가 해결될 가능성은 낮다.

펜실베이니아 대학교의 매슈 킬링즈워스Matthew Killingsworth 교수는 수십 년간 지속된 돈과 행복의 관계에 대한 논란을 정리했다. 어떤 연구에서는 돈과 행복 사이에 분명한 연관성이 드러났지만, 어떤 연구에서는 그렇지 않았다.

그는 각종 데이터를 분석한 끝에 이런 결론에 도달했다. 원래부터 행복 수준이 낮은 사람들은 연봉이 10만 달러 이상으로 높아져도 행복감이 개선되지 못했다. 행복 수준이 중간 정도인 사람들은 더 많은 돈을 벌수록 행복감이 개선되는 경향을 보였다. 원래부터 행복 수준이 높았던 사람들은 더 많은 돈을 벌수록 더 빠른 속도로 행복해졌다.

"당신이 돈이 많으면서도 불행한 사람이라면, 더 많은 돈을 벌어도 행복에 도움이 되지 않는다." 킬링즈워스는 이렇게 결론을 내렸다.[35]

행복의 요인은 매우 다양하다. 당신에게 불행을 안겨주는 수많은 이유가 쓰나미처럼 밀어닥친다면 돈은 그 문제를 해결하기에는 미약한 도구일 수밖에 없다. 친구, 가족, 건강, 삶의 의미, 맑은 정신 같은 행복의 재료는 돈으로 살 수 없으며 오직 노력을 해서 얻어내야 한다.

크고 화려한 집을 사면 행복할 수 있다. 하지만 당신이 행복한 이유는 친구들과 가족을 집에 초대하기가 쉬워졌기 때문일 것이다. 당신에게 진정한 행복을 안겨주는 것은 집이 아닌, 그들과 함께 보내는 시간이다. 휴가도 마찬가지다. 이번 여름 하와이에서 휴가를 보낼 수 있다면 당연히 행복하겠지만, 당신이 행복을 느끼는 이유는 그곳에서 남에게 방해받지 않고, 일에서 해방되고, 이메일과 출퇴근이 없는 자유로운 시간을 가족과 즐길 수 있기 때문이다.

반대로 이렇게 생각해보자. 당신이 크고 화려한 집을 샀더라도 그 기쁨을 함께 나눌 친구나 가족이 없다면 어떨까? 행복할까? 가족과 함께하지 않는 휴가가 당신을 행복하게 해줄까? 아무리 멋진 자동차를 손에 넣었더라도 그 차를 타고 지긋지긋한 직장으로 출퇴근하는 게 전부라면 과연 행복할 수 있을까?

행복의 재료를 골고루 갖춘 사람에게는 더 많은 돈이 더 나은 삶을 위한 지렛대가 될 수 있다. 하지만 행복의 핵심 요소가 부족한 사람에게 돈은 허약한 지지대에 불과하다. 우리는 더 많은 돈을 벌고 더 많은 돈을 쓰면 삶이 더 나아지리라는 고정관념에 빠져있다.

미국의 유명 가수 테일러 스위프트Taylor Swift는 데뷔 초기에 목표를 향해 달려가던 시절을 이렇게 회고했다. "목표를 이루면 어떤 기분이 들지 상상했어요. 그리고 그곳에 도달하기 위해 내가 정확히 무엇을 해야 하는지를 고민했죠."[36]

보통은 테일러처럼 생각하는 사람은 드물다. 경주에 나선 사람들은 결승점에 도달하기 위해 얼마나 많은 고난을 겪어야 하는지는 생각지 않고 오로지 우승 트로피를 들어 올리는 장면만을 꿈꾼다. 돈이 많으면 얼마나 삶이 화려해질지 상상하는 사람은 그 돈을 벌기까지 얼마나 큰 대가(스트레스로 가득한 업무, 기나긴 근무 시간, 불확실성, 좋아하는 일에 쏟을 시간이 없는 일상)를 치러야 하는지 잘 모른다.

사람들은 돈에 있어서만큼은 현실을 철저히 외면한다. 또 한 사람의 성공한 연예인 지미 카Jimmy Carr는 이렇게 말한다. "사람들은 당신이 손에 쥔 결과물만을 부러워할 뿐 그것을 얻기 위해 거쳐 간 과정은 부러워하지 않는다."[37]

좋은 삶이란, 불필요한 싸움에 끼어들지 않고, 피할 수 있는 병을 예방하고, 불건전한 욕망을 절제하는 것이다. 감당할 수 없이 값비싼 생활 방식을 선택하지 않고, 큰 실수를 저지르지 않으며, 후회할 결정을 내리지 않는 것이다.

나는 당신이 삶에서 무엇을 중요하게 여기는지 1퍼센트도 알지 못한다. 당신도 내가 무엇을 중요하게 생각하는지 1퍼센트도 알지 못할 것이다. 좋은 삶이란 남들 눈에 보이지 않는 감춰진 부분뿐 아니라 일어나지 않은 일의 결과물이기도 하다. 그러나 사람들은 집, 자동차, 옷, 보석, 시계, 휴가처럼 눈에 쉽게 띄고 측정할 수 있는 것에만 집중한다.

넷플릭스의 공동 창업자 마크 랜돌프Marc Randolph는 다음과 같은 글을 남겼다.

▰ 내가 아주 오래전에 세운 목표는 일곱 번째 스타트업을 설립하면서 일곱 번째 결혼하는 창업가가 되지는 않겠다는 것이었다. 내 삶에서 가장 자랑스러운 부분은 그동안 창업한 회사들이 아니다. 이 회사들을 세우고 사업을 이어가는 동안 한 여성과 결혼을 유지하고, 아빠 얼굴을 알아보는(그게 내가 아이들에게 바랄 수 있는 전부다) 아이들을 키우고, 사업 이외의 다른 대상에도 열정과 시간을 쏟을 수 있었다는 사실이 자랑스럽다.

이것이 내가 정의하는 성공이다.[38]

참으로 멋진 철학이다. 당신이 벌고 쓰는 돈보다 더 중요한 것은 돈으로 절대 살 수 없는 삶의 감춰진 부분이다.

다음 장에서는 정반대의 라이프스타일을 선택한 두 남자의 놀랍고도 비극적인 이야기가 펼쳐진다. 내면적 기준과 외면적 기준의 차이에 대해 우리에게 무엇을 시사하는지 살펴보자.

5

그는 왜 결승점 앞에서 죽음을 택했을까

세계 일주 요트 경주에서 벌어진 일

낯선 사람들에게

자신을 입증할 필요 없이 꿋꿋이 살아가는 능력은

값을 매길 수 없을 만큼 소중하다.

다른 사람, 특히 낯선 사람의 관심을 얻어야 한다는 부담 없이 자유롭게 살아가는 능력이야말로 무엇과도 바꾸지 못할 소중한 자산이다.

남을 신경 쓸 필요가 없어지면 물질을 향한 욕망이 줄어들고, 욕망이 줄어들면 이미 가진 것만으로도 더 큰 만족을 느낄 수 있다. 너무나 간단한 원리다.

당신이 얼마나 제대로 된 삶을 살고 있는지를 측정하는 잣대는 '내면적 기준internal benchmark'과 '외면적 기준external benchmark' 두 가지다. 전자는 당신이 자기 자신에게 얼마나 만족하는지를 측정하는 기준이고, 후자는 남들이 당신을 어떻게 생각하는지를 평가하는 기준이다.

외면적 기준에 집착하는 사람들이 살면서 고뇌를 겪는 모습은 종종 충격적이다. 반대로 내면적 기준을 충족하는 일이 삶의 유일한 목표인 사람들을 지켜볼 때도 전율이 느껴진다.

이 스펙트럼의 양극단에 놓인 두 사내의 이야기를 소개한다. 그들의 사례는 돈과는 크게 상관이 없을지 모르지만, 삶에서 올바른 기준을 선택하는 일이 얼마나 중요한지에 대해 우리에게 많은 것을 가르쳐준다.

＊

1968년, 영국의 주간 신문 〈선데이 타임스 The Sunday Times〉는 요트 경기에 쏟아지던 대중의 관심을 이용해서 회사의 지명도를 높일 요량으로 세계 일주 요트 경주를 개최했다. 참가자들에게 주어진 목표는 간단했다. 혼자서 논스톱으로 세계를 일주한 첫 번째 선수에게 골든 글로브 우승컵이 주어진다는 것이었다.

말이 '경주'지 사실상 인류 최초의 도전이었다. 그때까지 혼자서 논스톱으로 세계를 일주한 사람은 아무도 없었다. 누가 됐든 이 도전을 끝까지 마무리한 사람의 머리에는 역사상 가장 위대한 요트 선수라는 왕관이 씌워질 예정이었다.

이 경주에는 출전 자격도 없었고 별다른 규칙도 없었다. 참가 선수는 모두 아홉 명이었는데, 그중 한 명은 항해 경력조차 없었다. 결국 끝까지 경주를 마친 사람은 단 한 명뿐이었다. 그는 거의 1년에 걸쳐 4만 3,000킬로미터를 항해한 끝에 결승점에 도달했다.[39]

그런데 놀라운 것은, 이 경주에서 가장 큰 화제를 모은 사람은 우승자가 아니었다는 사실이다. 사람들의 관심은 오히려 경주를 완주하지 못한 어떤 두 사람에게 집중되었다. 경주가 끝날 무렵 전해진 그들의 이야기는 각각 정반대의 이유로 세상을 충격에 빠뜨렸다.

도널드 크로허스트와 베르나르 무아테시에의 이야기는 우리가 누구의 인정과 존경을 구하는지에 따라 삶의 질이 얼마나 달라지는지를 극명하게 보여준다. 비록 다소 극단적이고 과장된 일화처럼 보일지 모르지만, 두 사람이 경주 과정에서 겪은 일은 보통 사람들이 일상에서 맞닥뜨리는 고민을 생생하게 확대해서 보여준다.

*

도널드 크로허스트는 인생이란 곧 똑똑한 사람이 승리하는 게임이라고 말한 적이 있다. 그에게는 똑똑함이 삶에서 가장 중요한 덕목이었다. 게다가 그는 다른 사람들에게 행복을 선사하고 경쟁에서 이길 수 있다면 거짓말쯤은 아무런 문제가 없다고 생각했다. 그런 사고방식은 결국 그를 파멸로 이끌었다.

1932년에 태어난 크로허스트는 36세가 되던 해에 골든 글로브 요트 경주가 열린다는 소식을 들었다. 그때까지 크로허스트가 어떤 삶을 살아왔는지 알기 위해서는 다음 두 가지를 기억할 필요가 있다.

첫째, 그는 야망은 컸으나 하는 일마다 번번이 실패했다. 영국 공군과 육군에 입대했지만 얼마 뒤에 쫓겨났다. 그 뒤에 사업을 시작했으나 한 번도 제대로 된 실적을 올리지 못하고 파산 위기에 몰렸다. 그는 골든 글로브 경주가 지금까지의 실패를 만회하고 세상의 주목을 받을 절호의 기회라고 생각했다.

둘째, 그는 훌륭한 요트 선수가 아니었다. 크로허스트는 주말에만 항해를 즐기던 아마추어 선수에 불과했다. 심지어 짧은 항해를 나갔을 때도 툭하면 멀미에 시달렸다.

그러나 자신감에 넘치던 크로허스트는 자기가 직접 제작한 항해용 장비를 사용하면 〈선데이 타임스〉가 개최한 대회에서 우승할 수 있을 뿐 아니라, 그 유명세를 이용해 사업도 되살릴 수 있으리라고 믿었다.

하지만 한 가지 문제가 있었다. 항해에 이용할 배를 구하지 못한 것이다. 그는 빈털터리였기에 돈을 빌릴 만한 곳도 마땅치 않았다.

그는 결국 스탠리 베스트라는 이름의 사업가와 거래를 했다. 베스트는 경기에 출전할 비용을 부담하는 대가로 두 가지 조건을 제시했다. 하나는 언론을 이용해서 크로허스트를 천재 요트 선수로 포장할 테니 여기에 동의하라는 것이고, 또 하나는 경기를 완주하지 못했을 때는 그때까지 들어간 비용을 모두 돌려주어야 한다는 것이었다.

BBC 방송국은 경기 준비 과정을 취재하던 중 크로허스트라는 인물에 관심을 갖게 됐다. 요트 경기 역사상 가장 완주하기 어려운 경주에 누구도 이름을 들어본 적 없는 아마추어 선수가 도전장을 던졌기 때문이다. 이쯤에서 우리는 이 대회가 얼마나 말이

안 되는 경주였는지 생각해볼 필요가 있다. 세계에서 가장 경험이 풍부한 요트 선수들조차 홀로 논스톱으로 세계를 일주한다는 것은 불가능에 가까운 일이라고 입을 모았다. 그런 상황에서 누구에게도 이름이 알려지지 않았고 경험도 없는 크로허스트가 혜성처럼 등장한 것이다.

크로허스트는 자신을 향해 쏟아지는 관심이 즐거웠다.

"도널드는 자신을 마치 신처럼 생각하는 것 같았어요." 크로허스트의 친구 한 사람은 이렇게 말했다.

물론 그는 신이 아니었다. 크로허스트는 세계 일주가 시작되기 바로 전날, 자신이 항해에 나설 준비가 되어 있지 않음을 깨달았다. 그의 배 테인머스 일렉트론은 너무 과하게 개조된 상태였고, 온갖 장비를 잔뜩 실은 바람에 중량도 많이 나갔다. 이런 형편으로는 세계 일주는 고사하고 가까운 바다에도 나가기 어려워 보였다.

크로허스트의 아내 클레어는 남편을 말렸다. 하지만 크로허스트는 이렇게 말했다. "당신 말이 옳은 것 같아. 하지만 이제 와서 그만두기에는 이 모든 게 너무 중요한 일이 돼버렸어. 어찌 됐든 나는 항해를 떠나야 해."

그는 잠시 멈췄다가 말을 이었다. "여보, 이 배는 너무 실망스러워. 제대로 된 상태가 아니야. 나는 항해에 나설 준비가 전혀 되어 있지 않아. 이대로 떠난다면 당신은 나를 걱정하느라 미쳐버릴지도 몰라."

아내는 대답 대신 이렇게 물었다. "그래도 여기서 포기하면 당신 평생 후회하겠지?"

크로허스트는 말없이 울기 시작했다.

준비야 됐든 안 됐든 크로허스트는 1968년 10월 31일 영국의 테인머스항을 떠나 세계 일주를 시작했다.

출발부터 고난의 연속이었다. 크로허스트는 바다에 나간 지 2주가 지났어도 자신이 계획했던 거리의 절반밖에 이동하지 못했다.

그리고 재난이 찾아왔다. 배에 물이 새기 시작한 것이다. "이 망할 놈의 배는 설계가 엉망이라 조각조각 부서지고 있다." 그는 일기에 이렇게 썼다.

배는 당장 가라앉을 만큼 위험한 상태는 아니었지만, 선체로 유입된 물이 전자 장비와 발전기에 고장을 일으켰다. 경기를 완주할 최후의 가능성마저 사라진 것이다. 크로허스트는 남대서양을 향해 항해를 계속한다면 조만간 배가 전복될지도 모른다는 사실을 알았다.

"내게 남은 선택지는 뭘까? 단독 항해를 포기하거나 계속 길을 가는 것, 두 가지뿐이다. 항해를 계속한다면 완주에 성공할 확률과 물에 빠져 죽을 확률이 반반이다." 그는 일기에 이렇게 적었다.

그렇다고 경주를 중단할 수도 없었다. 크로허스트가 배를 돌려 집으로 돌아간다면 대회에 참가하느라 빚진 돈 때문에 파산하게 될 것은 물론이고, 제대로 노력해보지도 않고 경기를 포기했다는 수치와 굴욕에 시달릴 게 뻔했다.

 돈의 방정식

하지만 영리한 크로허스트는 곧 자신에게 세 번째 선택지가 있다는 사실을 깨달았다. 이는 명백한 사기와 기만이었다.

크로허스트는 조용한 바다를 골라 대서양을 빙빙 돌기 시작했다. 그러면서도 영국의 대회 본부에는 가짜 좌표를 송신해서 자신이 세계 일주를 계속하고 있는 듯이 가장했다.

크로허스트가 세운 계획은 간단했다. 만일 대서양에서 6개월 이상 시간을 끌 수 있다면, 사람들은 그가 정상 속도로 세계를 일주했다고 믿을 것이고 그는 체면을 지킨 채 영국으로 돌아갈 수 있을 것이다.

그때부터 크로허스트는 두 개의 항해 일지를 작성하기 시작했다. 하나는 얼마나 빠른 속도로 항해하면 가상의 목적지에 도달할 수 있는지를 계산해서 조작한 가짜 일지였고, 또 하나는 자신의 진짜 위치를 기록한 일지였다. 진짜 위치를 추적하는 일은 중요했다. 다른 배에 들키지 않도록 안전한 위치를 유지하는 데 필수적인 작업이었기 때문이다. 만일 어떤 배가 그를 발견해서 그의 위치를 언론에 알리기라도 한다면 모든 게 낭패로 돌아갈 판국이었다.

이런 엄청난 사기극이 성공하려면 천재적인 머리가 필요했다. 하지만 크로허스트는 천재가 아니었다. 그는 이 계획을 실천에 옮긴 지 며칠 만에 첫 번째 실수를 저질렀다. 런던의 대회 본부에 가짜 좌표를 송신할 때 거리를 잘못 계산하는 바람에 자신이 갑자기 엄청난 속도로 항해를 시작해서 말도 안 되는 거리를 단숨에 이동한 듯이 보이게 한 것이다.

그에게 무슨 일이 있었는지 알 리가 없는 언론은 그의 보고를 액면 그대로 믿었다. 〈선데이 타임스〉는 다음과 같은 기사를 실었다.

▰ 〈선데이 타임스〉가 주최하는 세계 일주 요트 경주에 출전한 도널드 크로허스트는 가장 늦게 출발한 선수였음에도 지난 일요일 41피트짜리 테인머스 일렉트론으로 무려 391킬로미터를 항해하는 기록을 세웠다. 그가 항해를 시작하고 처음 3주 동안 매우 느린 속도로 이동했다는 사실을 고려하면 대단히 놀라운 성과라고 할 수 있다.

그는 서아프리카 끝에 있는 카보베르데Cape Verde에 도달하기까지 어떤 참가자보다 오랜 시간이 걸렸다.

크로허스트는 마지막으로 보낸 무선 메시지에서 자신이 24시간 내내 항해를 계속했다고 말했다. "아주 큰 용기를 내야 했어요. 내 평생 그렇게 빨리 배를 몰아본 적이 없었습니다."

전부 거짓말이었다. 그런 식으로 몇 달간 크로허스트는 우울함과 두려움을 안고 대서양을 빙빙 돌아다니며 계속 가짜 좌표를 송신했다. 영국의 모든 사람은 그가 역사상 가장 위대한 항해를 이어가고 있다고 믿었다.

크로허스트는 자신이 영국으로 귀환하는 장면을 상상했다. 하지만 이 경주에서 절대로 우승하면 안 된다고 생각했다. 그랬다가는 세간의 엄청난 주목을 받을 것이고, 자신의 항해 일지도 상세한 분석의 대상이 되어 결국 거짓말이 들통날 것이 뻔했기 때문이다.

그는 2등으로 경주를 마치는 게 가장 이상적인 방안이라고 생각했다. 영웅이 될 만큼 놀라운 경기력을 보여주었으면서도 우승자보다는 유명세가 덜해서 전문가들이 자신의 항해를 그렇게 샅샅이 들여다보지는 않을 것 같았기 때문이다.

그는 나이젤 테틀리라는 선수가 경주에서 선두를 달리고 있다는 사실을 알고 있었다. 크로허스트는 자기가 테틀리에 이어 2위를 달리는 것처럼 좌표를 송신하면서 전략적으로 석낭한 서리를 유지했다.

하지만 그는 그러다 또 한 번 큰 실수를 저질렀다. 자신이 테틀리로부터 아주 가까운 곳에 있다고 좌표를 보내버린 것이다. 테틀리는 경쟁자가 빠른 속도로 뒤쫓아온다는 사실에 위기감을 느끼고 점점 무리하게 배를 몰았다. 그는 크로허스트와의 거리를 떨어뜨리려고 안간힘을 쓰다가 결국 배가 산산조각이 나서 대서양으로 가라앉는 불행을 겪었다(다행히 구명보트 덕분에 목숨은 건졌다).

이제 크로허스트가 골든 글로브 경주에서 우승해서 역사상 가장 위대한 항해자가 되는 것은 시간문제처럼 보였다. 영국에서 그를 기다리는 사람들은 열광에 빠졌다. 1969년 6월 18일, BBC 방송국은 크로허스트에게 전보를 보냈다.

대회가 열린 테인머스에서는 '도널드 크로허스트 환영 위원회'가 조직되어 새로운 영웅을 맞이할 준비를 하고 있었다. BBC 방송국은 헬리콥터를 띄워 그가 항구로 돌아오는 장면을 촬영할 예정이었고, 그의 영광스러운 귀환을 축하할 시가행진과 축포까지 준비했다.

크로허스트의 일기장을 보면 그토록 유명한 인물이 되는 일이 그를 얼마나 공포에 떨게 했는지 알 수 있다. 진실이 밝혀지는 순간 가짜로 얻어낸 명성은 하루아침에 무너질 수밖에 없었기 때문이다.

크로허스트에게 인생은 하나의 게임이었다. 그는 자신의 운명을 생각하며 일기에 이렇게 적었다. "이 게임의 '목적'이 무엇인지 알 수 없다. 나는 나일 뿐이고 내가 저지른 잘못의 본질을 이해한다."

그 뒤에는 더욱 불길한 기록이 이어졌다. 그중 하나는 이런 내용이었다.

이제 끝이다.
이제 끝이다.
이제 끝이다.
그것이 신의 자비다.

그가 남긴 마지막 기록은 다음과 같다.

그로부터 11일 뒤, 테인머스 일렉트론호는 대서양을 표류하다 발견됐다. 배는 크게 망가지지 않았고 사고의 흔적도 없었다. 하지만 도널드 크로허스트는 보이지 않았다. 그는 다시는 세상에 모습을 드러내지 않았다. 아마 바다에 뛰어들어 스스로 목숨을 끊은 것 같았다.

골든 글로브 경주를 유일하게 완주한 로빈 녹스존스턴은 상금으로 받은 5,000파운드를 크로허스트의 아내 클레어에게 기부했다. 크로허스트가 그토록 두려워했던 가족의 파산을 막기에 충분한 돈이었다.

*

골든 글로브 경주에 참가한 또 한 사람의 항해자는 크로허스트가 목숨을 끊기 바로 직전, 바다 위에서 이에 못지않은 놀라운 결정을 내렸다.

베르나르 무아테시에는 전문 요트 선수였다. 그는 대회가 시작된 후 5개월이 지났을 때 경주에서 '진짜' 선두 자리에 올라 우승을 향해 순항하고 있었다.

프랑스 출신의 무아테시에는 48세가 되던 해에 이 경주에 참여했다. 그는 항해를 좋아했고, 일생의 대부분을 바다 위에서 살았다. 하지만 무아테시에는 자기가 좋아하는 스포츠를 상업화하는 사람들을 경멸했다. 미디어, 후원자, 언론사 등을 위해 항해에 나선다는 발상 자체가 영혼을 망가뜨리는 행위처럼 느껴졌다. 그는 그저 배가 좋아 배를 탈 뿐이었다.

무아테시에는 배에 무전기조차 싣지 않았다. 그는 혼자만의 시간을 즐겼으며, 옆을 지나치는 배들의 도움을 얻어 자신의 위치를 영국의 대회 본부에 알렸다. 바다 위에서 홀로 9개월을 보내기 위해서는 사회로부터 격리된 상태를 편안히 받아들일 수 있는 성격이 필요했다. 무아테시에는 그런 성격이었다. 그는 경주가 진행되는 동안 남들을 즐겁게 하기 위해 배를 몬다는 것이 얼마나 역겨운 아이디어인지를 다시금 확신하게 됐다.

그는 일기에 이렇게 적었다.

유럽으로 돌아가 뱀이 우글거리는 굴속에 다시 빠질 생각을 하면 구역질이 난다. …나는 거짓된 신들에 질렸다. 그들은 거미처럼 숨어서 기다리다가 우리의 간을 파먹고 골수를 빨아들인다. 현대 사회는 인간의 영혼을 짓밟는 괴물이다.

 돈의 방정식

하지만 자신의 배 조슈아는 달랐다. 그곳에서는 영혼의 깊은 충만함이 느껴졌다. 무아테시에는 훗날 이렇게 회고했다.

> 하루하루가 흘러가지만 절대 단조롭지 않다. 겉으로 보기에는 똑같을지 몰라도 똑같은 날은 하루도 없다. 그곳이야말로 바다 위의 삶이 우리에게 선사하는 특별한 공간이다. 여기에는 깊은 사색과 단순한 명암만이 존재한다. 바다, 바람, 고요함, 태양과 구름, 돌고래들, 조화로움 속에서 느껴지는 평화와 삶의 기쁨.

무아테시에는 남미 최남단의 혼곶Cape Horn을 돌아 영국으로 귀환하는 과정에서 누구도 생각하지 못한 아이디어를 떠올렸다. 우승을 목전에 둔 상태에서 레이스를 중단하고 다른 곳으로 떠나버린다는 생각이었다.

그는 가족과 친구들을 생각하며 이런 글을 썼다.

> 내가 왜 평화를 원하는지, 내가 왜 태평양을 향해 계속 나아가야 하는지 그들에게 어떻게 설명할 수 있을까. 그들은 이해하지 못할 것이다. 나는 내가 옳은 일을 하고 있음을 마음속 깊이 확신한다. 비록 어디로 가고 있는지는 모르지만, 어디로 가야 하는지는 정확히 알고 있다.

마침내 그는 결정을 내렸다. 무아테시에는 지나가던 상선을 멈춰 세우고 한 통의 편지를 건넸다. 〈선데이 타임스〉의 편집자에게 보내는 메시지였다. 내용은 다음과 같았다.

　　친애하는 로버트, 오늘은 3월 18일입니다. 나는 태평양의 섬들을 향해 항해를 계속합니다. 바다 위에서 보내는 시간이 행복하기 때문입니다. 어쩌면 그 시간이 내 영혼을 구원해줄지도 모릅니다.

무아테시에는 이 편지를 프랑스 영사관에 전달해달라고 선장에게 부탁했다. 그는 경주를 중단하고 배를 돌려 타히티섬을 향해 항해를 계속했다.

무아테시에는 일기에 이렇게 썼다.

　　이제부터는 조슈아와 나의 시간, 그리고 나와 하늘과의 시간이다. 다른 누구와도 상관없는 우리만의 위대한 이야기… 시간을 소유하고, 선택권을 갖고, 어디로 가는지 알지 못한 채 어딘가로 향하면서 아무것도 신경 쓰지 않고, 아무런 질문도 필요 없이.

본국의 사람들은 무아테시에가 정신이 나갔다고 생각했겠지만, 그는 이제야 제정신을 차린 듯한 느낌이 들었다.

그해 6월, 무아테시에는 타히티섬에 닻을 내린 뒤 해변에 집을 짓고 농사를 지으며 항해에 관한 책을 썼다.

"사람들은 내가 얼마나 행복한지 모를 것이다." 그는 일기에 이렇게 적었다.

이 이야기에는 한 가지 반전이 있었다. 타히티섬이 경주 코스로부터 워낙 멀리 떨어진 곳이라 사람들이 추적하는 데 시간이 걸리기는 했지만, 무아테시에는 중간에 경주를 포기했는데도 결국 세계를 일주했고 무려 6만 킬로미터를 항해하면서 논스톱 단독 항해의 세계 최장 기록을 세웠다는 사실이 밝혀진 것이다.

하지만 무아테시에가 쓴 책에는 그 사실이 언급되어 있지 않다. 그는 남들이 알든 말든 개의치 않았으며, 세간의 관심도 원하지 않았다.

＊

내가 이 이야기를 하는 목적은 크로허스트를 조롱하고 무아테시에를 영웅으로 만들기 위해서가 아니다. 누구라도 바다에서 9개월을 보낸다면 올바른 정신을 유지하기가 어려울 것이다. 나는 크로허스트가 얼마나 좌절감을 느꼈을지 충분히 공감한다. 그리고 무아테시에의 의사결정이 자신에게는 옳은 일이었을지라도 사회적으로 인정받기를 좋아하는 보통 사람들에게는 충격적인 선택이었음을 알고 있다.

하지만 이런 극단적인 사례들은 평범한 사람들이 일상에서 경험하는 감정을 들여다보게 해주는 확대경의 역할을 할 수 있다. 두 사람의 이야기도 그런 경우일 것이다.

요점은 간단하다. 크로허스트는 남들이 자신의 성취를 어떻게 생각하느냐에 목을 맨 사람이었고, 무아테시에는 남들의 시선에 신경을 쓰지 않는 사람이었다. 한 사람은 외면적 기준에 맞춰 삶을 살았고, 또 한 사람은 내면적 기준을 행복의 잣대로 생각했다. 삶을 살아가면서 그 차이를 제대로 이해하는 일은 매우 중요하다.

워런 버핏은 이런 말을 한 적이 있다. "삶의 점수판이 내면에 있느냐 외부에 있느냐에 따라 사람들의 행동이 달라진다. 내면의 점수판을 채우는 것으로 만족하는 사람은 풍요로운 삶을 누릴 수 있다."[40]

버핏은 이런 예를 들었다. "당신은 남들에게 세계 최고의 투자자로 알려졌어도 사실은 최악의 투자자가 되고 싶은가, 아니면 남들은 당신을 세계 최악의 투자자로 생각하지만 실제로는 최고의 투자자가 되기를 바라는가?"

또 하나의 극단적인 예이기는 해도, 우리가 삶에서 무엇을 가장 중요하게 생각하는지를 돌아볼 수 있는 질문이다.

돈을 지출하는 일에 관련된 의사결정은 두 가지 종류로 나뉜다. 당신은 남들이 자신을 다른 눈으로 보게 하려고(즉 그들이 당신을 좋아하고, 당신에게 감명받고, 당신을 부러워하게 하려고) 돈을 쓰는가? 아니면 자신의 영혼을 채우고 더 행복해지기 위해 돈을 쓰는가?

버핏의 질문을 참고해서 이렇게 자문해보라. 당신은 자신의 소유물로 남의 이목을 끌면서도 속으로는 불행한 삶을 원하는가, 아니면 아무도 당신의 소유물에 관심을 보이지 않아도 아침마다 행복한 마음으로 침대에서 일어나기를 바라는가?

나는 내면적 기준과 외면적 기준의 균형을 완벽하게 조절하는 법은 잘 모른다. 하지만 외면적 기준을 통제하는 사회적 영향력이 우리에게 강력한 힘으로 작용한다는 사실은 알고 있다. 우리 사회에는 누군가가 정해놓은 길을 그대로 따라야 한다고 압박하는 힘이 분명 존재한다. 게다가 요즘에는 소셜 미디어의 발달로 인해 그 힘이 열 배 이상 세졌다.

동시에 우리 마음속에는 내면적 기준을 충족하고자 하는 자연스러운 욕구도 분명 자리하고 있다. 나만의 독립적인 삶을 살고, 자신의 독특한 습관을 따르고, 내가 하고 싶은 일을 마음껏 하고, 언제 누구와 더불어 그 일을 할지를 스스로 결정하려는 욕구가 있다. 그것이야말로 돈의 가장 고귀한 목적이자 사람들이 '진짜로' 원하는 것이다.

다음 장에서는 평생 앞을 보지 못하다가 시력을 되찾은 한 남자의 이야기를 통해 행복에 관한 또 하나의 중요한 관점을 살펴본다.

6

하루에 세 번씩
5성급 호텔 요리를 먹는다면

돈으로 행복해지는 비결은
'쾌락의 쳇바퀴'와 싸우는 데 있다.

———

좋은 삶이란

필요한 것을 모두 누리고

원하는 것을 일부 소유할 수 있는 삶이다.

갖고 싶은 것을 모두 손에 넣을 수 있는 사람은

그 무엇에도 감사함을 느끼지 않는다.

미국의 사업가이자 시각 장애인 스키 선수인 마이클 메이_{Michael May}는 세 살 때 큰 사고를 당해 시력을 완전히 잃었다. 그는 46세 되던 해에 수술을 통해 기적적으로 시력을 되찾았으며, 생전 처음 세상을 볼 수 있었다.

메이는 수술이 성공적으로 끝난 뒤에 의사의 사무실을 걸어 나왔다. 로비를 지나갈 때 뭔가가 그의 발길을 멈추게 했다. 바닥에 깔린 카펫이었다. 그저 모양이 평범하고 색깔이 우중충한 사무실용 카펫에 불과했다.

"저 모양 좀 봐! 저 색깔을 봐!" 그는 흥분에 가득 찬 목소리로 아내에게 말했다. 그 카펫은 그가 상상할 수 있는 어떤 것보다도 아름다운 물건이었다.

로비를 둘러보니 다른 환자들이 자리에 앉아 진료 순서를 기다리고 있었다. 그는 다른 사람들이 왜 그 카펫을 보고 감탄하지 않는지 도무지 이해하지 못했다. 내가 볼 수 있는 것을 저 사람들은 보지 못하는 걸까? 메이의 전기 작가 로버트 커스턴_{Robert Kurston}은 이렇게 썼다. "그는 사람들이 그 카펫에 신경을 쓰지 않는다는 사실을 믿을 수가 없었다. 그토록 아름다운 카펫이 바닥에 펼쳐져 있는데 어떻게 그냥 자리에 앉아 있을 수 있단 말인가?"[41]

메이는 다시 발길을 멈추고 이렇게 중얼거렸다. "저게 바로 파란색이구나. 세상에, 저게 파란색이야!" 그는 색깔이란 게 무엇인지 수없이 상상했지만, 그의 머리로는 이해할 수 없었다. 하지만 이제는 달라졌다.

그는 사무실의 벽지나 출구 표시 같은 물건을 보고도 똑같은 감정을 느꼈다. 그중에서도 그를 가장 큰 경이로움에 빠뜨린 것은 한 장의 종이 위에 적힌 숫자들이었다.

메이의 눈에는 모든 게 아름답고 경이로웠다. 평생 처음 보는 광경이었기 때문이다. 그가 칙칙한 사무실용 카펫을 보고 느낀 기쁨은 우리가 최고로 아름다운 일몰 장면을 보고 느낀 기쁨보다 1만 배는 컸을 것이다.

이 이야기에서 배울 점이 많지 않을까? 당신이 과거에 어떤 경험을 했는지에 따라 세상에서 가장 평범한 물건도 당신에게 놀랍도록 큰 감동을 선사할 수 있다.

모든 사람이 '좋은 삶'을 향해 노력하는 이유는 그런 삶이 자신을 행복하게 해줄 거라 믿기 때문이다. 하지만 당신에게 실제로 행복을 가져다주는 것은 당신이 과거에 겪은 경험과 현재 소유한 것 사이에 가로놓인 '차이_{contrast}'일 뿐이다.

목이 말랐을 때 들이켜는 한 잔의 수돗물이 최고의 물이 될 수 있다. 배가 잔뜩 고팠을 때 먹는 싸구려 음식이 최고의 식사가 될 수 있다. 새로 태어난 아기가 엄마에게 허락한 잠깐의 낮잠이 최고의 수면이 될 수 있다.

객관적으로 정의할 수 있는 좋은 경험이란 없다. '좋음'의 크기는 기대와 실제의 차이에 의해 결정된다. 당신이 과거에 경험한 것과 지금 소유한 것 사이에 얼마나 큰 차이가 존재하느냐에 따라 행복의 크기가 정해진다. 당신에게 행복을 선사하는 것은 '양'이 아니라 '차이'다. 돈을 지출하는 문제에 있어 이보다 더 중요한 교훈은 없다.

좋은 삶이란 필요한 것을 모두 누리고 원하는 것을 일부 소유할 수 있는 삶이다. 갖고 싶은 것을 모두 손에 넣을 수 있는 사람은 그 무엇에도 감사함을 느끼지 않는다.

영국의 작가이자 설교자 윌리엄 도슨은 이런 글을 썼다.[42]

> 우리가 부에 대해 간과하는 한 가지는 돈을 아낄 필요가 없어지면 돈이 가져다주는 모든 즐거움이 사라진다는 것이다. 통장 잔고를 신경 쓰지 않고 원하는 것은 무엇이든 손에 넣을 수 있는 사람은 자기가 사들인 어떤 물건도 가치 있게 여기지 않는다.

당신이 소유한 물건을 진정으로 소중하게 만들어주는 것은 갖고 싶은 물건을 사기 위해 한 푼 두 푼 돈을 모을 때의 벅찬 기대, 예상치 못한 선물을 받았을 때의 기쁨, 조금씩 두둑해지던 주머니 같은 게 아니었을까.

당신이 어딘가에 취직해서 첫 번째 급여를 받았을 때를 기억하는가. 당신은 그 소중한 돈으로 값싼 밀크셰이크 한 잔을 사 마시며 "내가 해냈어. 내가 번 돈으로 이걸 산 거야"라고 속으로 축하했을지 모른다. 아무것도 살 능력이 없다가 뭔가를 구매할 능력이 생긴다는 것은 참으로 놀라운 경험이다.

우리를 행복하게 해주는 것은 '노력과 보상' 사이에 존재하는 차이다. 당신이 나중에 직장을 다니며 저축이 늘어나고 소득도 높아졌을 때를 생각해보라. 그때도 돈을 쓰는 일이 즐거웠겠지만 몇 푼 안 되는 급여 앞에서 감동하던 시절보다는 짜릿하게 느껴지지 않았을 것이다.

아마도 당신이 가장 부자처럼 느껴졌던 순간은 처음 월급봉투를 받고 계좌 잔액이 5달러에서 500달러로 늘어난 것을 확인한 때가 아니었을까. 그 차이에서 느껴지던 행복감은 1,000만 달러가 2,000만 달러로 늘어났을 때보다 훨씬 컸을 것이다. 주머니에 한 푼 없던 사람이 몇 푼의 돈을 손에 쥐었을 때의 기쁨이란, 이미 많은 돈을 소유한 사람이 더 많은 돈을 벌었을 때의 기쁨과 비교도 할 수 없다.

'차이'의 힘을 이해하는 사람은 그것이 우리의 삶에서 얼마나 중요한지 알고 있다. 내 지인 중에는 개인 요리사를 둔 부자가 있

　　　　　돈의 방정식

다. 그는 하루 세 번씩 5성급 호텔 수준의 고급 요리를 즐긴다. 얼마나 근사한 삶인가. 그 사람이 부럽지 않다면 거짓말이다.

그런데 그런 부자도 시간이 지날수록 만족감이 떨어지는지 궁금하다. 그는 고급 요리를 먹기 위해 굳이 애쓸 필요가 없다. 예약이 어려운 레스토랑에 자리를 차지하려고 줄을 서지 않아도 된다. 그에게는 '평범한' 식사와 매일 먹는 호화로운 음식 사이에 차이가 없다. 그가 하루 세 번씩 5성급 호텔 요리를 먹으면서 느끼는 즐거움이, 아빠를 따라 처음 맥도날드에 간 아이가 햄버거를 한 입 베어 물었을 때의 황홀함보다 더 클까? 내 생각에는 그렇지 않을 것 같다.

돈으로 행복해지는 비결은 '쾌락의 쳇바퀴'와 싸우는 데 있다. 사람들은 한때 사치라고 생각했던 것도 시간이 지나면 당연하게 받아들인다. 그런 관성을 극복하기 위해서는 지속적인 사치보다는 어쩌다 한 번씩 누리는 호사가 더 즐거울 수 있다는 사실을 깨달아야 한다.

보디빌더 출신의 영화배우 겸 정치인 아널드 슈워제네거는 음식에 대해 이렇게 조언한 적이 있다. "항상 건강한 음식을 먹어야 한다. 하지만 가끔은 건강하지 않은 줄 알면서도 맛있는 음식을 먹어야 한다. 그렇지 않다면 무슨 의미가 있나?"[43]

그의 말대로 무슨 의미가 있나? 당신이 평소에 올바른 일을 하는 이유는 이따금 올바르지 않은 일을 할 때(물론 책임감 있게) 더 행복하다는 사실을 알기 때문이다.

이 교훈은 돈의 세계에도 적용할 수 있고, 앞서 이야기한 '만족'의 개념과도 일맥상통한다. 지금 소유한 것에 만족하는 사람은 어쩌다 누리는 호사나 선물에서 큰 행복을 느끼고 이를 더 고맙고 즐겁게 음미할 수 있다. 현재에 만족하는 사람일수록 사소한 행복에 더 크게 감동한다. 갑자기 초대된 저녁 식사, 예상치 못한 호텔 업그레이드, 큰맘 먹고 지갑을 연 소소한 사치 등은 당신에게 큰 기쁨을 안겨준다. 아무것도 기대하지 않은 사람에게는 모든 게 놀라움의 대상이다. 그런 사람은 남들이 당연시하는 사물을 마이클 메이처럼 환희에 가득한 눈으로 바라볼 수 있다.

사람들의 취향은 제각각이다. 나의 경우는 단순한 삶을 원한다. 멋진 물건을 싫어해서가 아니다. 오히려 그 반대다. 단순하고 소박한 삶을 사는 사람은 어쩌다 손에 넣는 멋진 물건에서 더 큰 기쁨을 느낀다.

그렇다고 갖고 싶은 물건을 모두 포기하면서 살라는 말은 아니다. 단지 본인의 눈높이가 행복에 얼마나 큰 영향을 미치는지 이해해야 한다는 뜻이다. 많은 사람이 자신을 행복하게 해줄 물건을 손에 넣기 위해 좋아하지도 않은 일에 장시간 매달린다. 그들은 그 물건만 사면 분명 행복해지리라고 생각한다. 하지만 돈을 벌려고 애쓰기보다 눈높이를 낮추는 편이 더 큰 심리적 보상을 가져다준다는 사실은 알지 못한다.

우리가 눈높이를 낮춰야 하는 이유는 작은 행복에도 만족해하는 법을 배울 수 있을 뿐 아니라, 이따금 누리는 사치에서 더 큰 기쁨을 느낄 수 있기 때문이다.

크리스마스, 독립기념일, 생일, 방학이 손꼽아 기다려지는 이유는 그날이 1년에 꼭 한 번뿐이기 때문이다. 사치스러운 물건도 평소에 늘 곁에 두고 사는 게 아니라 어쩌다 한 번씩 주어지는 특별한 선물일 때 더 반갑고 기쁘다.

＊

탐험가 어니스트 섀클턴Ernest Shackleton이 이끌던 배 인듀어런스Endurance호는 남극의 얼음 속에 갇혔다가 얼마 뒤 산산이 부서지고 말았다.

섀클턴과 27명의 대원들은 1915년 1월부터 1916년 8월까지 19개월 동안 밤에는 영하 수십 도까지 떨어지는 혹독한 추위를 견디며 작은 구명보트를 저어 무려 1,300킬로미터를 이동했다.

그들은 추위에 떨었고, 온몸은 흠뻑 젖었으며, 굶주림에 시달렸다. 게다가 잠도 부족했다. 가끔 바다표범을 잡고 해조류를 건져 올려 목숨을 연명했다. 그들의 이야기는 인류 역사상 가장 놀라운 생존 스토리 중 하나다.

하지만 그들의 사투를 기록한 책 《인듀어런스》에서 가장 인상적이었던 대목은 책의 마지막 부분이었다. 섀클턴과 그의 대원들은 마침내 아르헨티나 해안에서 동쪽으로 2,600킬로미터 떨어진 사우스 조지아섬의 고래잡이 기지에 도착해서 도움을 요청했다. 이 책을 쓴 앨프리드 랜싱Alfred Lansing은 그 장면을 이렇게 묘사했다.

새클턴과 그의 대원들은 고래잡이 기지에서 온갖 편의를 제공받았다. 모두가 오랜만에 목욕하는 호사를 누렸고 수염을 깎았다. 기지의 창고에서 꺼낸 새 옷도 얻어 입었다.

그들은 따뜻한 음식으로 식사를 마친 뒤 열두 시간 동안 잠에 빠졌다. 우리는 그들이 어떤 기분을 느꼈을지 상상할 수 있을까? 무려 19개월을 추위와 굶주림에 시달리다가 목욕을 하고, 따뜻한 음식을 먹고, 푹신한 침대에서 잠들었을 때 얼마나 행복했을까? 비록 물은 미지근하고 음식은 별로 신선하지 않았더라도 세상의 누구도 그렇게 즐겁고 충만한 저녁 시간을 경험하지 못했을 것이다.

이런 이야기를 읽으면 조금 묘한 생각이 든다. 나는 마이클 메이나 새클턴의 탐험대가 겪은 고난을 직접 경험하고 싶지는 않다. 하지만 고난의 시간이 지나고 그들이 느꼈을 황홀한 기쁨이 조금은 부럽기도 하다.

돈도 마찬가지다. 나는 극심한 가난과 궁핍 속에서 조금의 사치도 허락되지 않는 삶을 살고 싶지는 않다. 하지만 때때로 누릴 수 있는 사치에서 오는 환희, 예상치 못한 선물이나 호사의 즐거움을 더욱 강렬하게 느끼고 싶다.

내가 늘 염두에 두는 몇 가지 조언이 있다.

직관을 벗어난 얘기처럼 들리겠지만 '차이'의 힘을 아는 사람은 내 말이 무슨 뜻인지 알 것이다. 사람마다 취향은 다르겠지만, 나는 내가 좋아하는 것(선호하는 식당, 여행, 술자리 등)은 늘 달고 사는 게 아니라 특별한 기회에만 즐기려고 노력한다.

당신이 단순한 삶에 만족한다면, 때때로 누리는 사치는 마법과 같은 느낌을 선사할 것이다.

부자들은 전용 비행기야말로 돈으로 살 수 있는 가장 만족스러운 물건이며 결코 질리는 법이 없다고 말한다. 하지만 우리는 왜 '전용 자동차'를 운전하면서 똑같은 감정을 느끼지 못하는 걸까? 나는 전용 비행기를 소유한 사람들이 행복해하는 이유가 부자가 되기 전에 일반 여객기를 타고 다녔기 때문이라고 생각한다. 공항에 길게 늘어선 줄, 성가신 보안 검색, 중간에 긴 좁은 좌석, 옆자리에서 코 고는 승객 같은 불편함과 비교하면 전용 비행기를 타는 일은 꿈같은 경험일 것이다.

하지만 '전용' 자동차를 타고 다니는 사람들은 비교할 대상이 별로 없다. 그들은 태어났을 때부터 집에 전용 자동차가 있었으므로 과거와 현재의 경험을 서로 비교하지 못한다.

그러나 1900년대 초반의 상황을 생각해보라. 그때는 자동차가 세상에 나온 지 몇 년 되지 않았고, 사람들이 자동차와 마차를 비교하던 시절이었다. 당시 자동차를 두고 어떤 말이 오갔는지 아는가? 사람들은 자동차가 너무 신기하고 사치스러운 물건이라, 이를 가진 자와 갖지 못한 자로 세상이 갈라질 수도 있다고 우려했다.

1906년 프린스턴 대학교 총장 우드로 윌슨Woodrow Wilson은 이렇게 말했다. "자동차처럼 이 나라에 극심한 사회주의적 정서를 퍼뜨린 물건은 없다. 그건 부자들의 거만함을 상징하는 기계다."[44] 오늘날 우리는 전용 비행기를 두고 똑같은 말을 하고 있다.

현재의 경험을 비교할 대상이 없다면 아무리 놀라운 것도 평범하게 느껴질 수 있다.

셋, '기대'의 힘이 얼마나 강력한지 아는 사람은 상황을 개선하기 위해 애쓰는 것만큼 기대를 낮추기 위해서도 노력해야 한다.

행복, 만족, 기쁨 같은 감정은 모두 기대와 실제의 차이에서 온

돈의 방정식

다. 섀클턴과 그의 대원들은 이를 몸소 체험했다. 그들은 극심한 시련과 고난을 겪은 뒤에 예전에는 신경조차 쓰지 않았던 사소한 일에서 커다란 기쁨을 느꼈다. 대원 중 한 명은 육지에 도착한 뒤에 이런 글을 남겼다. "우리가 지금까지 경험한 최고의 하루… 살아있다는 사실이 기쁘다."

랜싱은 책에서 이렇게 썼다. "얼음과 공허함만이 가득한 세계에서도 그들은 최소한의 만족을 누렸다. 혹독한 시험을 거쳤고 고난 속에서도 부족함을 호소하지 않았다."

그보다 더 좋은 게 있을까?

이어서 부유함과 풍요로움에 대한 이야기를 들려주겠다. 이 둘이 뭐가 다르냐고 묻는다면 단순하게 말해 돈을 '통제'하는 데에 차이가 있다. 밴더빌트 가문에 대한 이야기가 그 차이를 분명하게 보여줄 것이다.

돈으로 행복해지는 비결은
'쾌락의 쳇바퀴'와 싸우는 데 있다.

사람들은 한때 사치라고 생각했던 것도
시간이 지나면 당연하게 받아들인다.
그런 관성을 극복하기 위해서는
지속적인 사치보다는 어쩌다 한 번씩 누리는 호사가
더 즐거울 수 있다는 사실을 깨달아야 한다.

7

3,000억 달러를 남긴
밴더빌트 가문 이야기

돈은 우리를 복종시키는 주인이 아니라,
우리를 돕는 도구가 되어야 한다.

돈의 지배를 받는다는 것은

남모르게 빚을 지는 것과 같다.

그 빚도 다른 부채처럼 큰 대가를 치르고 갚아야 한다.

나는 부유riches와 풍요wealth를 구분해서 생각한다. 내가 만들어낸 정의이기는 하지만, 두 개념을 구분하면 유용할 때가 많다.

부유한 사람은 은행에 돈을 쌓아두고 원하는 물건을 사들인다. 풍요로운 사람은 돈이 개성, 자유, 욕구, 야망, 도덕, 우정, 정신적 건강에 미치는 영향을 스스로 통제한다.

나도 돈을 어떻게 써야 더 행복해질지 수없이 고민했다. 그러다가 행복의 크기는 돈을 소유하거나 소비하는 양에 좌우되지 않는다는 사실을 깨달았다. 그보다는 내가 부유한 사람인지 아니면 풍요로운 사람인지가 훨씬 중요하다.

*

돈은 삶을 특별한 방식으로 변화시키는 강력한 도구다. 그 사실은 구원의 메시지가 될 수도 있고 저주가 될 수도 있다. 왜냐하면 돈을 이용하는 법을 알지 못하는 사람은 '돈에 이용당하기' 때문이다.

돈은 당신의 삶을 통제하고 감옥 속에 몰아넣는다. 자비심도 없고 동정심도 없다. 돈의 통제를 받는 사람은 자기가 더 나은 삶을 위해 돈을 추구한다고 생각하겠지만, 사실은 돈이 자신을 꼭두각시 인형처럼 조종하며 좋아하지도 않은 물건을 쫓아다니게 하고 알지도 못하는 물건을 갈망하게 하는 것이다.

내가 당신에게 "마약, 술, 명예, 권력 같은 것에 집착하는 삶이 바람직한가?"라고 물으면 당신은 당연히 그렇지 않다고 대답할 것이다. 어떤 대상이든 지나치게 집착하면 결국 그것에 통제받게 된다. 한때 유용하다고 생각했던 도구가 어느 순간 자신을 지배하는 독재자로 바뀔 수 있다.

돈을 향한 집착(특히 지출에 대한 집착)은 당신도 모르는 사이에 삶에 스며든다. 돈은 당신을 위해 어떤 일이든 다 해줄 듯이 마법과도 같은 매력을 발휘한다. 돈이 많으면 더 행복해지리라는 믿음은 너무나 강력해서, 사람들은 고결한 야망과 위험한 집착을 구분하는 데 어려움을 겪는다.

돈에 의해 삶이 통제당하는 일은 소득 수준과 관계없이 모든 사람에게 일어날 수 있지만, 특히 막대한 재산을 소유한 부자들의 삶을 들여다보면 그 위험성이 얼마나 큰지 알게 된다. 겉으로는 돈의 축복을 받은 듯이 보이는 사람도 실제로는 돈에 의해 삶이 철저히 지배당하는 저주를 받는 경우가 종종 있다.

그토록 많은 돈을 소유한 사람들이 삶의 통제권을 돈에 선뜻 내어주는 모습은 당황스럽기도 하고 충격적이기도 하다. 소설가 어니스트 헤밍웨이는 동료 작가 F. 스콧 피츠제럴드를 두고 이렇게 말했다. "그는 부자들을 향한 낭만적인 경외감을 품었다. 그 사람들이 화려하고 특별한 종류의 인간이라고 생각했으나 실제로는 그렇지 않다는 사실을 깨달았을 때, 그 좌절감은 그를 파멸로 이끈 원인 중 하나가 되었다."[45]

이제 인류 역사상 가장 부유했던 어느 가문의 이야기를 해보자. 그들은 돈을 쓰는 데 집착한 나머지 다른 사람들이 부러워하기보다 오히려 측은하게 여기는 삶을 살았다.

*

레지널드 클레이풀 밴더빌트Reginald Claypoole Vanderbilt는 극심한 경쟁과 나약한 자아, 그리고 감당할 수 없는 기대로 얼룩진 집안에서 태어났다. 그 순간부터 문제가 시작됐다.

선박왕과 철도왕으로 불린 미국의 대부호이자 레지의 증조부인 코닐리어스 '코모도어' 밴더빌트Cornelius 'Commodore' Vanderbilt가 1877년 사망했을 때, 〈뉴욕 데일리 트리뷴New York Daily Tribune〉은 세상에서 가장 부유한 사내가 남기고 간 유산 앞에 과연 어떤 운명이 닥칠지 예상하는 사설을 실었다.

◢ 밴더빌트 가문의 이야기는 돈 이외에는 아무런 기초도 없이 무작정 '가문을 세우는' 일이 얼마나 헛된 시도인지를 보여주는 인상 깊은 사례다.

코모도어 밴더빌트는 자신이 벌어들인 돈으로 밴더빌트라는 이름을 대대손손 남기고, 후손들도 미국 사회에 지속적인 영향력을 행사하기를 바라며 만년을 보냈다.

미국만큼 빠른 속도로 부를 쌓을 수 있는 나라는 세상에 없다. 동시에 후손들에게 상속된 돈이 그토록 무의미하게 쓰이는 나라도 없다.

밴더빌트가 남기고 간 돈은 상속인들에게 아무런 행복도 의미도 가져다주지도 못하고 있다. 그들의 돈은 미국인들이 소유한 다른 재산처럼 몇 년 안에 공중에 흩어질 것이다. 여러 상속인이 앞다퉈 소비한 돈은 국가 경제의 순환 시스템 속으로 흡수될 것이다.[46]

가혹한 전망이었지만 그들 앞에 놓인 현실은 그보다 더 암울했다. 코닐리어스 밴더빌트가 남긴 유산은 오늘날의 화폐 가치로 약 3,000억 달러에 달한다. 전해오는 말에 따르면 당시 그의 재산은 미국 재무부가 보유한 현금보다 많았다고 한다.[47] 하지만 그가 세상을 떠난 지 불과 60년 만에 그 많던 돈은 한 푼도 남김없이 사라지고 말았다.

밴더빌트의 재산은 3대에 걸쳐 상속됐다. 돈을 물려받은 상속인들은 누가 더 빠르고 무분별하게 돈을 쓰는지 경쟁하는 일을 삶의 목표로 삼았다. 초창기의 상속인들은 그래도 가문의 사업을 돌봐야 한다는 최소한의 책임감을 보였지만, 시간이 흐르면서 그들의 '가족 사업'은 서로를 향해 불안감과 불만을 표출하는 일이 전부가 되어버렸다.

1875년 어느 신문의 사설은 사교계에서 활동하는 부자들이 "비용에 신경 쓰지 않고 쾌락만을 추구한다"라고 꼬집었다. 하지만 밴더빌트 가문의 어떤 사람은 이렇게 받아쳤다. "우리는 쾌락에 신경 쓰지 않고 비용만을 추구한다."

그 사람의 솔직한 고백은 문제의 본질을 정확히 드러냈다. 그늘은 누구도 이기지 못할 게임을 벌이고 있었으며, 결국 모두 패배했다.

돈의 지배를 받는다는 것은 남모르게 빚을 지는 것과 똑같다. 그 빚도 다른 부채처럼 큰 대가를 치르고 갚아야 한다.

레지는 밴더빌트 가문의 막대한 재산을 물려받은 마지막 상속자 중 하나였다. 그가 21번째 생일에 받은 돈은 1,250만 달러였다. 오늘날의 화폐 가치로 환산하면 3억 5,000만 달러가 넘는 금액이다.

이 가문의 전기 작가 아서 밴더빌트 Arthur Vanderbilt 는 레지를 이렇게 묘사했다.

▰ 제멋대로고, 게으르고, 부주의했던 레지는 책임감이나

목적의식이 전혀 없었다. 그의 유일한 목표는 지루함에서 벗어나는 것이었다. 레지는 남에게 고용된 적이 한 번도 없었고 일을 해본 적도 없었다. 누군가 직업이 뭐냐고 물으면 '신사gentleman'라고 대답했다. 타인과 자신을 차별화하는 유일한 길은 부유한 플레이보이가 되는 것뿐이었다. 그는 누구보다 열정적이고 숙련된 자세로 그 일에 집중했다.[48]

레지가 가장 좋아한 두 가지 취미는 술과 도박이었다. 술은 레지가 45세의 나이로 사망하는 데 결정적인 역할을 했다. 그는 심각한 간경화로 인해 간에서 흘러나온 혈액이 식도로 역류하는 상황을 맞았고, 혈관이 갑자기 터지는 바람에 가족이 지켜보는 가운데 피를 토하며 숨졌다. 또한 도박은 그를 빈털터리로 만들었다. 레지가 자신의 상속인들에게 얼마를 물려주겠다고 약속한 유언장은 노름빚을 빼고 나니 아무런 의미가 없는 공수표가 되어 버렸다.[49]

밴더빌트 가문은 세상에서 가장 큰 집을 짓고, 가장 아름다운 가구를 사들이고, 가장 호화로운 파티를 열고, 가장 값비싼 여행을 다녔다. 하지만 이 모든 것은 신을 숭배하는 신전처럼 자신들의 부를 과시하는 기념물이었을 뿐 삶을 개선하는 도구가 되지 못했다. 그 결과는 불합리와 비극이었다.

레지가 통제 불능의 삶을 이어가는 데 여념이 없을 때, 밴더빌트 가문의 또 다른 상속자 조지 워싱턴 밴더빌트George Washington

Vanderbilt는 6년을 들여 1만 2,500제곱미터 규모의 빌트모어 하우스Biltmore House를 지었다. 40개의 대형 침실과 400명의 상주 직원을 갖춘 곳이었지만, 그는 이 집에서 거의 시간을 보내지 않았다. 아늑한 집이라기보다는 상업적 건물 같은 느낌을 주었기 때문이다.

친구 중 한 사람이 "그곳은 사람이 살 만한 조건을 전혀 갖추지 못한 곳이다"라고 말했을 정도였다. 그런데도 이 집에는 밴더빌트조차 감당할 수 없을 만큼 엄청난 유지비가 들었다. 결국 그는 세금을 내기 위해 90퍼센트의 토지를 매각해야 했고, 이곳은 관광객들이나 찾아오는 장소로 전락하고 말았다.

그뿐 아니라 이 가문의 구성원들 사이에는 누가 가장 큰 요트를 제작하는지, 누가 가장 비싼 예술품을 사들이는지, 누가 가장 고귀한 혈통의 배우자를 맞이하는지를 두고 치열한 경쟁이 벌어졌다. 그들에게는 물질적 만족보다 경쟁이 먼저였다. 그러다 보니 행복은 손에 닿지 않는 머나먼 목표에 불과했다. 그들은 정략결혼을 했고, 유산을 둘러싸고 끊임없이 다툼을 벌였다. 이 가문의 상속인들은 '신탁 기금 상속자'라는 꼬리표 없이 자기 스스로 삶을 개척할 기회도 없었고 그런 방법을 알지도 못했다.

윌리엄 밴더빌트William Vanderbilt는 1920년 세상을 떠나기 직전 이렇게 말했다. "내 인생은 행복하게끔 운명 지어지지 않았다. 부를 물려받는 일은 행복의 장애물이다. 죽음이 야망의 장애물이고 코카인이 도덕의 장애물인 것처럼."[50]

돈은 삶의 매 순간 이 가족을 조각조각 갈라놓았고, 철천지원수도 혀를 내두를 만큼 극심한 역기능과 불행을 서로에게 떠안겼다.

밴더빌트 가문의 후손들은 세계에서 가장 운이 좋은 사람들이었다고 할 수 있다. 하지만 그들의 인생을 들여다본 뒤에도 자신의 삶을 그들과 바꾸겠다고 선뜻 나설 이는 그렇게 많지 않을 듯싶다. 그토록 엄청난 부를 소유한 가족이 서로 물어뜯고 갈라서는 과정을 지켜보면 이런 질문이 떠오른다. "그들은 대체 왜 그렇게 살았을까?"

〈뉴욕 데일리 트리뷴〉은 그 이유를 알아낸 것 같다. 이 신문에 따르면 그들의 목표는 더 훌륭하고, 더 행복하고, 더 풍요롭고, 더 만족스러운 삶을 사는 게 아니었다. 그들은 "돈을 소유하는 것 이외에는 다른 어떤 목적도 없이" 그저 부유함을 즐기고 소비를 과시하는 것만으로 가치를 평가받는 삶을 원했다.

그들은 돈을 이용해서 삶을 쌓아 올린 게 아니라, 돈을 세상의 중심에 두고 삶을 꾸려나갔다. 그들이 상속받은 돈은 소중한 재산이 아니라 빠져나올 수 없는 인생의 부채가 되어 다음 세대로 대물림됐고, 결국 한 푼도 남김없이 사라졌다.

억만장자 상속인들에게 동정심을 품기는 어려울 것이다. 하지만 그들이 겪은 일은 평범한 사람에게도 영향을 미치는 문제이니만큼 이를 자세히 진단해볼 필요가 있다. 밴더빌트 가문의 이야기는 돈을 이용해서 삶을 개선하지 못하고 오히려 돈에 철저히 지배당한 사람들의 대표적인 사례다. 그들은 돈을 섬기기 위해 하루하루를 살았다.

이런 사례는 또 있다. 사업가 데이비드 시걸David Siegel은 플로리다에 8,300제곱미터 넓이의 거대한 저택을 지은 적이 있다. 어떤 사람이 왜 그렇게 큰 집을 지었느냐고 묻자, 그는 잠시 생각하더니 이렇게 답했다. "지을 수 있으니까." 사람마다 취향은 다르겠지만, 그는 그 집에서 어떤 추억을 만들고 싶다거나 어떤 기쁨을 누리고 싶은지 얘기하지 않고 그냥 "지을 수 있으니까"라고 말했다.[51]

그런 말을 들으면 돈이 그 사람을 철저히 지배한 게 아닌지 의심이 갈 뿐이다. ('도구'란 무엇인가. 누군가 당신에게 왜 드라이버를 사용하느냐고 물으면 "사용할 수 있으니까"라고 대답하지는 않을 것이다. 아마 "벽에 그림을 걸고 가구를 조립하는 데 사용합니다"라고 답할 것이다. '주인 대 도구'의 구도로 돈을 바라보는 관점은 매우 중요하다.)

타이어 재벌 하비 파이어스톤Harvey Firestone 또한 한때 같은 수렁에 빠졌지만, 다행히도 돈이 자신에게 얼마나 어리석은 게임을 강요하고 있는지를 깨달은 듯했다. 파이어스톤은 1926년에 발간한 회고록에 이렇게 썼다.[52]

／ 사람들은 왜 돈을 좀 벌자마자 필요 이상으로 큰 집을 지어댈까? 나는 오하이오주 애크런에 죽을 때까지도 다 사용하기 어려울 만큼 큰 집을 소유하고 있다. 마이애미 비치에도 큰 집이 있다. 아마도 내가 죽기 전에 또 다른 집을 사

거나 지을 것이고, 그 집 역시 필요 이상으로 클 것이다.

내가 왜 그렇게 행동하는지 모르겠다. 집은 그저 짐일 뿐이다. 그런데도 나는 이런 행동을 계속해왔다. 내 주위에 있는 부자 친구들도 하나같이 큰 집에 산다. 심지어 헨리 포드처럼 검소하기로 소문난 사람도 디어본에 엄청나게 큰 집을 지었다. 왜 그럴까.

어쩌면 오래전 봉건 시대부터 전해 내려온 바보 같은 생존 본능 때문일지도 모른다. 그때는 큰 집이 소규모 군대를 갖춘 튼튼한 요새를 의미했다. 어떤 이는 부를 과시하기 위해 큰 집을 짓고, 어떤 이는 사람들을 초청해서 성대한 파티를 열기 위해 큰 집을 짓는다.

하지만 거의 모든 부자는, 특히 자수성가해서 부를 쌓은 사람들은 별다른 이유도 없이 그저 집을 짓는다. 공사가 끝났을 때 그 집이 애초에 왜 지어지기 시작했는지 아는 사람은 아무도 없다.

"집은 그저 짐일 뿐이다. …내가 왜 그렇게 행동하는지 모르겠다." 그의 고백은 충격적이다. 나는 파이어스톤의 솔직함을 존경한다.

방송 진행자로 활약하는 앤더슨 쿠퍼Anderson Cooper는 레지 밴더빌트의 손자다. 아마도 그는 밴더빌트 가문의 상속자 중에 막대한 유산을 물려받지 못한 최초의 인물일 것이다.

어쩌면 그건 축복이었을지도 모른다. 쿠퍼는 지난 100년 사이에 태어난 밴더빌트 가문의 후손 중에서 가장 성공한 사람일 뿐아니라 가장 행복한 사람이기도 하다.

언젠가 그는 유산을 두고 이렇게 말한 적이 있다. "나는 유산이 삶의 동기를 빼앗아 간다고 생각한다. 내가 어렸을 때 나를 기다리는 황금 단지가 있다고 생각했다면 과연 이렇게 열심히 살았을까 싶다."[53]

그는 돈에 대한 집착이라는 집안 내력에서 벗어나 삶의 열정을 발휘할 대상을 찾아냈고, 돈의 소중함에 감사하는 법을 배웠다. 그는 인형에 달린 끈을 끊어내고 돈에 조종당하기를 거부한 첫 번째 상속자였다.

부유함과 풍요로움의 차이에 대해 다시 이야기해보자. 나는 밴더빌트 가문과 같은 이야기에 흥미를 느낀다. 그들은 세상에서 가장 부유한 사람들이지만 내 정의에 따르면 가장 풍요롭지 않은 사람들 중 하나이기 때문이다. 그들에게 돈은 자산이라기보다 사회적·정신적 빚이었다. 그들은 '지위의 추구'라는 부채에 시달렸고 결국 대부분이 불행해졌다. 아무리 많은 돈을 번 사람도 이 함정에 빠질 수 있다. 여러분만큼은 이를 피했으면 한다.

*

내가 정의하는 '풍요'의 개념에 가장 잘 들어맞는 사람은 척 피니Chuck Feeney다. DFS 그룹Duty Free Shoppers Group의 공동설립자인 척 피니는 2023년에 세상을 떠났다.

그가 세상에서 가장 검소한 억만장자였다는 사실은 유명하다. 피니는 죽기 전까지 80억 달러에 달하는 재산의 99.9퍼센트를 모두 기부했다. 그와 아내에게 마지막 남은 돈은 200만 달러에 불과했고, 두 사람은 작은 아파트에서 조용하고 검소하게 살았다.

사람들은 잘 모르지만 피니도 한때 호화로운 삶을 추구한 적이 있다. 〈워싱턴 포스트The Washington Post〉는 그가 큰돈을 벌기 시작한 1980년대에 어떤 삶을 살았는지를 다룬 기사를 실었다.

> 그는 뉴욕, 런던, 파리에 고급 아파트가 있었고 아스펜과 프랑스령 리비에라에도 호화로운 별장을 지었다. 요트와 전용 비행기를 타고 다니며 다른 거부들과 어울렸다. 원하는 것은 무엇이든 손에 넣을 수 있었다.[54]

하지만 피니는 얼마 되지 않아 그런 삶이 자신에게 어울리지 않는다는 사실을 깨달았다. 이 사회는 그에게 온갖 사치스러운 물건을 사들이라고 강요했지만, 피니는 그런 삶에서 전혀 행복을 느끼지 못했다. 그를 행복하게 해준 것은 기부였다.

"내가 하는 일이 사람들에게 도움이 될 때는 행복하지만 그들에게 도움이 되지 못할 때는 불행합니다." 그는 이렇게 말했다.[55]

나는 그가 한 말이 마음에 든다. 더 정확히는 그가 남들을 돕기 좋아했다는 사실이 마음에 든다.

피니는 자기가 무엇을 좋아해야 한다거나 어떻게 살아야 한다는 식으로 남들이 정해놓은 길을 따르지 않았다. 돈을 숭배하지 않았고, 돈이 자신의 삶을 조종하도록 내버려두지도 않았다. 돈의 노예가 되어 사회적 지위만을 추구하는 삶을 살지도 않았다.

그는 무엇이 자신을 행복하게 해주는지 알았고, 돈을 도구로 삼아 더 행복해지는 법도 찾아냈다. 겉으로는 구두쇠처럼 보였어도 사실은 우리가 아는 사람 중에 가장 자유롭고 독립적인 삶을 살다 간 인물이었다. 진정으로 풍요로운 사람이었다.

피니는 내 롤모델이다. 그가 얼마나 많은 돈을 벌었고 어떤 라이프스타일을 누렸는지가 중요한 게 아니다. 그는 자신이 소유한 돈을 완벽히 통제하면서 돈이 삶의 주인이 되지 않도록 막아냈다. 밴더빌트 가문이 '돈 이외에 아무런 기반도 없이' 쌓아 올려진 집안이었다면, 피니는 정반대였다. 그는 도덕성과 독립성을 기반으로 삶을 쌓아 올렸다. 그런 사람이 우연히 큰돈을 벌었을 뿐이다. 그에게 돈이란 자신의 영광을 과시하기 위한 기념물이 아니라 기술자의 연장처럼 행복한 삶을 살기 위한 도구였을 따름이다. 소득 수준과 관계없이 모든 사람에게 교훈을 안겨주는 이야기다.

내 친구 데이비드 페렐David Perell은 이런 글을 쓴 적이 있다.

/ 나는 문화라는 이름의 거품에서 빠져나올 줄 아는 사람들을 존경한다. 그들은 종교를 믿고, 옛사람들이 쓴 책을 읽고, 자연 속에서 시간을 보낸다. 그런 탈출의 시간이 없다면 수많은 선전과 광고에 휘둘리게 될 것이다. 당신은 스스로 사고하지 못하고 온몸에 바이러스가 퍼지듯 현대인들의 환상에 마음을 빼앗기게 된다.[56]

데이비드의 글은 부유함과 풍요로움의 차이를 다시금 생각하게 한다. 행복해지고 싶다면 당신의 본모습에 충실하라. 돈이 당신의 개성을 좌우하고 하루를 어떻게 보낼지를 결정한다면, 조만간 삶의 주도권도 넘어갈 것이다.

나는 거액의 유산을 상속받은 사람도 아니고 억만장자도 아니다. 따라서 이 이론을 삶에 적용할 때 세 가지 교훈을 염두에 둔다.

하나, 혼자서 행복하지 못한 사람은 동반자가 있어도 행복할 수 없다. 돈도 마찬가지다.

행동경제학자들에 따르면 돈을 벌기 전에 이미 행복한 사람은 돈을 벌고 난 뒤에 훨씬 더 행복해진다고 한다.[57] 뒤집어 말하면 스스로 행복하지 못한 사람은 최소한의 필요를 충족하는 수준 이상으로 돈을 벌어도 더 행복해지기 어렵다는 의미다.

당신이 얼마나 돈이 많은지에 관계없이 품위 있는 삶을 살고 싶다면 도덕관념, 가치관, 개성, 우정을 나눌 친구, 관심과 존경을 받고 싶은 대상 등을 스스로 결정할 수 있어야 한다. 문제는 더 많은 돈을 벌면 그런 일이 무조건 가능할 거라고 착각할 위험이 있다는 것이다. 그때가 당신이 소유한 돈이(또는 돈을 향한 열망이) 삶을 지배하게 되는 순간이다.

당신이 본인 그대로의 모습에 만족한다면, 돈은 삶을 개선하는 도구에 불과하다는 사실을 자연스럽게 받아들일 수 있다. 당신은 그로 인해 풍요로워질 것이다.

둘, 좋아하는 것과 원하는 것을 구별하라.

당신이 좋아하는 것과 원하는 것은 다를 수 있다. 많은 사람이 담배를 좋아하지만(피울 때 기분이 좋다는 이유로), 담배를 원하지는 않는다. 나는 가끔 소셜 미디어를 들여다보기를 좋아해도 그런 행동을 원하는 것은 아니다. 그렇게 중독성 있는 습관은 삶을 개선하는 도구가 되기보다 삶을 통제하는 독재자가 되기 쉽다.

나는 좋아하기는 하지만 항상 곁에 두지 않아도 그렇게 괴롭지 않은 물건을 사고 싶다. 어쩌다 즐기는 근사한 외식, 1년에 한 번 떠나는 가족 여행, 큰맘 먹고 사 입는 좋은 옷 등은 혹시 사정이 생겨서 미루거나 포기해야 할 때도 나와 가족을 좌절감에 빠뜨리지 않는다(조금 아쉽기는 하겠지만). 나는 가끔 그런 호사를 누리기는 좋아해도 절대 집착하지는 않는다. 그것은 나를 지배할 수 없다. 돈은 우리를 복종시키는 주인이 아니라 우리를 돕는 도구가 되어야 한다.

스토아학파 철학자들은 이렇게 말했다. "끝없는 욕구를 극복하지 못하면 선하고 의미 있는 삶을 살 수 없다." 내 말과 일맥상통하는 조언이다.

당신이 일궈낸 가정, 사귄 친구들, 소중히 쌓은 추억, 힘들여 축적한 지혜를 자랑스럽게 생각하라. 때로는 돈을 들여 추억을 만들고 친구나 가족들과 좋은 시간을 보낼 수도 있다. 하지만 당신에게 삶의 의미를 안겨주는 것은 물건이 아니라 사람이다.

워런 버핏은 이렇게 말한 적이 있다. "내게는 부자 친구들이 많다. 그들은 큰 집에 살고 전용 비행기를 타고 다닌다. 심지어 병원에 자기 이름이 붙은 병동이 있는 사람도 있다. 문제는 세상 누구도 그들을 좋아하지 않는다는 것이다. 당신이 내 나이쯤 됐을 때 주변에 자기를 좋아하는 사람이 아무도 없다면, 은행 계좌에 돈이 얼마나 많은지에 상관없이 당신의 인생은 실패한 것이다."[58]

그들은 부유하지만 풍요롭지는 않았던 것이다.

Money,
Mind,
and
Meaning

/

행복해지고 싶다면 당신의 본모습에 충실하라.

돈이 당신의 개성을 좌우하고
하루를 어떻게 보낼지를 결정한다면
조만간 삶의 주도권도 넘어갈 것이다.

/

8

쾌적하고 편리한
vs. 남에게 보이기 자랑스러운

당신이 원하는 건 과시인가 효용인가,
세상에 틀린 답은 없다.

물건의 가치는 원하는 삶을 사는 데

얼마나 도움이 되느냐에 따라 달라진다.

그 이상도 이하도 아니다.

예전에 어떤 사람에게 토요타의 고급형 모델이 BMW의 엔트리 모델보다 훨씬 좋은 자라는 말을 들은 직이 있다. 토요타의 고급형 모델에는 운전자를 쾌적하게 해주는 편안한 시트, 훌륭한 사운드 시스템, 선루프 같은 장치가 갖춰져 있지만, BMW의 엔트리 모델은 아무것도 없이 그저 남에게 브랜드를 과시하기 위한 용도로 쓰인다는 것이다. 나는 이런 사고의 틀이 마음에 든다.

편리한 옵션을 두루 갖춘 토요타 고급형 모델은 당신에게 '효용성'을 제공한다. 즉 당신의 삶을 더 낫게 만들어준다. 당신은 본인의 편의를 위해 그 차를 소유한다.

BMW 엔트리 모델은 당신에게 '지위'를 선사한다. 즉 당신을 향한 타인의 시선을 바꿔준다. 당신은 사람들의 관심을 얻기 위해 이 차를 구매한다.

돈을 쓸 때도 이 두 가지 기준을 제대로 구분하는 일이 중요하다. 어쩌면 가장 중요한 고려 사항일 수도 있다. 당신이 더 나은 삶을 위해 돈을 쓰는지, 아니면 남들과 자신을 비교하는 잣대로 돈을 쓰는지를 기준으로 판단할 수 있기 때문이다.

다소 불완전한 사고思考 실험이기는 하지만 나는 이런 상황을 가정해서 나 자신의 삶을 생각할 때가 있다. 내가 우리 가족과 함께 어느 섬에 갇히게 됐다고 상상해보자. 주위에는 우리를 알아보는 사람이 한 명도 없다. 다행히 원하는 건 모두 손에 넣을 수 있다. 이런 상황에서 우리는 어떤 물건을 소유하고 싶어 할까?

어떤 사람이든 이 같은 상황에 놓인다면 분명 지위의 가치보다 효용성의 가치를 중요시할 것이다. 모양보다 편안함을, 상표보다 질감을, 브랜드보다 기능을, 유명세보다 내구성을, 크기보다 실용성을, 이름만 번지르르한 동네보다 경관이 좋은 동네를, 사회적 위계질서보다 사회적 교류를 선택할 것이다. BMW 엔트리 모델이 아니라 토요타 고급형을 고르고, 지위보다 효용성을 추구할 것이다.

지위를 위해 돈을 쓰는 행위가 전적으로 잘못됐다는 말은 아니다. 자신이 선택한 사회적 집단과 조화를 이루며 살아가는 일은 행복한 삶의 중요한 요건 중 하나다. 열심히 일해서 높은 지위를 얻어낸 사람들에게 주어지는 사회적 혜택은 엄청나게 클 수 있다.

문제는 사람들이 두 가지 기준을 혼동하는 경우가 많다는 것이다. 사람들은 멋진 물건을 구매할 때 그것이 자신의 삶을 더 쾌적하고, 편안하고, 재미있고, 만족스럽게 해주리라 생각한다. 하지만 남들이 자신을 더 긍정적인 눈으로 봐주기를 원하는 마음에서 지갑을 연다는 생각은 하지 못한다.

당신은 뭔가를 살 때마다 그 행위의 동기가 무엇인지, 즉 그 물건을 사고 싶어 하는 이유가 무엇인지 생각해야 하고, 그 이유에 따라 전혀 다른 결과와 혜택이 빚어질 수 있음을 깨달아야 한다.

＊

미국의 억만장자 윌리엄 코크William Koch는 자기 형제 중 하나는 돈을 수집하고 또 다른 형제는 여사를 수집한다고 말한 적이 있다.

코크는 와인 수집을 좋아했다. 그의 와인 저장고에는 세계 최고 수준의 와인이 4만 3,000병이나 보관되어 있었다. 그는 자신의 수집품을 사랑했다. "여기에서는 전 세계 와인 업자들이 선호하는 제품을 골고루 맛볼 수 있지요." 그는 희귀한 와인을 마시는 게 '역사를 마시는' 일과 같다며 그 기쁨은 가히 종교적인 체험에 가깝다고 말했다.[59]

코크의 수집품 중에는 세계에서 가장 비싸고 희귀한 종류의 와인도 적지 않았다. 언젠가 그는 토머스 제퍼슨이 소유했었다고 알려진 와인 4병을 40만 달러를 주고 구매한 적이 있다. 병 겉면에는 제퍼슨이 손으로 휘갈긴 서명이 적혀 있었다. 코크는 이 와인이 매물로 나왔다는 소식을 듣고 "저건 꼭 사야 해"라고 생각했다. 그리고 마침내 손에 넣었다.

그는 이 놀라운 보물을 사람들 앞에 자랑스럽게 공개했다. 하지만 제퍼슨에 정통한 역사가들이 그 와인이 완전한 가짜임을 밝혀내면서 그의 자랑스러움은 순식간에 사라졌다.

코크는 이 사건을 계기로 자기가 보유한 와인 수집품을 전수조사했다. 그가 고용한 조사원은 코크의 수집품 중 가장 값비싼 와인 수백 병이 싸구려 가짜 제품임을 알아냈다.

와인 위조 사업의 시장 규모는 엄청나다. 핸드백, 선글라스, 신발, 보석 등을 위조하는 비즈니스도 마찬가지다. 미국의 국가 범죄 예방 위원회에 따르면 위조품 시장에서 오가는 돈은 전 세계적으로 2조 달러가 넘는다고 한다. 세계에서 가장 규모가 큰 불법 거래 시장인 셈이다.

요즘 들어 위조품이 더욱 기승을 부리는 이유 중 하나는 사기꾼들이 전문가조차 구별하기 어려울 만큼 진품과 흡사한 물건을 만들어내는 기술을 개발했기 때문이다.

그런 사실을 생각해보면 한 가지 호기심이 든다. 특정 제품의 값이 비싼 이유는 다른 제품에 비해 품질이 더 좋다고 알려져 있기 때문이다. 하지만 눈썰미가 좋은 구매자나 진품 브랜드 기업의 전문가조차 위조품을 감별하는 데 종종 어려움을 겪는다. 위조품의 품질이 진품 못지않게 훌륭하기 때문이다.

윌리엄 코크를 속여 넘긴 업자 중 한 명은 인도네시아 출신의 와인 위조 전문가 루디 쿠르니아완이었다. 그는 대규모의 와인 위조 시설을 운영한 혐의로 2012년에 체포됐다. 쿠르니아완이 세계

각지의 와인 애호가들에게 가짜 와인을 팔 수 있었던 이유는 그의 위조품이 모양만이 아니라 맛도 진품과 다름없이 훌륭했기 때문이다. 그는 싸구려 와인을 섞어 위조 와인을 제조한 뒤에 가짜 상표를 붙여서 판매하는 데에 달인의 솜씨를 발휘했다. 전 세계 수집가들은 그가 만든 가짜 와인에 군침을 흘렸고, 그의 위조품은 비싼 가격에 팔려나갔다.

가짜 핸드백 시장에서도 비슷한 일이 있었다. 2016년 한 여성이 유죄 판결을 받았다. 그녀는 40만 달러어치의 핸드백들을 여러 백화점에서 구매한 뒤에 그 물건과 똑같이 생긴 위조품을 백화점에 반품하고 신품을 온라인에서 되팔았다.[60] 그 여성이 몇 년간 이 수법으로 돈을 챙길 수 있었던 이유는 그녀가 반품한 물건들이 진품과 거의 흡사했기 때문이다.

만일 가짜 와인의 맛이나 가짜 핸드백의 품질이 진품과 구별할 수 없을 만큼 훌륭하다면, 효용성을 위해 물건을 구매하는 사람들은 주저 없이 위조품을 선택할 것이다. 하지만 현실은 그렇지 않다.

그들이 원하는 것은 '지위'다. 당신은 소수의 사람에게만 허락된 물건을 손에 넣었다는 사실을 남들에게 과시하고 싶어 한다. 자신이 얼마나 대단한 인물인지, 그리고 어떤 업적을 성취했는지 세상에 알리면 뿌듯한 기분이 들기 때문이다. 다시 말하지만 그런 생각에는 아무런 잘못이 없다. 나 역시 때로 그런 욕구를 느낀다.

하지만 효용성과 지위, 두 가지 목표를 달성하기 위해 물건을 구매하는 행위에는 전혀 다른 경험과 결과가 따른다.

작가 데이비드 브룩스는 아프리카로 가족 여행을 떠났을 때의 경험을 글로 쓴 적이 있다.[61] 그는 가족과 함께 아프리카를 여기저기 여행하며 일곱 군데의 숙소에 묵었다. 어떤 곳은 호화로운 현대식 시설을 갖춘 숙소였고, 어떤 곳은 수돗물도 나오지 않는 캠프 형태의 숙소였다.

여행이 끝난 뒤 브룩스와 그의 가족은 근사한 호텔보다 오히려 저렴한 숙소에 머물 때 더 편안하고 즐거웠음을 깨달았다.

싸구려 캠프에서는 현지인들과 어울리고 다른 여행자들을 만날 수 있었다. 아이들은 캠프 직원들과 축구를 하며 뛰어놀았다. 반면 값비싼 호텔 방은 안전하기는 해도 외부와 철저히 고립되어 있었다. 고급 호텔들은 귀에 솔깃한 광고 문구를 내걸고 여행자들을 유혹했다. "이곳이 맨해튼인지 세렝게티인지 구분할 수 없을 만큼 편안합니다." 하지만 브룩스와 그의 가족이 원한 것은 그런 안락함이 아니었다. 지위를 향한 추구는 여행의 효용성을 훼손할 뿐이었다.

사람들이 지위를 추구하느라 효용성을 포기하는 모습은 일상에서 쉽게 찾아볼 수 있다. 필요 이상으로 큰 집에 사는 사람이 어떤 부담을 떠안아야 할지 생각해보라. 유지비도 감당하기 어려운 자동차를 구매하는 사람이 얼마나 스트레스가 클지 상상해보라. 지위가 효용성을 잠식하는 현상은 현대인들이 돈을 지출할 때 가장 크게 좌절감을 겪는 원인 중 하나다.

　　돈의 방정식

브룩스는 이렇게 썼다. "사람들은 돈을 어떻게 써야 할지 잘 모른다. 우리는 여분의 소득이 있으면 사생활 보호, 널찍한 공간, 세련된 삶을 위해 돈을 소비한다. 하지만 문득 주위를 둘러보다가 내가 행복해지기 위해서가 아니라 남들에게 보여주기 위해 돈을 쓰고 있다는 사실을 깨닫는다."

물론 지위를 전혀 생각하지 말라는 것은 아니다. 지위의 가치를 무시하면 오히려 재난이 될 수 있다. 남이 자신을 어떻게 생각하는지 신경 쓰지 않으면 '아무도' 당신을 신경 쓰지 않는다. 타인들과 적절한 사회적 관계를 유지하는 일은 행복의 중요한 요소 중 하나다.

그러나 우리는 지위보다 효용성에 더 무게를 두어야 한다. 그 이유는 다음 두 가지다.

첫째, 효용성을 위해 돈을 쓰면 본인의 정체성을 표현할 수 있지만, 지위를 위해 돈을 쓰면 남들의 정체성을 따르게 된다.

지위를 좇는다는 말은 '남들이' 보고 싶어 하는 것을 보여준다는 뜻이다. 이는 위험한 행동이다. 사람은 모두 다르다. 취향도 다르고, 목표도 다르고, 기술도 다르다. 당신은 많은 시간과 돈을 들여 좋아하지도 않는 사람들 앞에서 보여주기식 공연을 펼친다. 그들이 원하는 것은 당신의 진정한 모습과 다르고, 또 당신이 궁극적으로 원하는 것과도 다르다. 타인의 시선을 분별없이 따르다 보면 자신의 삶을 희생시키고 숨겨진 비용을 발생시킬 수 있다.

반면 효용성을 추구한다는 말은 좋은 의미에서 이기심을 발휘한다는 뜻이다. 당신의 가장 큰 목표는 남들의 의견이나 관심에 개의치 않고 자신과 사랑하는 사람들의 삶을 개선하는 것이 되어야 한다.

나는 작가로서 '이기적인 글쓰기selfish writing'의 가치를 믿는다. 글을 쓸 때는 오직 한 사람의 독자만 염두에 둔다. 바로 나다. 나는 내가 흥미롭고 유용하다고 생각하는 주제에 대해서만 글을 쓴다. 독자들도 나와 느낌이 같을지는 신경 쓰지 않는다. 그런 집필 방식은 내게 더 큰 즐거움을 선사할 뿐 아니라 결과물의 품질도 높여준다. 출판업계에는 "당신의 독자들을 이해하라"라는 말이 있지만, 이는 글의 본질을 희생해서 "독자들의 취향을 좇아라"라는 말일 뿐이다.

이 개념은 돈을 쓰는 문제를 포함해서 삶의 여러 측면에 적용할 수 있다.

지위보다 효용성을 중시한다는 말은 타인의 시선을 좇기보다 자신의 개성을 추구한다는 뜻이다. 효용성을 기준으로 돈을 소비하면 더 만족스러울 뿐 아니라 글쓰기처럼 더 나은 결과물을 얻을 수 있다. 남들의 시선을 좇지 않고 진정한 자신이 된다면 자기가 가장 잘하는 일과 자신을 가장 행복하게 해주는 일에 집중할 수 있다.

한번 시도해보라. 당신은 자기 자신이 되는 데는 천부적인 재주를 지닌 사람이지만, 남들이 원하는 모습으로 살아가는 데는 형편없는 배우라는 사실을 알게 될 것이다.

성공의 핵심은 지속성과 수명이다. 나는 오래 지속되지 않을 성공에는 관심이 없다. 당신은 지위를 위한 소비에서도 만족감을 느낄 수 있겠지만, 그 느낌은 오래가지 않는다. 운 좋게 남들의 관심을 끄는 데 성공한 사람도 곧바로 눈을 높여 사회직 위계질시의 좀 더 위쪽에 자리 잡은 사람들의 관심을 얻고 싶어 한다. 잠시 느꼈던 만족감은 온데간데없이 사라진다.

지위라는 것은 무척이나 변덕스럽다. 사회가 당신을 측정하는 기준도 몇 년에 한 번씩 바뀐다. 당신은 어떤 대가를 치르더라도 그 기준을 다시 받아들일 수밖에 없다. 이는 절대 값싼 게임이 아니다.

사람의 뇌는 당신이 던지는 어떤 질문에도 답을 찾아내려 한다. "내가 남들에게 좋은 인상을 주고 있는가?"라고 스스로 질문을 거듭하면, 뇌는 답을 얻기 위해 안간힘을 쓰다가 결국 당신을 불안감과 열등감에 빠뜨린다.

효용성을 위한 소비의 가치는 수명이 더 길다. 지금부터 10년 뒤에 내가 남들에게 어떤 인상을 주는 사람이 될지는 잘 모른다.

하지만 그때가 돼도 편안함, 신뢰성, 간편함을 중시하고, 내가 사랑하고 존경하는 사람들과 함께하는 시간을 가장 가치 있게 여길 거라는 사실만은 확신할 수 있다.

나는 나의 책《불변의 법칙Same As Ever》에서 이렇게 썼다. "변하지 않는 것들은 중요하다. 그것을 알면 확신을 갖고 미래를 가늠할 수 있기 때문이다."

나는 내가 90세가 되었을 때도 주위 경관이 아름다운 집을 좋아하고, 아이들과의 추억을 소중하게 여길 거라는 사실을 안다. 따라서 그런 효용성을 제공하는 물건에 투자할 수 있다.

하지만 옷, 보석, 큰 집, 스포츠카는 지금은 화려해도 1년만 지나면 촌스럽게 보이거나 심지어 부끄러워질지도 모른다. 그런 단순한 생각만으로도 지출에 관련한 사고방식은 크게 달라질 수 있다.

다음 장의 이야기는 어느 유명 배우의 잊을 수 없는 유언으로 시작해보겠다.

Money,
Mind,
and
Meaning

/

효용성을 위해 돈을 쓰면
본인의 정체성을 표현할 수 있지만,

지위를 위해 돈을 쓰면
남들의 정체성을 따르게 된다.

/

9

오늘을 위할 것인가, 내일을 위할 것인가

진정한 리스크는 몇 년,
혹은 몇십 년 뒤에 찾아올 후회다.

———

좋은 조언은

"오늘을 위해 살라" 또는 "내일을 위해 저축하라"처럼

단순하지 않다.

가장 훌륭한 조언은

"미래에 후회할 일을 줄이라"는 것이다.

배우 데이비드 캐시디David Cassidy는 세상을 떠나면서 마지막으로 이런 말을 남겼다. "너무 많은 시간을 낭비했다."[62]

뭔가를 되돌리기에 너무 늦었다는 사실을 깨닫는 것은 얼마나 안타까운 일인가. 요즘은 온종일 소셜 미디어를 들여다보며 의미 없이 시간을 흘려보내는 사람이 점점 많아지고 있으니, 이런 후회를 하는 사람도 갈수록 늘어나지 않을까 싶다.

심리학자 대니얼 카너먼은 "돈을 잘 활용하는 방법은 미래의 후회를 얼마나 정확하게 예측하느냐에 달려 있다"고 말했다. 오늘 당신이 내린 의사결정이 미래에 어떤 감정을 초래할지 세심하게 살펴야 한다는 것이다. 매우 탁월한 통찰이라고 생각한다.

그의 말대로 미래의 리스크를 가장 정확하게 정의하는 기준은 '후회'일지도 모른다. 돈의 관점에서 당신에게 닥칠 수 있는 가장 큰 리스크는 잃게 될 돈의 액수가 아니다. 돈을 잃었을 때 느껴질 좌절감도 아니다. 시간이 흐르면 고통스러운 경험도 소중한 교훈으로 바뀔 수 있다. 진정한 리스크는 몇 년 또는 몇십 년 뒤에 찾아올 후회다. 우리가 돈을 쓸 때 잘 생각해야 할 문제다.

사람들이 돈을 관리하면서 가장 큰 갈등을 겪는 대목 중 하나는 세상에서 가장 강력한 다음의 두 가지 힘 사이에서 적절한 균형점을 찾는 것이다.

- **복리 이자**_ 오늘 참을성을 발휘하면 내일 부를 얻을 수 있다.
- **짧은 인생**_ 오늘의 당신은 어제의 당신보다 죽음에 한 발자국 가까워졌다. 인생은 짧다. 운 좋게 살아있는 동안 매 순간을 즐겨라. 스코틀랜드에는 이런 속담이 있다. "죽음의 시간은 길다. 살아 있을 때 행복하라."

그러나 미래를 위해 얼마나 저축해야 하고, 오늘을 위해 얼마나 소비해야 할지를 판단하기는 대단히 어렵다. 이는 풀기 쉬운 문제가 아니다. 게다가 그 답은 지극히 개인적이다. 모든 사람에게 똑같이 적용할 수 있는 공식은 없다.

동물들의 수명을 생각해보면 내가 무슨 말을 하려는지 이해할 수 있을 것이다.

＊

구피guppy라는 열대어가 있다. 짧고 힘겨운 삶을 살아가는 작은 생명체지만, 미래를 예측하는 문제에 대해 우리에게 중요한 교훈을 안겨준다.

몸집이 작고, 색이 화려하고, 방어력이 약한 구피는 다른 물고기들과 비교해서 포식자들의 공격에 희생되는 비율이 유달리 높다. 새, 큰 물고기, 작은 물고기, 심지어 게도 구피를 먹는다. 모두가 좋아하는 점심 식사다.

그런데 그토록 수많은 위협에 노출된 종種이 어떻게 지금까지 멸종을 피할 수 있었을까? 답은 간단하다. 구피는 태어나자마자 번식하기에 바쁘다. 생후 7주가 되면 번식이 가능해지고, 30일마다 새끼를 낳는다. 생후 6개월 된 구피가 새에게 잡아먹힐 때가 되면, 그 개체는 이미 누군가의 고조할머니일 수도 있다. 그런 식으로 종족이 유지된다.

하지만 진화의 법칙은 구피에게 가혹한 삶을 요구한다. 자신이 얼마나 큰 위험에 빠져있는지 잘 알고 있는 구피는 태어난 순간부터 모든 에너지를 번식에 쏟는다. 최대한 빨리 성체로 자랄 뿐 아니라 가용한 자원의 대부분을 새끼들을 키우는 데 사용한다. 그러다 보면 자신을 돌볼 에너지는 거의 남지 않게 된다. 이들의 몸은 싸구려 플라스틱 장난감처럼 허술하다. 세포를 복구하거나 유지하는 데 쓸 자원도 없다. 생후 1~2년만 되면 노쇠한 개체가 되어 병에 걸리고, 곧바로 배를 뒤집고 죽는다.

어찌 보면 당연한 일이다. 어차피 누군가의 밥이 되어야 할 판국에 미래를 위해 투자하는 일은 아무 의미 없는 행동일지도 모른다. 그야말로 한 번뿐인 인생, 욜로You Only Live Once, YOLO의 궁극을 보여주는 삶이다.

구피와 정반대의 삶을 사는 물고기가 그린란드 상어Greenland Shark다. 이 상어는 별다른 포식자도 없이 마치 독재자처럼 서식지를 지배한다. 목숨을 위협하는 포식자가 없는 만큼 매우 오랜 시간을 들여 성체로 자라난다. 인류가 지금까지 발견한 가장 느리게 성장하는 생물 중 하나다. 성적으로 성숙한 개체로 자라나기까지 무려 150년(오타가 아니다)이 걸린다.[63]

그린란드 상어는 100년 이상의 시간을 들여 완벽한 몸을 만든다. 체내의 자원을 체계적으로 투자해서 세포를 복구하고 유지하는 능력을 서서히 키우는 덕분에, 암이나 감염성 질병에도 거의 면역이 된다.

그린란드 상어는 극단적인 장기 투자자다. 미래를 위해 오늘의 자원을 비축하고 몇백 년 뒤의 좋은 삶을 준비한다. 수명은 500년 정도라고 알려져 있는데, 어쩌면 더 길지도 모른다.

자연의 법칙은 미래의 리스크를 판단해서 자원을 배분하는 데 능하다. 자연은 구피에게 닥친 미래의 위협을 현실적으로 바라보고 이렇게 말한다. "네 앞길에는 너무 많은 리스크가 도사리고 있다. 굳이 미래를 계획하지 마라." 반면 그린란드 상어에게는 이렇게 말한다. "네 미래는 충분히 예측할 수 있다. 마음 놓고 계획을 세워라."

동물들은 대부분 균형 조절의 달인이다. 그들은 '미래를 위한 투자'와 '오늘을 위한 삶' 사이에서 최대한 효율적으로 자원을 배분한다.

하지만 인간은 자신의 삶을 예측할 수 있을까? 오늘을 위해 얼마를 쓰고 내일을 위해 얼마를 저축해야 할까? 우리는 얼마나 오래 살게 될까? 나중에 무엇을 후회하게 될까?

인간은 현재와 미래를 조율하는 솜씨가 형편없다. 생물학적 법칙이 완벽하게 터득한 자연의 원리를 현대의 인간은 따라잡지 못하고 있다.

미국의 경제학자 나심 탈레브Nassim Taleb의 말대로 세상은 돈을 언제 써야 하는지 모르는 사람과 돈 쓰기를 언제 멈춰야 하는지 모르는 사람으로 나뉘어 있는 듯하다. 이 논란은 돈을 둘러싼 철학에서도 그대로 재현된다.

스펙트럼의 한쪽 끝에는 극단적인 절약과 저축의 미덕을 강조하는 파이어financial independence retire early, FIRE 운동■이 자리 잡고 있다. 언뜻 보기에는 현명하고 신중한 생각 같지만 사실은 매우 위험한 사고방식일 수 있다. 미국의 사업가 빌 퍼킨스Bill Perkins는《역전하는 법Die With Zero》이라는 책에서 이렇게 주장한다.

■ 적극적인 저축과 투자를 통해 경제적 독립을 이루고, 조기에 은퇴해 자유로운 삶을 살자는 운동

◢ 당신이 죽음의 문턱에 도달한 순간을 상상해보라. 당신은 그때까지 꼭 해야 한다고 생각한 일을 하나도 빠짐없이 실천했다. 열심히 일했고, 알뜰하게 돈을 모았고, 은퇴 이후에 경제적 자유를 얻기 위해 노력했다. 그렇게 사는 동안 낭비한 게 있다면 딱 하나, 당신의 '삶'이다.[64]

스펙트럼의 반대쪽 끝에는 욜로 정신을 추구하는 무리가 살아간다. 그들은 이미 망해버린 부실기업의 주식이나 밈 코인 같은 위험 자산에 돈을 몰아넣고 순식간에 부자가 되기를 꿈꾼다. 주식 시장에 장기적으로 투자하는 사람들에게는 경멸의 눈빛을 보낸다. 초단타 매매 기법으로 람보르기니를 손에 넣은 22세 젊은이는 그들의 영웅이다. 그런 종류의 이야기가 어떻게 마무리될지는 보지 않아도 뻔하다.

우리 눈에 가장 매력적으로 보이는 돈의 철학이 가장 위험한 철학일 수 있다. 작가 닉 매기울리Nick Maggiulli는 이렇게 말한다. "리스크를 너무 적게 감수하는 것은 담배를 피우는 일과 같고, 너무 큰 리스크를 감수하는 것은 헤로인을 복용하는 일과 같다. 양쪽 다 당신에게 해를 입힌다. 유일한 차이는 얼마나 빠르게 해를 입히느냐는 것이다."[65]

사회가 부유해질수록 이 문제는 풀기가 더 어려워진다. 과거에는 대부분의 미국인이 경제적 측면에서 구피와 다름없는 삶을 살았다. 극도로 불안정한 주머니 사정 탓에 은퇴를 위해 돈을 모은

다는 생각은(심지어 은퇴라는 개념 자체도) 사치에 불과했다.

하지만 현대인들은 소득이 점점 높아짐에 따라 오늘을 마음껏 즐기면서도 미래를 위해 돈을 저축할 방법이 무엇인지 고민해야 하는 상황이 됐다. 이전 세대가 봤다면 터무니없는 고민이라고 생각했을 것이다.

100년 전에는 22세 젊은이의 기대 수명이 62세였다.[66] 반면 현대를 살아가는 22세 젊은이는 62세부터 시작될 은퇴를 준비해야 한다. 그들 앞에는 30~40년의 삶이 더 남아있다. 미국의 여성 3분의 1은 90세까지 살 것으로 예상되고, 오늘날 유치원에 다니는 아이들은 100세까지 생존할 가능성이 크다. 이 아이들은 나중에 일손을 멈추고 은퇴한 뒤에도 온전히 한 세대를 더 살게 될 것이다.

현대의 22세 근로자는 자신의 할아버지가 같은 나이 때 벌었던 돈보다 훨씬 많은 돈을 벌어들이고, 이전 세대에는 존재하지 않았던 다양한 소비 기회를 접한다. 여행, 콘서트, 외식, 당일 배송 상품 등 선조들은 상상조차 하지 못했을 곳에 돈을 쓸 기회도 많아졌다. '현재'의 윤택한 삶을 위해 돈을 지출할 기회가 그토록 풍부한 세상에서 살아간다는 건 분명 행운이다.

하지만 많은 사람이 미래를 위한 저축과 오늘을 즐기는 삶 사이에서 어떻게 균형을 잡아야 할지 고민한다. 아이러니한 사실은 사회가 더 부자가 되고 기대 수명이 늘어날수록 사람들이 돈 관리를 잘못해서 나중에 후회할 가능성도 커진다는 것이다.

그 점에서는 나도 예외가 아니다. 나는 성인이 된 뒤로 줄곧 저축과 장기 투자의 가치를 중요시하며 살아왔다. 복리 이자나 지연된 만족 같은 개념도 좋아한다.

그렇다고 즐거운 삶을 거부하고 한평생 돈의 노예가 되어 살다가 데이비드 캐시디처럼 죽음의 자리에서 짧은 인생을 낭비했음을 후회하고 싶지는 않다. 내 사고방식은 이 대목에서 중요한 변화를 겪었다. 여러분에게도 참고가 될지 모르겠다.

＊

만일 내 앞에 남겨진 삶의 시간이 얼마나 되는지 정확히 알 수 있다면 그것이야말로 세상에서 가장 강력한 정보일 것이다. 너무나 강력해서 사람들은 설령 알 수 있다고 해도 알고 싶지 않다고 말할지 모른다. 그 정보가 몹시 두렵게 다가올 뿐 아니라 그로 인해 삶의 신비가 파괴되는 것처럼 느껴질 수 있기 때문이다. 자기가 죽는 날을 안다면 지금과는 모든 게 달라질 것이다.

몇 년 전 만난 어떤 사람이 헤어지면서 이렇게 말했다. "인생은 깁니다. 서로 연락하며 살았으면 좋겠네요."

"인생은 길다." 내게 그렇게 말한 사람은 아무도 없었다. 사람들은 항상 "인생은 짧다"라고 말한다. 물론 인생은 길 수도 있고 짧을 수도 있다. 어떻게 될지는 아무도 모른다.

"인생은 짧다"라는 말에는 미래를 신경 쓰지 말고, 흥겹게 놀고, 멋진 삶을 살라는 철학이 담겨 있다. 내일은 죽음이 기다리고 있으니 오늘은 먹고, 마시고, 즐기자는 것이다. 자신의 수명이 생각보다 짧다면 누구라도 그 조언을 따를 게 분명하다. 사소한 일쯤은 용서하고, 잊어버리고, 신경 쓰지 마라. 삶을 즐길 시간도 부족한 마당에 남을 미워할 시간이 어디 있나. 당신은 지는 해를 감상하고, 꽃향기를 맡고, 오래된 친구에게 전화를 건다. 아이의 야구 경기도 놓치지 않는다. 린든 존슨 대통령이 그토록 에너지 넘치고 야망이 강했던 이유는 자신이 일찍 죽을지 모른다고 늘 걱정했기 때문이다.

그렇다면 "인생은 길다"라는 철학은 어떨까? 당신이 102세까지 살 거라는 사실을 안다면 하루하루를 그렇게 시두르지 않을 것이다. 경력에 대해서도 별로 걱정할 필요가 없다. 늘어지게 늦잠을 자고, 안식년을 보내고, 느긋하게 휴가를 즐겨도 죄책감이 들지 않는다. 나무를 심어 자라는 모습을 지켜보고, 추억을 남기기 위해 사진을 찍는다. 새로운 기술을 배우는 데도 열심이다. 관절 건강 관리에도 신경을 쓰고, 장기 투자를 더 매력적으로 생각한다.

문제는 자기가 얼마나 오래 살지 아는 사람이 아무도 없다는 것이다. 하지만 우리가 삶의 여러 시점에서 죽음을 맞았을 때 그 순간마다 각각 어떤 생각을 하게 될지 미리 상상해보는 것도 나쁘지 않을 듯하다.

예전에는 내가 세상을 떠날 순간이 되면 지난 삶을 돌이켜보며 놓쳐버린 기회(떠나지 못한 휴가, 사지 않은 근사한 자동차 등)를 후회하리라고 생각했다. 하지만 아버지가 되는 순간 그런 생각은 완전히 바뀌었다.

나는 어린 자녀들을 두고 있다. 만약 내 삶이 내일 끝난다면, 그동안 물질적 만족을 희생하고 열심히 저축한 덕분에 아내와 아이들에게 의미 있는 보호막을 남겨줄 수 있다는 사실에 조금은 안심이 된다.

만일 평생 돈을 낭비하고 가족에게 경제적 부담을 지운 채로 내일 세상을 떠난다면 큰 죄책감을 느낄 것이다. 참으로 뼈아픈 후회다. 그러면 나는 그동안 여행을 다니고 외식을 즐기느라 흥청망청 쓴 돈을 생각하며 이렇게 말할 것이다. "너무 많은 시간을 낭비했어." 다시 말해 가족에게 더 나은 미래를 안겨주는 데 시간을 쏟지 않았음을 후회할 것이다.

그런데 지금부터 30년 뒤 아이들이 독립해서 자리를 잡고 난 뒤에 죽음을 맞는다면, 그때도 그렇게 생각할까? 그렇지는 않을 것이다. 오히려 떠나지 않은 휴가, 시도하지 않은 경험, 만들지 않은 추억 등이 더 아쉽게 느껴질 것이다.

나는 이 두 가지가 서로 모순적인 감정이라고 생각하지 않는다. 당신이 내 생각에 동의하지 않아도 좋다. 정보만 있다면 모든 행동을 이해할 수 있으니까. 하지만 우리는 이 사고 실험을 통해 모두에게 적용되는 한 가지 중요한 진실을 발견할 수 있다.

좋은 조언은 "오늘을 위해 살라" 또는 "내일을 위해 저축하라"처럼 단순하지 않다. 가장 훌륭한 조언은 "미래에 후회할 일을 줄이라"는 것이다. 그게 전부다. '오늘을 위한 삶'과 '내일을 위한 저축' 사이에서 균형을 잡기 위한 최선의 방책은 미래에 후회할 일을 줄이는 것이다. 그러려면 사람마다 후회의 대상이 다르다는 사실을 알아야 한다. 심지어 당신 자신도 나이가 들면서 후회의 대상이 달라질 수 있다.

아마존의 설립자 제프 베이조스는 1990년대에 온라인 서점 사업을 시작하기로 마음먹은 이유를 이렇게 설명했다.[67]

나는 '후회 최소화 프레임워크_{regret minimization framework}'를 이용하면 의사결정이 쉬워진다는 사실을 깨달았다. 80세가 되었을 때 지난 삶을 돌아보며 후회할 일을 최소한으로 줄이고 싶었다.

내가 80세가 되더라도 이 사업을 시도한 일을 후회하지 않으리라는 생각이 들었다. 비록 실패하더라도 인터넷이라는 거대한 흐름에 뛰어들기로 한 결정을 후회할 일은 없을 테니까. 그러나 이 사업을 시도조차 하지 않으면 나중에 후회하게 될 것 같았다. 그 후회는 매일같이 나를 괴롭힐 것이다. 그렇게 생각하니 결정을 내리기가 쉬웠다.

제프 베이조스의 말은 두 가지 측면에서 주목할 만하다. 첫째, 매우 현명한 조언이다. 둘째, 내 성향과는 맞지 않을 수 있다(나는 그토록 많은 시간과 에너지를 투자한 사업이 실패로 돌아간다면 분명히 후회할 것 같다).

모든 사람은 다르다. "오늘을 살라" 또는 "내일을 위해 투자하라" 같은 두루뭉술한 조언은 현실 세계의 미묘한 차이를 제대로 반영하지 못한다. 단 하나의 훌륭한 조언은 "미래에 후회할 일을 줄이라"는 것이다.

모든 사람은 다르다. 그러므로 나는 무엇이 옳다고 단정해서 말할 수는 없다. 하지만 내가 돈에 관련된 의사결정을 내릴 때마다 늘 염두에 두는 두 가지 기준이 있다.

첫째, 오늘을 즐기면서 미래에 투자하는 최고의 방법은 좋은 추억을 쌓는 것이다.

언젠가 'FedSpeak'이라는 익명의 트위터 계정에 이런 글이 올라왔다. "삶의 목적은 훗날 '향수'를 느낄 만한 일을 경험하는 데 있다."

세상을 살아가면서 10년, 20년, 30년 전의 추억이 가장 소중한 자산이라는 사실을 깨닫게 되는 사람은 나뿐만이 아닐 것이다. 추억은 금전적 가치는 없지만, 대단히 소중한 자산이다.

놀라운 사실은 추억도 주식처럼 시간이 지나면서 복리로 늘어난다는 것이다. 내가 열 살 때는 아홉 살 때의 추억이 지루하기만 했다. 하지만 지금은 그때의 추억이 놀랍고도 재미있는 삶의 순간으로 바뀌었다. 앞으로 50년 뒤에는 그 추억이 가장 소중한 재산이 될 것이다.

예전에 어느 노부인은 늙어가는 일의 장점 중 하나가 머릿속에서 시간 여행을 할 수 있는 것이라고 말한 적이 있다. 가령 1950년대의 삶이 오늘날과 어떻게 다른지 기억해내거나, 자신의 어린 시절 이후로 기술이 얼마나 놀랍게 발전했는지 스스로 비교할 수 있다는 것이다. 젊은이들은 몸은 건강해도 추억은 그렇게 풍부하지 않다. 그러나 나이가 들면 그 반대가 된다.

요즘 흔히 들을 수 있는 조언 중 하나는 물건이 아니라 경험을 구매하는 데에 돈을 쓰라는 것이다. 나쁜 조언은 아니다. 하지만 사람들은 경험을 구매하려면 근사한 휴가를 떠나거나 먼 나라를 여행해야 한다고 생각한다. 그런데 꼭 그렇지는 않다. 내 경우에는 돈을 많이 들였어도 기억에 거의 남지 않은 경험이 있는가 하면, 학창 시절 돈 한 푼 없이 좋아하는 친구들과 쌓은 소중한 추억도 있다.

아마도 내가 미래에 가장 크게 후회할 일은 아이들과 함께 충분한 시간을 보내지 못했고, 친구들과의 관계에 더 노력을 기울이지 않았으며, 스트레스와 불안감 속에서 나 자신을 좀 더 관대하게 대하지 못한 게 아닐까 싶다.

미래에 추억할 일을 만드는 데는 돈이 별로 들지 않는다. 돈이 조금 도움이 될 수는 있어도 당신이 생각하는 만큼은 아니다. 예를 들어 아이들과 함께 휴가를 떠나면 소중한 추억을 쌓을 수 있겠지만, 급여가 조금 적더라도 아이들과 의미 있는 시간을 더 많이 보낼 수 있는 직장을 고르면 훨씬 더 행복한 추억을 만들게 될지도 모른다.

이렇게 생각해보자. 당신은 연봉 6만 달러에 주당 근무 시간이 45시간인 일자리, 그리고 연봉 5만 달러에 주당 근무 시간이 35시간인 일자리 중 하나를 고를 수 있다. 만일 후자를 선택하면 1년에 1만 달러라는 '비용'을 치르는 셈이다. 그 돈을 연 8퍼센트의 수익률로 투자한다면 30년 뒤에는 대략 100만 달러가 된다. 하지만 당신은 그 비용을 치르는 대가로 매년 500시간을 벌어들일 수 있다. 경력 기간 전체를 계산하면 아이들과 즐거운 추억을 쌓을 기회를 1만 5,000시간이나 저축하게 되는 것이다. 게다가 추억도 자산처럼 시간이 지나면서 복리로 불어난다.

사람들은 자기가 투자한 돈이 복리로 불어난다는 사실에 감탄하곤 한다. 하지만 돈을 주고 시간을 구매했을 때 얼마나 많은 추억이 복리로 불어날지는 생각하지 않는다. 돈 못지않게 추억도 놀라운 자산이 될 수 있다. 그 금액은 당신이 평생 가장 값지게 '소비한' 돈이자 미래의 후회를 방지할 궁극적인 예방책이 될 것이다.

만일 내가 미래를 위해 100달러를 저축한다면 오늘 무엇을 희생해야 할까? 아마도 내가 포기한 가치는 100달러보다는 훨씬 적을 것이다. 오늘 그 돈을 소비한다면 100달러짜리 셔츠를 사거나 친구와 함께 100달러짜리 저녁을 즐길 수 있다.

하지만 나는 미래를 위해 그 돈을 저축함으로써 100달러만큼의 독립을 얻는다. 미래에 100달러를 주고 구매해야 할 선택권과 자유를 얻는다. 미래의 어느 때든 꼭 필요할 100달러만큼의 시간을 벌게 되는 것이다. 100달러만큼 스트레스를 덜어내고, 가족을 돌보고, 내가 원할 때 은퇴할 능력을 쌓게 된다. 내게는 100달러를 주고 산 셔츠 못지않게 확실하고 가시적인 혜택이다. 미래의 자유라는 렌즈를 통해 저축을 바라보면 돈을 모으는 일이 오늘을 희생하는 행위라고 생각되지 않을 것이다.

나는 평생 검소하게 돈을 저축한 덕분에 남부럽지 않은 경제적 자유를 누리고 있다. 내게는 이 자유가 무엇보다 소중하고, 유용하고, 즐거운 자산이다. 나는 잘 보이지도 않는 미래를 위해 무작정 돈을 저축하고 싶지는 않다. 저축은 내가 원하는 일을, 원하는 시간에, 원하는 사람과 함께할 자유를 안겨준다. 내가 더 적은 돈을 저축했다면 지금처럼 자유로운 삶을 살지 못했을 것이다.

물론 삶의 모든 것에는 균형이 필요하다. 미래의 자유를 온전히 즐기기 위해서는 오늘 내가 원하는 사람들과 추억을 만드는 데 돈을 쓸 수 있는 경제적·심리적 능력을 쌓아야 한다.

하지만 미래를 위해 돈을 저축하면 오늘을 즐길 수 없다고 생각하는 사람이 너무도 많다. 이 두 가지 형태의 소비는 손에 손을 맞잡고 함께 나아가야 한다. 서로 힘을 합쳐야만 미래의 후회를 막을 수 있다.

끝으로 다음 장의 주제에 관련된 이야기를 살짝 들려주겠다.

교사가 수업 중에 학생들에게 질문했다.

"자, 수학 문제를 하나 풀어봅시다. 농장에 양이 10마리 있습니다. 그중 한 마리가 달아났어요. 몇 마리가 남았을까요?"

학생 하나가 손을 들고 대답했다.

"0입니다. 양은 한 마리도 남지 않았습니다."

선생님이 말했다.

"학생은 수학을 이해하지 못하는 것 같군요."

소년이 말했다.

"선생님이야말로 양을 이해하지 못하는 것 같습니다."

당신은 어떤가? 양의 습성으로 살고 있지는 않은가? 아무 의식 없이 남을 흉내 내고 따라 하기에 바쁜 현대인들에 대한 이야기를 다음 장에서 들려주겠다.

돈의 방정식

'오늘을 위한 삶'과 '내일을 위한 저축' 사이에서
균형을 잡기 위한 최선의 방책은
미래에 후회할 일을 줄이는 것이다.

그러려면 사람마다
후회의 대상이 다르다는 사실을 알아야 한다.

10

시기와 지위의 게임에서 승리하는 유일한 방법

남을 질투하는 일은
정신적 자해 행위와 다를 바 없다.

누군가는 당신보다 먼저 부자가 되기 마련이다.

그 자체는 비극이 아니다.

남이 자기보다 더 빨리 돈을 번다는 사실을

신경 쓰는 것이 비극이다.

우주비행사 버즈 올드린Buzz Aldrin은 1969년 7월 20일 달에 첫발을 내니니면서 역사싱 가장 유명한 인물 중 하나가 됐다. 그가 성취한 일은 그때까지 인류가 달성한 가장 놀라운 업적이었을 것이다.

하지만 버즈는 달 위를 첫 번째로 걸은 사람이 아니었다. 그는 닐 암스트롱이 처음 달을 밟고 몇 분이 지난 뒤에 달 표면에 발을 디뎠다. 동료 비행사 마이클 콜린스는 버즈를 두고 이렇게 말했다. "그는 달 표면에 두 번째로 도착한 사실을 자랑스러워하기보다 첫 번째로 달을 밟지 못했다는 점을 더 아쉬워하는 것 같았다."[68]

질투심은 그토록 강력한 감정이다. 자기가 소유했거나 성취한 것을 온전히 만족하고 받아들이는 사람은 드물다. 누구나 삶의 기본 욕구를 충족한 뒤에는 사회적 위계질서의 한 단계 높은 곳을 오르고 싶어 한다. 당신이 성취한 모든 일은 타인과의 관계 속에서만 의미가 있다. 당신이 가장 갖고 싶어 하는 물건은 남들에게는 있지만 본인에게 없는 것이다.

이런 현상은 돈을 쓰는 문제와도 관련이 깊다. 우리가 좋은 물건을 구매한다는 말은 '남보다 더 좋은 물건'을 사들인다는 뜻이다. 당신의 집이 얼마나 크냐고 질문하는 것은 '이웃의 집에 비해' 얼마나 크냐고 묻는 것이다.

사람들이 그런 마음을 품는 이유는 충분히 이해할 수 있다. 우리의 삶은 한정된 자원(돈, 시간, 배우자, 사람들의 관심, 친구, 땅)을 두고 벌이는 경쟁으로 가득하다. 우리는 자기 스스로 얼마나 실력이 좋은지가 아니라 '남들과 비교해서' 얼마나 실력이 좋은지를 평가한다.

러시아의 생물학자 게오르기 가우제Georgii Gause는 가우제의 법칙Gause's Principle이라는 생태학적 개념을 창안해서 유명해진 인물이다. 그는 제한된 양의 자원을 두고 경쟁하는 두 종류의 생물은 절대 공존할 수 없으며, 한 종만이 경쟁에서 승리하고 다른 한 종은 멸종하게 된다고 주장했다. 가우제의 법칙을 인간 사회에 기계적으로 대입해본다면 사람들이 늘 주위를 두리번거리며 남들이 가진 것과 자기가 갖지 못한 것을 비교하고 초조함을 느끼는 일은 어쩌면 자연스러운 현상일지도 모른다.

하지만 우리가 돈을 지출할 때 간과하기 쉬운 문제가 하나 있다. 타인의 소유물을 통해 동기부여를 얻는 일과 그것을 질투하는 일은 명백히 다르다는 사실이다.

남의 소유물을 보고 동기부여를 얻는 일은 즐거울 수 있다. 타인의 성공은 자신이 미처 몰랐던 기회와 미래의 가능성을 알려주는 광고판 역할을 한다. 이에 반해 남을 질투하는 일은 정신적인 자해 행위와 다를 바가 없다. 당신은 스스로 불행해지기로 마음먹고 계약서에 도장을 찍는 것이다.

이보다 더 중요한 주제는 없다. 사람들은 끊임없이 주위를 둘러보며 남들이 가진 것을 부러워하고, 그들을 부러워하는 만큼 소비 욕구를 늘려나간다.

*

사업가 조시 쿠슈너Josh Kushner는 대학교에 다닐 때 부잣집 친구의 초대로 뉴욕 닉스의 농구 경기를 보러 간 적이 있다. 쿠슈너가 앉은 자리는 꽤 비싼 좌석이었다. 코트 바로 옆이라 선수들의 땀 냄새까지 풍겨 올 정도였다. 그는 입을 딱 벌리며 감탄했다. 하지만 쿠슈너의 친구는 다섯 자리쯤 떨어진 좌석을 가리키며 이렇게 말했다. "이 자리도 좋지만, 저 자리는 더 좋아."[69]

작가 C.S. 루이스C.S. Lewis는 〈안쪽의 고리The Inner Ring〉라는 글에서 이런 심리를 절묘하게 묘사했다. 그는 우리의 삶을 여러 개의 사회적 고리에 비유했다. 사람들은 자신이 속한 것보다 단계가 더 높고 더 배타적인 고리 속으로 진입하고 싶어 한다. 고리 바깥에서 살아가는 사람들은 고리 안쪽으로 들어가는 일을 최고의 목표로 삼는다. 하지만 막상 고리 안쪽으로 들어가면 그곳이 생각보다 행복하지 않음을 깨닫는다. 이제 당신의 관심은 다음번 고리로 쏠린다. 마치 그 고리 안쪽에 영원한 행복이 기다리고 있다는 듯이.

우리 삶은 늘 이런 식이다. 나에게 없는 것을 소유한 사람을 부러워하고, 그 물건을 손에 넣은 뒤에는 새로운 물건을 소유한 사람에게 눈을 돌린다. 이런 과정을 반복하며 끝없는 실망의 수렁에서 허덕인다.

루이스는 이렇게 썼다. "이런 악순환을 방지할 대책이 없다면, 이 헛된 욕망은 당신이 사회생활을 시작한 순간부터 너무 늙어 남들의 시선을 신경 쓰지 않을 때까지 삶을 지배하는 동기가 될 것이다."

루이스가 이 글을 쓴 것은 80년 전이다! 오늘날은 그때와 비교해서 상황이 훨씬 더 나빠졌다. 미국의 은행가 J.P. 모건은 이웃이 부자가 되는 일에 신경을 쓰면 경제적 판단력이 흐려질 수 있다고 말했다. 그의 말은 100년이 지난 지금도 유효하다. 오늘날 우리의 이웃은 근처에 사는 사람이 아니라, 전 세계의 '모든 사람'이 되어 버렸다. 소셜 미디어는 질투와 비교의 게임을 올림픽 경기로 만들었다.

질투, 부러움, 지출에 대해 당신이 기억해야 할 몇 가지 교훈을 소개한다.

〈와이어드Wired〉 잡지의 설립자이자 편집장인 케빈 켈리Kevin Kelly는 이런 말을 한 적이 있다. "미래에 저소득층이 어떤 곳에 돈을 쓸지 알고 싶다면, 오늘날 고소득층이 돈을 소비하는 곳을 관찰하면 된다."

예전에는 유럽에서 휴가를 즐기는 일이 부자들에게만 허락된 사치였다. 이제는 모든 사람이 유럽으로 휴가를 떠난다. 내학교도 마찬가지다. 과거에는 고소득층의 자녀들만이 대학의 문턱을 넘을 수 있었지만, 지금은 모든 아이가 대학교에 간다.

투자도 그렇다. '광란의 20년대'가 절정에 달했던 1929년에 주식을 한 주라도 보유한 미국인은 전체 인구의 5퍼센트에 불과했고 그들은 모두 부자였다. 오늘날에는 미국 가정의 58퍼센트가 어떤 형태로든 주식을 보유하고 있다.

가구당 2대의 자동차, 마당에 깔린 잔디밭, 대형 옷장, 대리석 조리대, 6구짜리 가스레인지, 비행기 여행, 심지어 은퇴라는 개념 자체도 한때는 부자들의 전유물이었다.

이런 물건들이 많은 사람에게 보급된 이유는 가격이 내려갔기 때문이지만, 가격이 내려간 이유는 대중의 수요가 폭발적으로 늘어나면서 기업들이 혁신을 통해 제품을 대량 생산하는 방법을 찾아냈기 때문이다.

당신이 '지위의 게임'에서 절대 승리할 수 없는 이유가 여기에 있다. 특정한 물건이 지위의 상징이 되는 이유는 그 물건이 오직 소수에게만 허락되기 때문이다. 많은 사람이 그 물건을 손에 넣게 되는 순간, 그 물건은 더 이상 당신에게 지위를 부여하지 못한다.

작가 로버트 헨더슨은 예일 대학교에 다니던 때를 이렇게 회상했다. "당시 동급생들은 브로드웨이 뮤지컬 〈해밀턴Hamilton〉에 열광했다. 그러나 이 뮤지컬이 디즈니의 스트리밍 플랫폼에 올라가면서 모든 사람이 즐길 수 있게 되자 친구들은 갑자기 이를 외면하기 시작했다. 그들은 이 작품을 지루하게 생각했을 뿐 아니라 아예 대화의 소재로 삼지도 않았다. 생각해보면 예일 대학교 학생들은 그 뮤지컬 자체를 좋아한 게 아니라 다른 사람들이 쉽게 보지 못하는 작품을 자신들만 볼 수 있다는 사실을 좋아했던 듯하다. 자신들만의 사회적 고리 안에서 즐기던 때에는 〈해밀턴〉이 특별하고 멋진 작품이었지만 모든 사람에게 공개되자 그런 느낌이 온데간데없이 사라진 것이다."

사람들은 나보다 더 나은 삶을 사는 듯이 보이는 타인을 흉내 낸다. 게다가 남들의 부러움을 사는 사람도 자기의 라이프스타일과 소유물을 탐내는 사람들이 뒤를 바짝 쫓는다는 강박감에 늘 불안감과 불만족을 느낀다. 그것이 바로 우리가 '지위의 게임'에서 승리할 수 없는 이유다. 목표가 늘 움직이기 때문이다.

'지위'를 영원히 소유하기가 불가능하다는 사실을 깨닫는 순간,

돈의 방정식

이를 좇는 행위가 얼마나 부질없는 일인지 알게 된다.

남들이 가진 것을 부러워하는 사람은, 자기가 부러워하는 바로 그 사람도 또 다른 사람을 부러워하며 똑같은 감정을 느낀다는 사실을 간과한다. 게다가 그 또 다른 사람 역시 다른 사람이 가진 것을 부러워할 것이다. 이런 질투의 고리는 끝없이 이어진다.

지위와 질투의 게임은 평생 끝나지 않는다. 이 게임에서 승리하는 유일한 방법은 당장 게임을 멈추는 것이다.

사회적 비교는 자연스러운 현상이지만 한편으로는 우울한 일이다. 만일 내가 친구나 가족처럼 사랑과 관심을 주고받는 사람들 곁에서만 살아간다면 욕구가 비교적 단순할 것이다. 하지만 내가 잘 알지도 못하고 관심도 없는 수백만 명의 낯선 사람들 속에 섞여 살아가다 보면 새롭고 복잡한 욕구가 생길 수밖에 없다.

내가 좋아하는 작가 로런스 여Lawrence Yeo는 이런 글을 썼다.

현명한 통찰이다. 돈을 버는 중요한 목적 중 하나가 독립적인 삶을 사는 것이라면, 남들과 자신을 비교하는 일은 독립을 가로막는 최대의 적이다.

나는 내가 선택한 사회 집단 속에서 남들과 조화를 이루며 살아가고 싶다. 내가 특정한 방식으로 돈을 쓰고 특정한 방식으로 시간을 보내는 것은 모두 그런 바람 때문이다. 하지만 낯선 사람들의 눈높이에 내 삶의 기대치를 맞추려고 노력하는 순간 진정한 독립을 얻을 수도 없고 만족을 느낄 수도 없게 된다.

어떤 사람에게 남을 질투하느냐고 묻는 것은 큰 모욕이다. 남이 가진 것이 부럽다고 말하는 사람은 아무도 없다. 우리는 모두 자신이 독립적인 사람이라고 생각한다. 마음속 깊은 곳에서는 그것이 바로 삶의 목적이기 때문이다. 남을 부러워한다는 말은 그 사람에 대한 열등감을 스스로 인정한다는 뜻일 뿐이다.

나 자신을 깊이 이해하고 내가 진정으로 원하는 것을 아는 사람일수록 남이 가진 것을 부러워하지 않는다.

넷, 포모는 가장 위험한 사고방식이다.

포모fear of missing-out, FOMO■는 사회적 비교와 무분별함이 교차하는 곳에서 생겨난다. 우리는 타인이 소유한 멋진 물건을 보면 자제력을 잃고 어떻게든 그 물건을 손에 넣기 위해 안간힘을 쓴다.

당신에게 가장 중요한 경제적 기술 중 하나는 포모에서 벗어나는 힘을 기르는 것이다. 타인의 성공(특히 갑작스럽고, 극단적이고, 통제할 수 없는 요인에 의해 이루어진 성공)에 흔들리지 않는 심지가 없이는 좋은 성과를 내기 어렵다.

드와이트 아이젠하워는 전쟁터에 나가 전략을 세울 때마다 나폴레옹의 말을 종종 인용했다. "군사적 천재란 모든 사람이 이성을 잃었을 때도 평범한 일을 해낼 수 있는 사람이다." 돈도 마찬가지다.

포모는 야망으로 포장된 무모함이다. 당신은 남들이 부자가 되고 화려한 삶을 살아가는 모습을 보면서 이렇게 생각한다. "저들이 할 수 있다면 나도 할 수 있어." 언뜻 보기에는 꽤 긍정적인 태도처럼 느껴진다. 마치 남들의 성공을 관찰하면서 배우고 그 데이터를 이용해서 성공으로 향하는 길을 걸어가는 것 같다.

하지만 그 말은 자신의 감정에 대한 통제권을 남들 손에 넘기겠다는 의미일 뿐이다. 순간적인 성공이나 화려한 삶을 누리는 사람들은 감정적으로 불안하고 취약한 상태일 수밖에 없다. 그들을 따르다 보면 당신도 절벽 아래로 떨어질 것이다. 이를 입증하

■　　사회에서 자신만 제외된 것처럼 느껴지는 소외감이나 불안감

는 좋은 예가 하나 있다. 연구에 따르면 복권에 당첨된 이웃을 둔 사람은 자신도 돈을 빌려서 펑펑 쓰다가 파산할 가능성이 크다고 한다.[71]

사업가 찰리 멍거Charlie Munger는 이렇게 말했다. "언제나 그렇듯이 누군가는 당신보다 먼저 부자가 되기 마련이다. 그 자체는 비극이 아니다. 남이 자기보다 더 빨리 돈을 번다는 사실을 신경 쓰는 것이 비극이다."[72]

당신의 마음속에서 포모를 제거하면 어떤 일이 생길까? 자신의 경제적 목표만 생각하게 된다. 사랑하고 소중히 여기는 사람들의 의견만 신경 쓰게 된다. 삶을 장기적으로 생각하고 일시적인 유행이나 거품에 휩쓸리지 않게 된다. 이런 사고방식만으로도 오랫동안 성공을 누리기에 충분하다.

다섯, 부자가 될수록 질투심도 커진다.

주거비와 식비를 마련하는 데 어려움을 겪는 사람에게는 돈을 향한 욕구가 생존을 위한 본능일 뿐이다. 그가 돈을 원하는 이유는 분명하고, 확실한 목표도 있다. 하지만 당신이 경제적으로 안정된 상태에서 더 많은 돈을 추구한다면 그건 십중팔구 '지위' 때문일 것이다. 여기에는 한계도 없고 만족도 없다.

심리학자 수니야 루타Suniya Luthar는 도심의 빈민 지역에 거주하는 10대 청소년들의 정신 건강, 마약 복용 실태, 행동 문제 등을 연구했다. 그녀가 교외에 거주하는 부유한 청소년들을 대조군으로 조사해서 앞선 연구 결과와 비교하자, 뜻밖에도 부유층 청소년들의 정신 건강이나 행동 문제가 더 심각하다는 사실이 드러났다.[73]

학자들에 따르면 부유한 아이들은 다른 부유한 아이들에 둘러싸여 있을 때 사회적 사다리를 올라가려는 경쟁심이 더 커진다고 한다. 당신은 집세를 내고 식료품을 사야 한다는 부담에서 벗어나는 순간 주위 사람들보다 더 부자가 되고 유명해지는 것으로 삶의 목표가 바뀐다.

나는 그런 사람들을 수없이 목격했다. 삶의 기본석 욕구를 충족한 사람은 갖고 싶은 물건을 향해 손을 뻗게 되어있다. 그 물건의 목록은 끝도 없이 늘어난다. 가난할 때는 꼬박꼬박 나오는 월급과 작은 집으로도 만족하지만, 부자가 된 뒤에는 〈포브스Forbes〉의 억만장자 명단에 이름을 올리고 전용 비행기를 사고 싶어 한다. 소득이 늘어남에 따라 사회적 비교의 곡선도 기하급수적으로 상승한다.

말이 안 되는 얘기 같지만 어쩌면 세상에서 가장 지위에 굶주리고 돈에 목말라하는 사람들은 오히려 부유한 유명인들일지 모른다. 왜냐하면 그들이 비교하는 상대는 자신보다 훨씬 더 부자인 대부호들이기 때문이다. 욕망이나 정체성은 가장 가까운 사회 집단의 눈높이에 맞춰진다. 그러니 어떤 사람들과 유대 관계를 맺을지 주의 깊게 생각해야 한다.

우리 삶에 여러모로 도움이 되는 조언이 하나 있다. 지금 우리의 모습은 가장 가까이 지내는 사람들 서너 명의 모습이 반영된 결과물이라는 것이다.

당신 친구들이 값비싼 취향을 가졌다면 당신의 눈높이도 그들의 라이프스타일에 맞춰 달라질 것이다. 친구들이 생각하는 멋진 금요일 밤이 조용한 호숫가에서 물수제비를 튕기며 인생을 얘기하는 것이라면 당신의 물질적 기대치도 현실적으로 유지될 것이다.

삶에서 가치 있는 것은 모두 기대와 현실의 간극 속에 있다. 만일 당신의 기대치가 서로에게 부를 과시하는 부자들의 눈높이에 맞춰져 있다면, 그 간극은 금방 사라져버릴 수 있다.

나는 예전에 사람이 별로 없는 숲속 마을에 살다가 로스앤젤레스의 바닷가로 이사한 적이 있다. 대도시에서 부자들에 둘러싸여 살다 보니 성공, 부, 호화로움 등에 대한 정의가 삽시간에 바뀌는 것을 느꼈다. 야망을 품는 것이 항상 좋은 일은 아니다. 작은 마을에서 치과의사로 일하거나 작은 사업체를 운영하는 사람은 자기가 충분히 부자고 성공한 인물이라고 생각할 수 있다. 그러나 다른 지역에서 비슷한 일을 하는 사람들과 자신을 비교하면 초라한 실패자처럼 느껴질지도 모른다.

당신이 어떤 사람들과 교류하느냐의 문제는 얼마나 많은 돈을 벌고 얼마나 많은 돈을 쓰느냐의 문제 못지않게 삶에 큰 영향을 미친다. 그러므로 평소에 시간을 함께 보내는 사람들을 신중하게 선택해야 한다.

*

C.S. 루이스는 다음과 같은 말로 글을 마무리한다. "안쪽의 고리를 향한 욕망을 깨지 않으면 당신의 삶이 깨질 것이다."

욕망을 깬다는 말의 의미는 간단하다. 당신이 현재 어떤 고리에 속해있는 그곳의 삶에 만족하라는 것이다. 누구도 질투하거나 부러워하지 말고, 자신이 가진 것과 잘하는 일에 감사하고, 친구와 가족들에게 고마워하라. 그 고리의 한복판에 편안히 자리 잡으면 밖에서 지켜보는 사람들 눈에는 당신이 이미 더 안쪽의 고리로 진입한 것처럼 보일 것이다. 남을 질투하지 않으면 또 다른 선물을 얻을 수 있다.

다음 장에서는 괜찮은 삶을 사는 데 필요한 가장 단순한 공식에 대해 말해볼까 한다.

어떻게 해야 좋은 삶을 살 수 있는가는 복잡한 주제다. 그러나 때로 복잡한 주제를 이해하는 최고의 방법은 가장 중요한 몇 가지 원칙에 집중하는 것이다. 그중 하나를 제안한다. 괜찮은 삶을 사는 데 필요한 가장 단순한 공식은 독립 더하기 목적이다.

독립+목적

당신이 원하는 일을 할 수 있는 자유, 그리고 의미 있는 일을 할 수 있는 삶의 지혜. 이 두 가지가 전부는 아니지만 삶의 방향은 크게 달라질 것이다.

독립을 달성하는 방법은 여러 가지다. 건강 문제로부터 자유로워지고, 문화적 영향력에서 벗어나고, 제멋대로 구는 상사를 떠날 수도 있다. 그중에서도 가장 중요한 것은 경제적 독립을 쟁취하는 일이다.

독립이야말로 돈으로 살 수 있는 가장 값진 물건이다. 그리고 당신이 생각하는 것보다 통제하기가 훨씬 쉽다. 이어서 그 얘기를 해보자.

남이 가진 것을 질투하면서
나도 저들과 같아지면
삶이 더 나아질 것이라 착각하지 마라.

당신은 그들이 어떤 삶을 사는지 알지 못한다.

11

독립이 없는 부는
또 다른 형태의 빈곤일 뿐이다

상위 0.001퍼센트 억만장자가 파산하는 이유

당신이 소비하지 않은 돈은

자유와 독립이라는

소중한 가치를 사는 데 쓰인다.

내가 가장 존경하는 사람들은 돈이 가장 많거나 가상 성공한 인물이 아니다. 나는 가장 자유로운 사람들을 존경한다. 그들은 삶에 대한 통제력을 최고로 발휘하는 사람들이다.

예전에 내가 생각하는 '부유함'이란 멋진 물건을 사들이는 능력을 뜻했다. 지금은 부유함의 정의가 느긋한 삶을 살고, 가족과 더 많은 시간을 보내고, 일정을 스스로 통제하고, 지적인 독립을 얻어내는 것으로 바뀌었다. 부유한 사람은 자기만의 방식대로 삶을 살아간다.

독립, 그것이 진정한 부유함이다. 이와 관련해서 내가 평생 품어온 또 하나의 신념(동의하지 않는 사람도 있겠지만)이 있다. 이 세상에 '사용하지 않은' 돈이란 존재하지 않는다는 것이다. 당신은 본인이 벌어들인 돈을 한 푼도 남김없이 쓴다. 은행 계좌에 넣어둔 돈도 알든 모르든 당신의 방식대로 '사용한' 돈이다.

당신이 물건을 사는 데 소비하지 않은 돈은 자유와 독립, 그리고 자기가 원하는 방식으로 마음껏 시간을 보낼 능력처럼 눈에 보이지 않는 소중한 가치를 사들이는 데 쓰인다. 당신은 은행 계좌에 넣어둔 돈으로 미래의 자유를 교환하는 보관증을 구매할 수 있다(반대로 당신이 한 푼의 빚을 지면 미래의 한 조각을 다른 사람들 손에 넘겨주는 것이다).

나는 평생을 열심히 저축하며 살았다. 하지만 은행 계좌에 있는 돈을 유휴 자금으로 생각해본 적이 없다. 미래에 특정한 물건을 구매하기 위해 애써 돈을 모은 것도 아니다.

나는 은행 계좌에 들어있는 돈 한 푼 한 푼을 최종 목적지인 경제적 독립으로 향하는 승차권이라고 생각한다. 만일 내가 은행 계좌에 500달러를 입금한다면 500달러어치의 독립을 구매한 것과 마찬가지다. 그건 500달러를 들여 TV라는 구체적인 물건을 사는 행위와 다를 바가 없다. 어떤 시나리오가 됐든 그 돈은 각자 다른 가치를 지닌 다른 물건을 사는 데 '쓰일' 뿐이다.

나는 독립을 구매하는 데 열정적으로 돈을 쓴다. 내 일정에 대한 통제력을 사들이기 위해 많은 돈을 투자한다. 원하는 사람들과 원하는 때에 원하는 만큼 시간을 보낼 수 있는 자치권을 구매하기 위해서라면 예산에 한도를 두지 않는다. 내게는 돈을 주고 산 어떤 물건보다도 독립이 가장 큰 투자 대비 수익률$_{ROI}$을 자랑한다.

돈을 주고 물건을 사기보다 시간을 구매함으로써 삶에서 더 큰 기쁨을 누린다는 개념은 우리가 돈을 지출할 때 가장 놓치기 쉬운 생각 중 하나다. 돈을 저축해서 여분의 시간과 마음의 평화를 얻는 행동을 돈을 '소비하는' 행위로 받아들이는 사람은 별로 없다.

여러분에게 두 명의 전직 운동선수를 소개한다. 두 사람 모두 많은 돈을 벌었지만, 돈을 쓰는 방식은 전혀 달랐다.

*

안토니 워커Antonie Walker는 미국 프로농구NBA에서 12시즌을 뛰며 1억 800만 달러를 벌었다.[74] 매일같이 2만 5,000달러를 꼬박꼬박 벌어들인 셈이다.

프로 농구팀 보스턴 셀틱스의 사장이자 감독 릭 피티노Rick Pitino는 워커와 계약서에 서명한 뒤에 이렇게 말했다. "아마 그 친구는 이제 평생 돈 걱정할 일은 없을 것이다."[75]

워커도 그 말에 동의했다. "그때 나는 남은 인생을 위한 준비가 끝났다고 생각했다." 그가 파산을 선언한 지 5년이 지난 2015년에 한 말이다.

워커는 현역으로 활동하는 동안 늘 6~7대의 고급 승용차를 굴렸고, 더 멋진 자동차를 보면 곧바로 차를 바꿨다. 게다가 30여 명의 친구와 가족들에게 생활비도 지급했다. 자신의 어머니에게도 10개의 욕실과 농구 코트가 딸린 집을 선물했다.[76] 같은 옷을 두 번 이상 입는 법이 없었고, 카지노에서 수백만 달러를 걸고 도박을 하기도 했다.

그가 파산을 선언했을 때 주머니에 남은 돈은 430만 달러에 불과했으며 부채는 1,270만 달러나 됐다. 오늘날 워커는 운동선수들을 위한 재무 조언자로 활동하면서 후배 선수들에게 자신의 실수를 반복하지 말라고 당부하고 있다.

존 어셸John Urschel은 운동선수로서의 재능이나 스타성이 워커와 비교도 안 될 만큼 떨어졌다.

2014년 미국 미식축구리그NFL 드래프트 5라운드에서 볼티모어 레이븐스에 가까스로 지명된 어셸은 고작 세 시즌을 뛰었고, 신문의 머리기사를 장식한 적도 없었다. 그가 미식축구 선수로 활동하며 받은 돈은 워커가 농구 코트에서 11주 동안 벌어들인 돈보다 적었다. 그의 연봉 60만 달러는 NFL의 최저 임금에 가까웠다.

하지만 어셸이 돈을 쓰는 방식은 놀라웠다. 그는 어느 기준으로 보나 여유롭고 화려한 삶을 살았다. 그러면서도 자신이 번 돈을 대부분 저축했다. 어떻게 그럴 수 있었을까?

그는 이렇게 말했다. "내가 번 돈에 감사할 따름입니다. 억만장자는 아니더라도 경제적으로 꽤 안정적인 상태지요. 돈 걱정은 별로 할 필요가 없어요."[77]

그는 실제로 돈 걱정을 할 일이 없었다. 어셸은 2017년 미식축구 선수 생활을 마감하고 학교로 돌아가 박사 학위를 취득했다. 지금은 MIT의 교수로 재직 중이다.

중요한 점은 그가 하고 싶은 일은 무엇이든 할 수 있었다는 것이다.

이 이야기의 교훈은 "워커처럼 살지 말고 어셀처럼 살아라"가 아니다. 두 사람의 이야기는 스펙트럼의 양극단을 대표하는 사례일 뿐이다.

하지만 당신에게 묻고 싶다. 운동선수로서의 재능이 아니라 그들이 살아온 인생을 생각했을 때, 당신은 두 사람 중 누구에게 더 존경심이 느껴지는가? 대답하기 어려운 질문은 아닐 것이다.

나는 당신이 워커보다 어셀에게 한 표를 던질 거라고 믿는다. 만일 워커가 파산을 모면하고 어느 정도 소비를 줄이며 사치스러운 삶을 포기했더라도, 사람들은 여전히 어셀이 이뤄낸 성과를 더 높이 평가할 것이다.

그 이유는 워커가 삶에 대한 통제권을 잃었기 때문이다. 그는 어디에서 살고, 어떤 자동차를 운전하고, 어떤 옷을 입을지에 대한 의사결정을 전적으로 파산 법정 판사의 손에 맡겨야 하는 처지에 몰렸다. 이에 반해 어셀은 삶에 대한 통제력을 끝까지 지켜냈다. 그는 자기가 원하는 일을 하고 싶을 때 할 수 있는 능력이 있었다. 그의 삶은 본인이 마음껏 그려갈 수 있는 화폭이었다.

삶을 스스로 통제하는 능력이야말로 사람들이 그를 존경하는 이유다. 우리가 그 능력을 존경하는 이유는 마음속으로 원하는 것이 바로 그것이기 때문이다. 그리고 우리가 그 능력을 원하는 이유는 행복해지기 위해서다.

나심 탈레브는 이렇게 말한다. "어떤 사람이 무엇을 가졌고 갖지 못했느냐가 중요한 게 아니다. 그 사람이 무엇을 잃는 것을 두려워하느냐가 더 중요하다. 잃을 게 많아질수록 삶은 더 취약해진 다."[78]

소득 수준을 막론하고 수많은 사람이 잃을 게 너무 많은 삶을 살고 있다. 자신의 안전과 만족을 남들의 손에 의존하는 탓이다.

오늘 아침 신문에서 기사를 한 편 읽었다. 한때 수억 달러의 자 산을 보유했던 어느 기업의 CEO가 대출을 갚지 못하는 바람에 은행에서 그의 자산을 처분하고 있다는 소식이었다. 은행은 그 의 요트와 집을 강제로 매각했다. 게다가 그는 회사에서도 쫓겨났 다.[79]

나는 충격을 받았다. 소득과 재산이 상위 0.001퍼센트에 속한 사람이 사회에서 가난하다고 여겨지는 사람들보다 경제적 독립이 부족했다는 뜻이기 때문이다. 독립이 없는 부는 또 다른 형태의 빈곤일 뿐이다.

*

사람들은 흔히 경제적 독립이라는 말을 들으면 그건 부잣집 자 녀나 억만장자들에게나 해당하는 얘기라고 생각한다. 예전에 어 떤 친구는 푼돈을 저축해봐야 아무런 소용이 없다면서 돈을 한 푼도 저축하지 않았다. 그의 논리는 간단했다. 50달러로 할 수 있 는 일이 아무것도 없는데, 그 돈을 모아서 어디에 쓰겠냐는 것이 다. 나는 그런 사고방식을 바꾸고 싶다.

경제적 독립은 가능인지 불가능인지를 따지는 흑백논리의 게임이 아니다. 경제적 독립은 스펙트럼 위에 존재한다. 당신은 은행 계좌에 저축하는 한 푼 한 푼의 돈 덕분에 스펙트럼을 조금씩 거슬러 올라간다. 그리고 당신의 삶도 조금씩 나아진다.

다음은 내가 경제적 의존도와 독립의 스펙트럼을 정리한 내용이다. 여러분도 자신이 어느 위치에 와있는지 스스로 평가해보기 바란다.

레벨 0 당신의 성공에 전혀 관심 없는 낯선 사람들의 친절과 호의에 경제적 운명을 전적으로 의존해야 하는 상태

길거리에서 돈을 구걸하는 사람이나 정부의 구제 금융을 기다리는 CEO를 생각해보라. 이 냉정하고 가혹한 세상에서 당신은 자신의 경제적 삶을 전혀 통제하지 못하는 취약한 상황으로 내몰린다.

레벨 1 당신을 사랑하고 당신의 성공을 바라는 사람들에게 경제적으로 의존해야 하는 상태

일하기에는 너무 어려서 부모의 지원을 받아야 하는 15세 미만의 아이들, 그리고 돈을 빌려줘도 돌려받지 못할 거라는 사실을 잘 아는 가족이나 친구에게 어쩔 수 없이 돈을 빌려야 하는 사람들이 여기에 해당한다.

레벨 2 남들에게 가치를 제공하며 어느 정도 생계를 해결할 수 있지만, 여전히 외부적 지원이 필요한 상태

돈을 벌면서도 부모의 지원 없이는 기본적인 생활을 유지하기 어려운 젊은이들이 이 단계에 속한다. 정부의 보조금에 의존하는 근로자나, 부분적으로 은퇴해서 연금을 받는 사람들도 마찬가지다. 당신의 경제적 안정은 다른 사람들이 미래에 내릴 의사결정에 좌우된다.

레벨 3 남들에게 가치를 제공하며 완전히 생계를 해결할 수 있지만, 그 가치가 제한적이고 대체되기 쉬운 상태

직장인들 대부분이 여기에 속한다. 일은 힘겹고 앞날은 불안하다. 날아온 청구서를 어느 정도 해결할 수 있다는 점에서는 언뜻 경제적 독립을 이룬 것 같다. 그러나 당신의 오늘과 미래는 여전히 상사나 고객의 손에 달려 있다. 직장을 잃으면 다시 일자리를 구하기 어렵고, 만일의 사태를 위한 저축도 부족하다.

레벨 4 일상적인 문제를 감당할 만큼 저축을 보유한 상태

모든 사람에게 흔히 닥치는 문제를 겪어도 경제적으로 심각한 타격을 입지 않는다. 얼마간의 병원비는 별로 문제가 없다. 이번 달에 날이 추워져서 난방비가 더 나와도 상관없다. 아이에게 옷 한 벌쯤은 사 줄 수 있다. 이 단계에 속한 사람들은 소액의 저축만으로도 삶의 기본적인 문제로부터 어느 정도 독립이 가능하다는 사실을 깨닫는다.

예상치 못한 큰 문제를 해결할 만큼 저축을 보유한 상태

당신은 여전히 상사가 주는 월급에 의존해서 살아가지만, 꽤 큰 위기가 찾아와도 일정 기간은 버틸 수 있다. 자동차가 고장을 일으켜도 해결할 수 있고, 난방기에 문제가 생겨도 괜찮다. 당신은 일상에서 찾아오는 '불운'으로부터 어느 정도 자신을 보호할 수 있는 독립을 얻었다.

일정 수순의 은퇴 사금과 자녀를 위한 교육 자금이 있고, 신용카드 빚에서도 자유로운 상태

당신은 경제적 독립이라는 자동차에 한 발을 올려놓았다. 여전히 상사에게 생계를 의존하고 있지만, 시간이 지날수록 저축이 늘면서 당신과 가족들에게 새로운 수준의 독립이 다가오리라는 희망을 느낀다. 아직 완전한 독립을 이루지는 않았더라도 미래는 낙관적이며 돈 걱정에 잠 못 드는 밤도 없다.

불합리한 업무 환경과 불필요한 스트레스를 피해 직업을 선택할 수 있는 상태

당신은 여전히 상사에게 월급을 받지만 "저 사람은 형편없는 상사고 일도 맘에 들지 않아. 다른 상사를 찾아야겠어"라고 생각할 자유가 있고 직업적 기술도 있다. 이렇게 생각할 수 있는 이유는 직장을 그만두고 더 나은 일자리를 찾을 때까지 생계를 해결하기에 충분한 저축을 보유하고 있기 때문이다. (대부분의 사람은 이 상태를 현실적인 목표로 삼는다. 당신이 레벨 7에 도달했다면 그것만으로도 꽤 성공한 것이다.)

레벨 8 자신의 사회적·경제적 지위에 만족하고, 남들에게 굳이 부를 과시할 필요가 없는 상태

이 단계에 도달한 사람은 단순한 경제적 독립을 넘어 지적인 독립과 정체성의 독립으로 향하는 첫발을 뗀 것이다. 당신이 아직 이 상태에 이르지 못했다는 말은 눈에 보이지 않는 부채가 있고, 타인에 대한 의존도도 남아있다는 뜻이다.

레벨 9 자동차 대출, 학자금 대출, 주택 담보 대출 같은 빚을 피할 수 있는 상태

부채는 저렴한 비용으로 조달할 수 있는 자본이지만, 빚을 지는 순간 당신의 미래를 한 조각씩 낯선 사람의 손에 맡겨야 한다. 예전에 내가 알던 어떤 친구는 회사 일을 싫어했고 따로 하고 싶은 일도 있었지만, 학자금 대출을 갚기 위해 계속 직장에 남는 길을 택했다. 그가 빚 때문에 치러야 했던 대가는 이자 비용만이 아니었다. 그는 경력을 선택할 기회를 통째로 날려버렸다. 집을 사기 위해 과도한 빚을 진 사람들도 비슷한 운명에 처할 수 있다. 그들은 대출금보다 집값이 더 높아지지 않는 한 살고 싶지 않은 도시를 떠나지 못한다. 부채가 미래를 저당 잡히는 계약서라는 사실을 아는 사람은 "이만큼 돈을 빌리면 이자율이 얼마인가?"라고 묻는 대신에 "이 빚이 내 독립을 얼마나 앗아갈 것인가?"라고 묻게 된다.

레벨 10　**어떤 경제적 문제가 닥쳐도 본인과 가족의 삶이 레벨 5 이하로 떨어지지 않는 상태**

당신은 고액의 의료비를 지출할 일이 있거나 대규모의 경기 침체가 닥쳐도 1년 이상을 버텨낼 유동 자산이 있다. 이는 진정한 경제적 독립의 첫 단계라 할 만하다. 낭신은 어떤 사람에게든 이떤 상황 앞에서든 "아니요, 사양하겠습니다"라고 말할 수 있고, 그로 인한 결과를 감당할 능력이 있다.

레벨 11　**이자 소득이나 주식 배당금 같은 수입만으로도 생활비의 상당 부분을 해결할 수 있는 상태**

당신은 여전히 봉급을 받고 일하지만, 투자 포트폴리오에서 나오는 수입 덕분에 당신의 독립성을 빼앗는 흔한 스트레스나 시간적 제약에서 벗어날 수 있다. 간소한 라이프스타일을 지향하는 사람도 대규모 투자 포트폴리오를 소유한 사람 못지않게 이런 수준의 독립을 성취할 수 있다. 한 번 경제적 독립의 맛을 본 사람은 자산이 늘어나는 것보다 화려한 생활에 대한 욕구가 훨씬 빠른 속도로 증가한다는 사실을 알게 될 것이다.

레벨 12 **투자 자산에서 나오는 수익으로 평생 기본 생활비를 충당하는 데 문제가 없는 상태**

축하한다. 당신은 더 이상 남을 위해 일할 필요가 없다. 물론 당신이 원한다면 원하는 때에 원하는 사람과 원하는 만큼 행복하게 일할 수 있다. 많은 사람이 스스로 마련한 은퇴 자금을 바탕으로 이 단계에 도달한다.

레벨 13 **자산 수익으로 기본 생활비를 충당할 뿐 아니라, 본인이 선호하는 생활 방식을 유지하면서 가족이나 자선 사업을 위해 여유 자금도 남길 수 있는 상태**

'기본 이상'의 생활비가 무엇을 의미하는지는 사람마다 다르다. 불필요하게 사치스러운 라이프스타일로 인해 경제적 독립을 훼손하지 않도록 주의해야 한다. 코미디언 크리스 록_{Chris Rock}이 한 말을 기억하라. "어느 날 빌 게이츠가 잠에서 깨어 자기 주머니에 오프라 윈프리만큼 돈이 남았다는 사실을 알았다면 창문 밖으로 뛰어내릴 것이다."

레벨 14 **외부의 지원에 의존할 필요가 없을 만큼 경제적 독립을 이룬 덕분에 말하고 싶은 대로 말하고 원하는 대로 행동할 수 있는 상태**

당신 주머니에 돈이 넘쳐나서 남들을 향해 "돈은 필요 없어. 꺼져"라고 큰소리칠 수 있다면 속이 무척 후련할 것이다. 하지만 그럴수록 친절하고 예의 바르게 행동해야 한다. "이제 돈에 관심이 없습니다. 나는 돈을 거절하거나 무시할 자격이 있습니다"라고 정중히 말하라. 돈이 있다고 거만한 사람이 되지 말고, 지적인 독립을 성취하라.

레벨 15 **아침에 일어나서 오늘 하루도 내가 하고 싶은 일을 원하는 사람과 하고 싶은 만큼 할 수 있음을 깨닫는 상태**

이제 상사가 당신의 하루를 통제하지 않고, 사회적 부채가 당신의 의사결정에 영향을 미치지 않는다. 빚이 당신의 선택지를 좌우하지도 않는다. 당신은 이 게임에서 이겼다. 물론 이 상태가 영원한 행복을 보장하는 것은 아니며, 삶이 다시 망가질 가능성도 없는 것은 아니지만 어쨌든 당신은 인류의 99.9퍼센트가 한 번도 경험해보지 않은 여유로운 생활을 누리고 있다. 유일한 리스크는 자신이 그런 상태에 있음을 감사하지 않는 것이다.

＊

당신이 이 스펙트럼의 어느 지점에 있든, 그리고 어느 지점에 도달하기를 원하든, 경제적 독립이 스펙트럼 위에 존재한다는 사실을 깨닫는 게 중요하다.

경제적 독립은 이를 달성했는지 아닌지를 딱 잘라 구분하는 이분법적 개념이 아니다. 당신이 한 푼을 저축하거나 한 푼의 비용을 줄일 때마다 독립 스펙트럼의 조금 더 높은 지점으로 이동하는 것이다.

어떤 사람들은 다른 무엇보다 경제적 독립을 가치 있게 여긴다. 또 어떤 사람들은 스펙트럼의 높은 곳을 지향하는 의욕이 유달리 강하다. 당신이 무엇을 원해야 한다는 정답은 없다.

그러나 한편 너무나 많은 사람이 경제적 독립을 포기한다. 그들 눈에는 경제적 독립을 이룬다는 것이 영영 불가능한 목표처럼 보일 수 있다. 하지만 경제적 독립은 소득 수준과 관계없이 스펙트럼을 조금씩 이동하는 방식으로 이루어진다. 그리고 스펙트럼을 이동할수록 당신의 삶도 조금씩 나아진다.

당신이 저축하는 한 푼 한 푼을 뭔가를 적극적으로 사들이는 데 소비하는 돈이라고 생각하라(비록 영수증은 없지만). 당신은 방금 본인이 하고 싶은 일을, 하고 싶을 때, 원하는 사람과, 원하는 만큼 할 수 있는 능력을 구매한 것이다. 그 능력의 가치는 돈으로 따질 수 없을 만큼 크다.

다음 장에서는 사회적 부채에 대해 이야기해보려 한다. 나는 당신이 부를 자랑하는 행위가 본인 삶에 만족하지 못한다는 증거라고 생각한다. 이는 가장 믿을 만한 심리적 공식 중 하나다.

영화 〈브로드캐스트 뉴스Broadcast News〉의 주인공 톰 그루닉Tom Grunick은 이렇게 묻는다. "만약 현실이 꿈을 넘어선다면 어떻게 해야 할까요?"

에런 올트먼Aaron Altman은 이렇게 대답한다. "그냥 혼자만 알고 조용히 있어요."

당신이 사람들의 관심을 원할수록, 그리고 자기가 얼마나 똑똑하고, 돈이 많고, 성공한 인물인지를 과시하고 싶어 할수록 당신의 마음속에 채워지지 않은 공간이 그만큼 크다는 사실만 입증할 뿐이다.

나는 사람들이 부를 자랑하는 모습을 보더라도 이를 나무라지 않는다. 대신 그들에게 이렇게 묻는다.

당신이 관심을 얻고자 하는 사람들은 누구인가?

그들은 당신이 돈을 과시하는 일을 어떻게 생각할까?

그건 오히려 당신에게 해가 되는 행농 아닐까?

여기에 관련한 이야기를 다음 장에서 더 자세히 들려주겠다.

경제적 독립은 스펙트럼 위에 존재한다.

당신은 은행 계좌에 저축하는 한 푼 한 푼의 돈 덕분에

스펙트럼을 조금씩 거슬러 올라간다.

그리고 당신의 삶도 조금씩 나아진다.

/

12

조용한 돈

"내 꿈은 이름 없는 부자가 되는 것"

당신이 돈을 소비하는 방식이

남들이 당신을 생각하는 방식에 부정적인 영향을 미칠 때

사회적 부채가 발생한다.

프랭크 루카스는 사업 수완이 뛰어난 마약 거래상이었다. 그가 1970년내에 뉴욕에 건설한 헤로인 제국은 하루에 100만 달러를 벌어들였다. 하루이틀이 아니라 몇 년 동안이나 그런 상황이 지속됐다.

루카스가 오랫동안 범죄 행각을 이어갈 수 있었던 이유는 남들의 눈에 띄지 않고 조용히 숨어 살면서 평범한 물질적 삶을 유지했기 때문이다. 덕분에 그는 달갑지 않은 세간의 관심을 피할 수 있었고, 경찰의 수사망에서도 벗어날 수 있었다.

하지만 늘 그렇듯이 여기서도 자만심이 말썽을 부렸다. 자기보다 사업 규모가 작은 조무래기 마약상들이 화려한 삶을 뽐내는 모습을 본 루카스는 결국 참지 못했다. 그는 회고록에 이렇게 썼다. "나보다 돈도 많이 못 버는 인간들이 온 세상의 지배자인 양 거리를 누비는 모습을 지켜볼 수가 없었다. 나는 그들을 향해 이렇게 소리쳤다. '너희들이 나보다 낫다고 생각해?'"[80]

1971년 3월 8일, 뉴욕의 매디슨 스퀘어 가든에서는 헤비급 프로 복서 무하마드 알리와 조 프레이저의 '세기의 대결'이 펼쳐졌다. 루카스는 바닥까지 늘어지는 10만 달러짜리 친칠라 코트를 입고 화려한 모자를 쓴 채 경기장에 모습을 드러냈다. 그가 몸에 걸친 의상의 가격을 전부 합하면 오늘날의 화폐 가치로 100만 달러는 됐을 것이다. 그는 가장 좋은 좌석에 앉아 경기를 관전했다. 최고의 가수 프랭크 시나트라와 미국 부통령 스피로 애그뉴도 그보다 뒷자리에 앉아 있었다.

"평생 처음으로 뭔가를 자랑하고 싶은 느낌이 들었다." 루카스는 이렇게 썼다.

그는 목표를 달성했다. 사람들은 근사한 코트를 입은 루카스 옆에서 연신 사진을 찍어댔다. 언론은 그 소식을 대서특필했다. 그날 밤 경기장을 찾은 모든 사람의 관심이 프랭크 루카스에게 쏠렸다. 뉴욕시 경찰국도 그중 하나였다.

루카스는 회고록에 이렇게 썼다. "나는 무명의 인물로 경기장에 들어갔다. 그리고 모두의 주목을 받는 사람이 되어 경기장을 떠났다."

사람들에게 전혀 알려지지 않은 무명의 인사가 마치 왕처럼 화려한 삶을 사는 모습을 본 경찰 당국은 루카스를 조사하기 시작했다. 그는 결국 체포되어 70년 형을 선고받았다.

물론 루카스는 범죄자였다. 하지만 보통 사람들에게도 똑같이 적용되는 보편적인 개념 하나를 소개하고 싶다. 나는 여기에 '사회적 부채_{social debt}'라는 이름을 붙였다.

사회적 부채는 당신이 돈을 소비하는 방식이 남들이 당신을 생각하는 방식에 부정적인 영향을 미칠 때 발생한다. 이 빚은 눈에 잘 띄지 않아 더 위험하다.

남들이 당신을 질투하는 것도 사회적 부채다. 평소 함께 시간을 보내기 좋아하는 사람들과 자신을 갑자기 비교하면서 본인이 그들보다 우월하다고 생각하는 것도 사회적 부채의 일종이다.

화려한 라이프스타일을 추구하면서 삶에 대한 기대치를 높이는 것도 사회적 부채다. 당신이 돈을 주고 구매한 물건은 남들이 당신을 생각하는 방식이나 당신이 본인을 생각하는 방식을 부정적으로 바꿀 수 있다.

*

약리학에서 중요한 이론 중 하나인 아른트-슐츠 법칙은 이렇게 설명한다. "어떤 물질이든 소량은 자극을 주고, 중간 양은 억제하고, 과량은 죽음을 초래한다." 햇볕을 약간 쬐는 일은 건강에 좋고 몸과 마음에도 필요하다. 하지만 어느 정도를 넘으면 화상을 입을 수 있고, 지나치게 햇볕을 쏘이면 치명적인 암에 걸릴 수도 있다.

알코올, 담배, 카페인, 정신적 불안감도 마찬가지다. 어떤 사람이든 몸과 마음에 도움이 되는 약간의 자극이 위험한 수준이 됐다가 결국 재난으로 바뀌는 한계점_{tipping point}이 있다. 하지만 사람들 대부분은 한참 늦은 뒤에야 그 한계점이 어디였는지를 깨닫는다.

돈도 마찬가지다. 터무니없는 말 같아도 나는 모든 사람에게 '이상적인' 순자산 규모가 있다고 믿는다. 그 금액은 사람마다 다르겠지만 당신이 상상하는 것보다 훨씬 적은 액수라는 사실만은 분명하다. 더 많은 돈을 벌고 더 많은 돈을 쓰는 사람일수록 더 많은 사회적 부채를 떠안는다.

몇 년 전, 삶의 모든 것을 잃어버린 복권 당첨자들의 이야기를 읽은 적이 있다. 그들의 공통점은 복권에 당첨되자마자 하나같이 엄청난 사회적 부채에 휘말렸다는 것이다. 일부는 파산에 이르기도 했다. 그들의 주머니에 얼마나 많은 돈이 들어왔는지 알려지는 순간 친구, 가족, 심지어 낯모르는 사람들까지 돈을 요구하고, 구걸하고, 훔쳐 갔다. 당첨자들은 빈털터리가 됐을 뿐 아니라 사회적으로 철저히 착취당했다.

한 복권 당첨자의 이야기를 들어보자.

◢ 1985년 10월에 390만 달러, 그로부터 4개월 뒤에 140만 달러의 당첨금을 추가로 받은 애덤스 여사는 도저히 사생활을 이어나갈 수 없었다. "저는 하루아침에 유명인이 돼버렸습니다. 어디를 가도 남들이 알아봤어요."[81]

돈의 문제점 중 하나는 자산은 쉽게 측정할 수 있어도 부채는 눈에 잘 보이지 않는다는 것이다. 애덤스 여사가 얼마짜리 복권에 당첨됐는지 측정하기는 쉽다. 정확하게 390만 달러다. 하지만 그녀에게서 사생활을 빼앗아 간 사회적 부채는 어떻게 측정해야 할까? 친구들이 돈 때문에 자신과 어울릴지도 모른다는 감정적 스트레스는 어떤 숫자로 표현해야 할까? 이를 가늠하기는 쉽지 않다.

타이거 우즈는 억만장자다. 그의 자산 규모도 명확하게 측정할 수 있다. 하지만 우즈는 자기가 스쿠버 다이빙을 좋아하는 이유가 물속에서는 아무도 자신을 알아보지 않고 아무도 뭔기를 요구하지 않기 때문이라고 말한 적이 있다. 그토록 암울한 사회적 부채는 어떻게 측정해야 할까? 비록 장부에 기록되지는 않아도 사회적 부채는 우리가 현실적으로 감당해야 하는 진정한 의미의 빚이다.

미국의 철학가이자 문필가 헨리 데이비드 소로Henry David Thoreau는 이 개념을 통찰력 있게 설명했다. "어떤 물건의 가격이란 내가 삶이라고 부르는 시간의 얼마만큼을 지금 또는 나중에 그 물건과 교환해야 하는지를 나타내는 숫자다."

언젠가 미 프로농구 초년생 선수들을 대상으로 강연할 기회가 있었다. 우리는 20대에 큰돈을 벌었다가 30대에 파산한 선수들의 비극적인 삶을 반복하지 않으려면 어떻게 해야 하는지에 대해 열띤 토론을 벌였다.

그때 어떤 선수 하나가 매우 통찰력 있는 이야기를 꺼냈다. 그의 논리에 따르면 세상 사람들은 운동선수들이 파산하는 이유가 값비싼 보석이나 고급 자동차에 무분별하게 돈을 쓰기 때문이라고 생각한다. 그게 맞을 때도 있다. 하지만 운동선수들을 파산에 이르게 하는 가장 흔한 원인은 사회적 부채다.

한 운동선수가 말했다. "당신이 가난한 집에서 자라나서 22세에 1,000만 달러를 벌었다면 그건 이미 당신 돈이 아닙니다. 그건 엄마의 돈이고, 아버지의 돈입니다. 할머니의 돈, 사촌의 돈, 친구의 돈입니다. 그들 앞에서 '이제 나는 돈을 벌었으니 여러분은 알아서 살아가세요'라고 말하며 모른 체할 수가 없습니다."

운동선수들이 자신을 위해 큰 집을 사는 일은 문제가 아니다. 한 번도 만난 적 없는 먼 친척에게 집을 사줘야 한다는 압박이 그들을 파산으로 몰고 가는 것이다.

이는 부자들에게나 해당하는 문제처럼 보일 수도 있다. 하지만 사회적 부채는 세상 모든 사람에게 세상 모든 곳에서 다양한 방식으로 영향을 미친다.

당신의 정체성이 물질적 소유와 강하게 결합할수록 남들의 시선에 휘말려 돈을 쓸 확률도 그만큼 높아진다. 게다가 새롭고, 크고, 멋지고, 비싼 물건들로 사람들을 놀라게 하고 싶다는 욕구도 커진다.

당신이 남들의 관심을 끌기 위해 5만 달러짜리 자동차를 계약했다면, 당신이 치러야 할 금액은 5만 달러가 아니다. 그들의 관심을 유지하려면 2년 뒤에 6만 달러를 더 써서 차를 바꿔야 한다. "부자가 되는 길은 비싸다"라는 이 당연한 말의 의미가 무엇인지는 분명하다. 부자들은 화려한 라이프스타일이라는 이름의 사회적 부채를 감당하기 위해 엄청난 비용을 치러야 한다.

＊

사회적 부채가 삶을 침해하는 또 다른 방식은 기대치를 높이는 것이다. 예전에 워싱턴 D. C.에서 뉴욕시를 운행하는 암트랙Amtrak[■] 기차를 주기적으로 이용한 적이 있다. 이 기차에는 '정숙 칸quiet car'이라는 이름의 차량이 따로 있었다. 이 칸에 탑승한 사람들은 정숙을 유지하며 조용히 잠을 자거나 할 일을 해야 했다.

승객들이 정숙 칸을 이용하는 이유는 조용한 분위기를 원해서였겠지만, 그로 인한 부작용은 생각보다 컸다. 주위의 조용함을 기대하는 사람은 작은 소리에도 굉장히 민감해진다. 정숙 칸에 탑승한 어느 승객이 속삭이는 것보다 조금 큰 소리로 대화를 나누면 모든 사람이 신경을 곤두세우고 짜증을 냈다. '평화로운' 시간을 보내기 위해 정숙 칸을 이용한 승객들이 실제로는 더 심한 스트레스를 받았을지도 모른다.

물건을 사들일 때도 비슷한 일이 벌어진다. 낡고 오래된 자동차

[■] 전미 여객철도공사

를 타고 다니는 사람은 차가 조금 지저분해져도 별로 신경 쓰지 않는다. 하지만 당신이 근사한 자동차를 새로 구매했다면 차에 진흙이 묻은 모습을 보고 참지 못할 것이다. 더구나 주차장에서 누군가 당신 차에 작은 흠집이라도 냈다면 화가 나서 정신이 나가버릴 것이다. 그런 분노가 바로 사회적 부채다. 멋진 물건을 손에 넣은 사람들은 이에 따르는 사회적 부채 탓에 때로 파산할 지경에 이른다.

당신은 크고 멋진 집을 사면 행복하리라고 생각한다. 하지만 더 멋진 집을 원하는 진짜 이유는 이미 근사한 집을 소유한 사람들과 사회적 경쟁을 원하기 때문인지도 모른다. 당신은 멋진 집으로 이사하자마자 더 훌륭한 집으로 옮겨 가는 꿈을 꾼다. 당신의 목표가 자신이 속한 사회 집단에서 가장 멋진 집을 구매하는 것이라면, 당신은 단순한 집착을 넘어 영원히 이길 수 없는 게임에 뛰어든 것이다. 더 멋지고 근사한 집으로 비교 대상이 계속 바뀌기 때문이다.

더 많은 돈을 벌고 더 많은 돈을 쓸수록 더 큰 사회적 부채를 떠안는다. 삶의 기본적 욕구를 충족한 뒤에는 더 나은 라이프스타일을 위한 모든 소비에 사회적 의무, 타인의 평가, 눈높이의 변화 같은 부채가 계속 따라다닌다. 하지만 사람들은 부채의 존재를 무시하고 넘어간다.

내 말의 요점은 멋진 자동차나 근사한 집을 외면하라는 게 아니다. 나도 그런 물건들을 좋아한다. 다만 돈이 당신을 행복하게 해주는 도구에서 남들이 당신을 평가하는 잣대로 바뀌는 순간, 게임에서 지게 된다는 것이다. 작가 켄트 너번Kent Nerburn은 자신의 아이들에게 이런 편지를 보낸 적이 있다.

> 물질적 소유물은 카멜레온과 같아서 손에 쥐는 순간 '환상'에서 '책임'으로 색깔을 바꾼다. 그 소유물들은 천국을 향해 열려 있던 너희들의 눈을 땅 위에 붙들어 맨다.[82]

언젠가 80억 달러의 자산을 소유한 가족을 위해 컨설팅을 해준 적이 있다. 하지만 그 사람들의 정보는 어느 검색 사이트를 뒤져도 나오지 않는다. 〈포브스〉의 억만장자 명단에도 없고, 화려한 파티 사진도 없고, 프로필도 없고, 위키피디아의 소개 자료도 없다. 모두 그들이 의도한 것이다.

그 가족들은 수많은 사람(부자, 중산층, 부를 갈망하는 사람, 그리고 그 중간에 있는 모든 사람)이 깨닫지 못한 진리를 터득했다. 그들은 당신이 상상할 수 있는 가장 멋진 삶을 살았지만, 한 푼의 사회적 부채도 떠안지 않았다.

그들은 완벽한 자유와 사생활, 그리고 독립을 달성했다. 친구를 신중하게 선택했고, 돈도 익명으로 기부했다. 사회적 부채가 없다는 것은 그들이 소유한 가장 값진 자산이었다.

미국의 사업가 겸 투자가 나발 라비칸트Naval Ravikant는 이렇게 말했다. "가장 좋은 직업은 돈을 많이 벌면서 남들 눈에 띄지 않는 일자리다."

훌륭한 철학이다. 하지만 우리는 여전히 이런 의문을 거둘 수 없다. 당신과 나 같은 보통 사람은 어떻게 사회적 부채를 피할 수 있을까? 부자가 되면서 남들 눈에 띄지 않는 방법은 무엇일까? 어떻게 하면 사회적 삶에 부정적인 영향을 미치지 않으면서 돈을 쓸 수 있을까?

내 전략은 조용한 복리 성장이다. 이번 장 '조용한 부'에 이어 다음 장에서는 '조용한 복리 성장'에 대한 얘기를 해보겠다.

/

더 많은 돈을 벌고 더 많은 돈을 쓸수록

더 큰 사회적 부채를 떠안는다.

삶의 기본적 욕구를 충족한 뒤에는

더 나은 라이프스타일을 위한 모든 소비에

사회적 의무, 타인의 평가, 눈높이의 변화 같은

부채가 계속 따라다닌다.

/

13

부자가 되는 가장 빠른 길

'빠름'은 모든 관심을 차지하고
'느림'은 모든 능력을 차지한다.

부자가 되는 가장 빠른 길은

천천히 돈을 모으는 것이다.

"자연은 서두르지 않지만 결국 모든 일을 해낸다." 고내 중국의 철학자 노자老子가 한 말이다.

거대한 세쿼이아 나무, 고등 생물, 우뚝 솟은 산맥… 자연은 입이 딱 벌어질 만큼 경이로운 기적을 창조해낸다. 그런데도 그 모든 일은 매우 조용히 이루어진다. 지금 당장은 눈에 보이지 않아도 오랜 시간에 걸쳐 참으로 믿기 어려운 광경을 연출한다. 그것이 바로 조용한 복리 성장이다. 그 모습은 늘 경탄스럽다.

*

나는 돈이 복리로 늘어난다는 개념을 좋아한다. 어쩌면 내가 평생을 지켜온 가장 가치 있고 중요한 경제적 신념일지도 모른다. 이는 간단하면서도 우리가 지금까지 얘기한 모든 경제적 원리를 담고 있는 아이디어다. 우리는 돈의 복리 성장을 통해서도 자연이

창조한 작품들처럼 놀라운 결과를 이뤄낼 수 있다.

교육도 제대로 받지 못했고 소득도 높지 않은 평범한 시골 사람이 복리 덕분에 수천만 달러를 모았다는 소식은 각종 매체에 심심찮게 오르내린다.

이야기의 내용은 한결같다. 그들은 조용히 돈을 모았고, 수십 년 동안 꾸준히 투자했다. 돈을 자랑하지 않았고, 남들과 자신을 비교하지 않았으며, 지난해보다 투자 실적이 나쁘다고 걱정하지도 않았다. 그들의 경제적 세계관(생각, 목표, 신념)은 자신이 살아가는 집으로 한정돼 있었다. 그러다 보니 자신만의 게임에 온전히 집중할 수 있었고, 본인의 욕구에 충실했다. 그것이 그들의 초능력이었고, 경제적 기술이었다. 그 능력은 무엇보다 강력했다. 그들은 조용한 복리 성장의 달인이었다.

당신이 어떤 라이프스타일을 택했든, 얼마나 많은 돈을 벌었든, 복리 성장의 개념은 모든 사람이 정확히 이해해야 하는 놀라운 아이디어다.

만약 당신이 어떤 파트너와 처음 데이트한 뒤에 그 사람과의 전화 통화, 문자 메시지, 대화 내용 등을 소셜 미디어에 올려 사람들에게(아니면 친한 친구나 가족에게) 낱낱이 공개한다고 상상해보라. 그 뒤로 어떤 일이 생길지는 말하지 않아도 뻔하다. 사람들은 이런 일은 잘못됐고, 이건 지나치고, 이런 말은 좀 더 해야 하고 이런 말은 조금 줄여야 한다며 앞다퉈 충고를 해댈 것이다.

당신은 삶의 목표나 성격이 제각각인 사람들의 의견에 당황하고, 신경을 쓰고, 영향을 받게 된다. 그런 식으로는 누구와도 정상적인 데이트를 이어갈 수 없다.

돈도 비슷하다. 남들이 자신의 라이프스타일을 어떻게 생각하는지, 또는 자신의 투자 결정이 남들 눈에 어떻게 보이는지 신경을 쓰다 보면 결국 두 가지 행동을 취할 수밖에 없다. 하나는 남들을 위해 보여주기식 소비에 나서는 것이고, 또 다른 하나는 다른 사람에게는 적합할 수 있어도 자신에게는 맞지 않는 투자 전략을 흉내 내는 것이다.

당신이 돈을 쓰는 방식은 더 나은 삶을 살기 위한 도구로 돈을 지출하는지, 남들과 사신의 성공을 비교하기 위한 깃대로 돈을 쓰든지 둘 중 하나다. 전자는 조용하고 개인적인 지출이고, 후자는 요란하고 공개적인 지출이다. 어느 쪽이 더 행복한 삶으로 이어질지는 말하지 않아도 분명하다.

조용한 복리 성장을 원하는 사람은 다음의 다섯 가지를 유념해야 한다.

하나, 내면적 기준과 외면적 기준을 생각하라.

때로는 이렇게 자문해보는 게 도움이 될 것이다. "만약 나와 가족 이외에는 아무도 내가 이뤄낸 성과를 알지 못하고, 남들의 성공과 나의 성과를 비교할 일도 없다면 나는 행복할 수 있을까?"

기억하라. 사회적 비교의 게임에서 승리하기란 불가능하다. 당신보다 먼저 부자가 되는 사람은 어디에나 있다. 당신은 이 게임에서 손을 떼자마자 내면으로 시선을 옮겨 자신과 가족들에게 행복을 선사하는 일에 집중하면 된다. 당신이 어떤 곳에 돈을 쓰든 그것이야말로 가장 쉽고 알차게 소비를 즐기는 길이다.

언론인 겸 소설가 크리스토퍼 몰리Christopher Morley는 이렇게 말했다. "세상에 성공은 하나뿐이다. 자신의 삶을 자기 방식대로 소비하는 것이 바로 성공이다."

수많은 경제적 실패가 당신과는 전혀 다른 남들을 모방하는 데서 비롯된다. 우리는 누구에게 조언을 얻을지, 누구를 존경할지, 심지어 어떤 사람들과 어울릴지를 신중히 선택해야 한다. 당신이 자신만의 길을 묵묵히 걸어간다면, 목표와 성향이 제각각인 타인들이 당신을 향해 잘못된 길을 가고 있다고 쉽게 손가락질하지 못할 것이다.

사업가 겸 투자자 브렌트 비쇼어Brent Beshore는 이렇게 말한다. "당신이 활동하는 분야가 내게 아무런 관심이 없는 곳이라면, 나는 당신이 부자가 되는 일을 100퍼센트 행복하게 지켜볼 수 있다." 돈을 모으고 지출하는 일도 마찬가지다. 모든 사람은 다르고, 삶은 제로섬 게임이 아니다. 모두가 자기 방식대로 살아갈 뿐이다.

조용한 삶을 선택하는 사람들은 가장 이상적인 방식으로 이기심을 발휘한다. 그들은 타인의 시선에 영향을 주려고 애쓰는 대신 오직 자신의 삶에 가장 유익한 방식으로 돈을 쓴다. 나는 멋진 물건으로 남들의 환심을 사기보다 차라리 내가 원하는 일을 원하는 사람과 원하는 만큼 할 수 있는 삶을 살고 싶다.

넷, 빠르게 쌓은 부는 빠르게 무너진다.

순식간에 벌어들이는 돈은 온 동네가 떠나갈 듯 요란한 소리를 내지만, 조용한 복리 성장은 장기적이고 차분하게 이루어진다. 그 사실이 중요한 이유는 당신이 얼마나 빨리 돈을 벌었는지에 따라 그 돈을 어떻게 관리하느냐가 결정되기 때문이다.

'돈을 얼마나 빨리 벌었느냐'가 '그 돈을 얼마나 빨리 잃을 수 있느냐'의 기준이 된다는 말이 있다. 당신이 1년 사이에 재산을 두 배 불렸다면, 앞으로 1년 사이에 그 돈의 절반이 사라져도 놀라지 마라. 비즈니스도 마찬가지다. 빠르게 몸집을 불린 회사는 빠르게 망할 가능성이 크다.

순식간에 쌓아 올린 부에는 두 가지 특징이 있다.

첫째, 쉽게 번 돈은 쉽게 쓰기 마련이다. 주머니 속으로 돈이 빠르게 들어올수록 돈을 허투루 쓰지 말아야겠다고 다짐하는 마음도 그만큼 약해진다. 사람은 소중한 물건일수록 조심스럽게 다루는 법이다. 빠르게 번 돈을 빠르게 쓰게 되는 이유는 그 돈을 버는 데 시간과 에너지를 별로 들이지 않았기 때문이다. 마치 누군가를 만나 하룻밤 관계를 맺는 일과도 같다. 충동적으로 행동하면 나중에 후회한다. 오래된 부자는 세금 피할 궁리를 하고, 새로운 부자는 람보르기니부터 산다는 말도 있지 않나.

둘째, 빠르게 쌓아 올린 부일수록 운의 덕을 입었을 확률이 높기에, 운이 빠르게 사라질 가능성도 크다. 예상치 못한 횡재를 맞은 사람이 흥청망청 생활 수준을 높이면, 그런 횡재가 다시 찾아오지 않을 때는 상상을 초월하는 고통을 겪을 수도 있다. 이런 현실을 받아들이는 사람은 남들 눈에 띄지 않고 자신만의 부를 쌓아가는 조용한 복리 성장의 이점을 더욱 선명히 깨달을 수 있다.

조용한 복리 성장을 원하는 사람이 유념해야 할 마지막은 바로 이것이다.

다섯, 부자가 되는 가장 빠른 길은 천천히 돈을 모으는 것이다.

조용한 복리 성장을 목표로 삼으면 어떤 일이 생길까? 먼저 사람들 앞에서 뭔가를 보여주어야 한다는 압박감을 떨쳐낼 수 있다. 당신은 보여주기식 공연을 중단하는 순간 자연스럽게 미래로 눈을 돌리고, 남의 관심을 끌려고 애쓰는 대신 자신을 위해 더 나은 삶을 창조하는 방법을 찾게 될 것이다. 덕분에 당신은 가장 강력한 경제적 능력을 개발할 수 있다. 바로 '끈기'다.

부자가 되는 가장 빠른 길은 천천히 돈을 모으는 것이다. 이는 세상에서 가장 큰 아이러니 중 하나다. 서두르지 말고 초조해하지도 마라. 남들의 시선에 흔들리거나 영향을 받지 말고, 그들과 다른 길을 꿋꿋이 걸어가라. 오랜 시간에 걸쳐 뭔가를 한결같이 지켜나가는 능력이야말로 진정한 부의 마법이다. 세상의 많은 일이 다 그렇듯이 '빠름'은 모든 관심을 차지하고 '느림'은 모든 능력을 차지한다.

수많은 사람이 장기 투자자가 되고 싶어 하지만, 이를 실천하기는 쉽지 않다. 가장 큰 이유는 당신이 '비교'의 수렁에 빠지기 때문이다. 동료 투자자들과의 비교, 벤치마크 자료와의 비교, 지난 6개월간 손해를 봤다고 남들이 손가락질할지도 모른다는 우려 등이 당신의 앞길을 막아선다.

투자에서 장기적으로 성공하려면 장기적 변동성을 관리하는 능력을 길러야 한다. 이 능력이 부족한 사람은 그보다 배우기가 훨씬 어려운 단기적 변동성을 피하는 기술을 익힐 수밖에 없다. 지속 가능한 투자의 핵심은 단기적 변동성을 피하려 애쓰기보다 장기적 변동성에서 살아남는 능력을 기르는 데 있다.

남들보다 조금 똑똑해 보이려 애쓰지 말고, 차분히 장기적으로 투자하라. 시간이 흐르면서 실적은 조금씩 나아질 것이다.

서두르지 않아도 모든 일은 저절로 이루어진다.

다음 장에서는 돈이 정체성을 대신할 때 어떤 일이 생기는지에 대해 이야기한다.

돈의 방정식

14

돈이 당신의 정체성을
결정할 때

삶의 주도권을 쥔 쪽은 당신인가,
아니면 당신의 경제적 신념인가.

당신의 얼굴에 더 많은 상표를 붙일수록

더 멍청한 사람이 된다.

"돈은 자동차에 넣는 연료와도 같다." 작가 팀 오라일리Tim O'Reilly는 이렇게 말한다. "길을 달리는 도중 연료가 떨어지면 안 되겠지만, 그렇다고 눈에 띄는 주유소마다 들를 필요는 없다."[83]

돈이 삶을 위한 도구로 쓰이지 않고 주인의 자리에 오르는 가장 흔한 이유는, 당신의 경제적 목표와 신념이 정체성의 중요한 일부로 자리 잡기 때문이다.

사람마다 다르겠지만 나는 아버지, 남편, 아들, 친구라는 정체성을 안고 살아간다. 내게는 그 정체성이 무엇보다 중요하며, 이들이 바로 내 삶을 떠받치는 기둥이다. 만일 돈을 써서 그 정체성을 더욱 강화하거나 개선할 수 있다면 나는 언제라도 지갑을 열 것이다. 하지만 돈이 그 정체성 중 하나가 되기를 원치는 않는다.

한때 미국 최고의 부자 중 하나였던 하비 파이어스톤은 1926년에 출간한 자서전에서 부자가 되기 전의 단순한 삶이 그리울 때가 많다고 토로했다.

■　그때는 한 달에 25달러를 내고 작은 집에 살았다. 우리가 한 주에 식료품비로 지출하는 돈은 5달러에 불과했다. 가끔은 그렇게 단순한 삶으로 돌아가는 편이 낫겠다는 생각이 든다. 덜 복잡한 삶에서 오히려 더 많은 것을 얻을 수도 있기 때문이다.

"하지만 그건 불가능하다." 그는 단호하게 말한다.

■　사람은 돈을 벌면 변한다. 모든 사람은 자기가 단순한 삶을 살아간다고 생각하지만, 자신도 모르는 사이에 수천 가지의 사소한 습관에 익숙해지고 그 습관들은 어느덧 존재의 일부가 되어버린다. 빈털터리라도 되지 않는 한 그때로 돌아가기는 불가능하다.[84]

그는 예전의 단순했던 삶으로 돌아가고 싶어도 빈털터리가 되지 않는 한 그렇게 되기란 불가능하다고 말한다. 부자로 살아가는 게 존재의 일부가 되어버렸다는 것이다.

솔직한 고백이다. 당신과 돈의 관계가 정체성의 한 부분으로 자리 잡을 때 어떤 일이 생기는지 잘 보여주는 말이다.

투자자 폴 그레이엄Paul Graham은 정체성의 종류를 최소한으로 줄이라고 조언한다. "당신의 얼굴에 더 많은 상표를 붙일수록 더 멍청한 사람이 된다. 만일 당신의 정체성을 구성하는 요소들이 무엇인지 잘 모르겠다면, 일단은 상표의 개수를 최소한으로 줄이는 게 가장 좋은 방법이다."[85]

세상을 살다 보면 "나는 이러이러한 사람입니다"라며 자신을 소개해야 할 때가 있다. 무엇이 됐든 그것이 바로 당신의 정체성이다. 사람들은 정체성을 대단히 중요하게 생각해서 이를 보호하기 위해서라면 어떤 노력도 마다하지 않는다.

돈에 관련된 정체성 중에는 우리가 상상하지 못했던 방식으로 사신에게 해를 입히는 개념이 있다.

"나는 절약가다."

돈을 절약하는 일은 매우 좋은 습관이며 아무런 문제가 없는 행동이다. 하지만 수많은 재무 설계사가 가장 어려워하는 일 중 하나가 은퇴 생활을 시작한 고객들에게 꼭 필요한 곳에 돈을 쓰라고 설득하는 것이다.

그들은 아주 적은 비용에도 지갑을 꺼내지 못하고 벌벌 떤다. 허리띠를 졸라매고 필사적으로 돈을 절약하는 일이 정체성의 중요한 부분이 되었기 때문이다. 그들은 삶의 방식을 바꾸지 못한다. 나는 그런 습관을 '절약의 관성frugality inertia'이라고 부른다. 돈을 좀 쓰고 살아도 큰 문제가 없는 삶의 단계에서도 평생 지켜온 근검절약의 습관을 버리지 못하는 것이다.

나는 사람들이 돈을 추구하는 목표 중 하나가 돈 생각을 하지 않아도 좋을 만큼 경제적 능력을 얻는 것이라고 믿는다. 돈 걱정일랑 훌훌 떨쳐내고 다른 일에 집중하며 살아가고 싶다는 것이다.

하지만 지나칠 정도로 알뜰하게 돈을 모으는 습관이 성격의 한 부분으로 굳어지면 그런 궁극적인 목표는 무너진다. 돈에 집착하는 버릇을 버리기가 어려운 이유는 그 버릇이 정체성의 한복판을 차지하기 때문이다. 당신이 생각하는 성공의 크기와 은행 계좌에 담긴 돈의 액수가 밀접하게 연결될수록 돈을 쓰기가 어렵다. 합리적인 소비조차 불가능하다.

당신이 일찌감치 돈을 저축하는 시스템을 개발해서 소득 수준보다 훨씬 검소한 삶을 살아간다면 그건 축하할 일이다. 하지만 평생 힘들게 일하고 은퇴한 뒤에도 그 시스템에서 벗어나지 못한 채 극단적인 검약의 습관을 이어간다면, 그건 대체 무엇을 위함인가? 그걸 승리하는 게임이라고 부를 수 있을까? 충분히 돈을 모아서 돈 걱정을 하지 않겠다는 궁극적인 목표는 어딘가에서 실종됐다. 목표를 달성했다는 사실을 인정하지 않는 것은 목표를 달성하지 못한 것과 다를 바가 없다.

찰스 다윈의 연구에 따르면 동물 중에는 개체의 생존에 불리한 신체적 특성을 보유한 종이 꽤 많다고 한다. 가령 공작새의 화려한 깃털은 포식자의 눈을 끌고, 사슴의 커다란 뿔은 포식자를 피해 도망칠 때 움직임에 방해가 된다. 진화의 법칙은 왜 그런 문제를 해결하지 않았을까?

다윈은 그 이유를 이렇게 설명한다. 어떤 신체적 특성이 동물의 생존에 장기적인 리스크를 초래하더라도 종족 번식에는 도움이 될 수가 있다. 자연계에서는 그런 사례가 무수히 많다. 인간의 번식 활동에 관련된 유전자가 알츠하이머병과 무관하지 않다는 증거도 있다.[86] 자연은 동물의 특정 행동이 생존에 불리하다고 해도 그 행동을 적극적으로 장려하고 촉진하는 데 능하다.

돈도 비슷한 구석이 있다. 현명한 행동(긍정적인 절약 습관, 지출 방식, 투자 전략 등)이 몸에 너무 깊이 밴 사람은 다른 길을 택하는 편이 더 합리적일 때도 기존의 방식을 맹목적으로 고집하게 된다. 그리고 이는 결국 문제로 이어진다. 당신은 돈에 관련된 본인의 정체성(절약가, 부자, 가난뱅이, 이런저런 물건을 늘 구매하는 사람 등)을 만들어낼 때마다 삶의 방식을 전환하거나, 생각을 바꾸거나, 새로운 것을 시도하는 데 어려움을 겪을 수밖에 없다.

투자의 세계에서도 마찬가지다. 투자자들은 '가치 투자자', '주식 거래자', '기술 투자자' 같은 상표를 얼굴에 붙이고 다닌다. 상표 자체에는 아무런 해가 없는 듯이 보이지만, 당신은 그 상표에 딸린 정체성으로 인해 더 큰 그림을 그리고, 다른 기회를 찾고, 사고방식을 바꾸는 데 지장을 받는다.

때에 따라서는 이 상표들이 '파이어 운동' 같은 광신적 행위를 유발하기도 한다. 이 운동은 경제적 독립이라는 가치 있는 목표를 향해 시작됐지만, 추종자들의 머릿속에 그 목표가 너무 깊이 각인된 나머지 직장을 그만두고 사회생활을 희생해가면서까지 지루하고 무미건조한 삶을 살아가기도 한다.

만일 당신이 그런 지경에 이르렀다면 삶의 주도권을 쥔 쪽은 과연 누구인가? 당신인가, 아니면 당신의 경제적 신념인가?

*

예전에 억만장자 부모를 둔 어떤 남자를 만난 적이 있다. 그의 부모가 억만장자가 된 지는 벌써 수십 년이 지났다. 덕분에 40대 정도로 보이는 그 사내는 우리 같은 사람은 상상도 할 수 없을 만큼 풍요로운 환경에서 자랐다. 거대한 저택, 전용 비행기, 전속 운전기사, 집사. 그는 어떤 물건이든 원할 때 원하는 만큼 살 수 있었다.

하지만 그를 만나자마자 보통 사람과 다름없는 모습에 적지 않게 놀랐다. 그는 소탈하고, 겸손하고, 예의 바르고, 이해심 깊고, 진정성 있고, 공감력이 뛰어났다. 버릇없이 키워진 부잣집 아들의 이미지와는 정반대의 인물이었다. 그가 나고 자란 환경을 생각하면 참으로 놀라운 일이 아닐 수 없었다.

나는 부모님이 그를 어떻게 키웠기에 그토록 인성이 훌륭하냐고 물었다. 그렇게 큰 부자가 자신의 아이를 '보통 사람'처럼 키울 수 있었던 비결은 무엇일까?

그가 대답했다. "전혀 복잡하지 않습니다. 돈이 우리 가족의 정체성이 된 적이 한 번도 없거든요."

그렇다면 당신 가족의 정체성은 무엇인가?

"서로 사랑하고, 좋은 고용주가 되고, 훌륭한 시민이 되는 것. 그게 우리가 늘 얘기하던 주제였습니다. 그리고 우리가 서로를 평가하는 기준이기도 했죠."

그의 가족은 자신이 아는 누구보다 돈이 넘쳐났고 화려한 물건도 많았지만, 부모님은 그게 남들보다 우월하다는 뜻이 아니라는 걸 끊임없이 강조했다. 돈은 그들이 진정으로 추구하는 정체성을 강화해주는 도구였을 뿐 그들의 삶을 통제하거나 정체성을 정의하는 주인이 아니었다.

"아이들이 성격이 나빠지고 버릇이 없어지는 건 부모가 좋은 물건을 너무 많이 사 주기 때문이 아닙니다. 좋은 물건이 많으면 남보다 더 나은 사람이 될 수 있다고 부모가 가르치기 때문입니다." 버릇없는 아이를 둔 부모들은 돈을 많이 벌고 많이 쓰는 게 그들의 정체성에서 중요한 부분을 차지하는 경우가 많다. 그들이 거울을 들여다볼 때 눈에 보이는 것은 단 하나, 바로 돈이다. 돈, 돈, 돈. "나는 돈이 많은 사람이야." 그것이 그들의 정체성이다.

심지어 지난 세기에 활동한 투자자 중 가장 영리하고 합리적인 인물로 알려진 찰리 멍거도 자신의 경제적 정체성에서 벗어나지 못했던 것 같다.

수십억 달러의 자산을 보유한 전설적인 억만장자였던 멍거는 2023년 세상을 떠나기 직전에 있었던 인터뷰에서 이렇게 말했다. "내가 조금 더 똑똑하고 판단이 빨랐다면 결과가 훨씬 좋았을 겁니다."[87]

"그게 무슨 말씀이죠? 당신은 삶에서 이룰 수 있는 것은 모두 이루지 않았나요?" 인터뷰 진행자였던 CNBC 방송국의 베키 퀵이 물었다.

"내가 좀 더 잘했다면 수십억 달러가 아니라 수조 달러를 벌었겠죠."

"아직도 그런 생각을 하십니까? 도대체 어떤 일을 다르게 할 수 있었을까요?" 퀵이 물었다.

"그래요, 아직 그런 생각을 하며 삽니다. 좀 더 똑똑한 사람이 될 수도 있었을 텐데, 더 열심히 일할 수 있었을 텐데 하고 생각해요." 멍거가 말했다.

그가 한 말은 여러 가지 의미로 해석할 수 있다. 그는 전문적인 투자자였으므로 돈이 정체성의 중요한 부분을 차지하는 것은 어쩔 수 없는 일이었을 것이다.

하지만 평범한 사람이 멍거와 똑같은 사고방식을 지녔다고 상상해보라. 당신은 경제적으로 엄청난 성공을 거뒀다. 이젠 은퇴해서 하고 싶은 일만 하며 살아도 문제가 없다. 하지만 당신은 여전히 더 많은 돈을 벌고, 모으고, 투자하는 일에만 정신이 팔려있다. 그런 사람은 한둘이 아니다. 돈은 그들의 정체성이다.

그들에게 이렇게 묻고 싶다.

당신은 살기 위해 돈을 버는가, 돈을 벌기 위해 사는가?
돈은 당신의 도구인가, 아니면 주인인가?

돈이 당신을 섬기는가, 당신이 돈을 섬기는가?

＊

돈이 당신의 정체성에 해로운 영향을 미치지 않게 하려면 어떻게 해야 할까? 다음 몇 가지를 제안한다.

> 첫째, 생각을 바꾸고, 생활 방식에 변화를 주고, 소비 습관을 고치고, 새로운 것을 시도할 수 있는 능력을 소중히 여겨라.

세상이 달라지고 상황이 변했는데도 생각을 바꾸지 못한다는 말은 당신의 정체성 속에 뭔가 위험한 요소가 스며들어 삶을 통제하고 있다는 증거다.

비자 카드의 설립자인 디 호크Dee Hock는 훌륭한 말을 남겼다. "신념이 절대적인 믿음이 되면 위험하다."

종교나 정치가 사람들 사이에서 논란을 불러일으키는 이유는 종교적 신념이나 정치적 신념이 정체성의 한복판을 차지하기 때문이다. 당신은 특정한 개념이나 철학을 다루는 게 아니라, '집단' 또는 '소속감'과 상대하는 것이다. 디 호크가 남긴 또 다른 말은 그 상황을 잘 설명해준다. "인간은 특정 대상을 향해 무한한 믿음을 품는 능력을 타고난다. 그 믿음이 진리여서가 아니라, 그렇게 믿는 게 유리하기 때문이다."[88] 사람들이 지나치게 강력한 경제적 신념을 품는 일도 이에 못지않게 위험하다.

나는 심리적 유동성mental liquidity이라는 개념을 좋아한다. 세상이 바뀌거나 새로운 정보가 입수됐을 때 과거의 믿음이나 전략을 언제라도 바꿀 수 있는 능력을 뜻하는 말이다.

강한 신념conviction이란 어떤 일이 있어도 기존의 생각을 절대 고치지 않겠다는 굳은 의지의 표현일 뿐이다. 하지만 그런 사고방식은 위험하다. 사람들은 신념이 강하다는 말은 무조건 좋은 의미로 받아들이고, 뭔가에 대해 의견이 확실하지 않다는 말은 세상이 어떻게 돌아가는지 잘 모른다는 뜻으로 해석하는 경향이 있다. 우리에게는 '강한' 믿음을 '유연하게' 지키는 전략이 필요하다.

나는 지금 내 나이에서는 미래를 위해 저축하는 일이 꼭 필요하다고 믿는다. 하지만 더 나이가 들면 그런 전략을 내려놓고 일하는 시간을 줄이면서 그때까지 모은 돈으로 삶을 즐기고 살 생각이다. 마찬가지로 내가 지금 어디에 돈을 쓰고 싶은지, 나 자신이 어떤 사회경제적 계층에 속해있다고 생각하는지도 시대나 상황에 따라 얼마든지 달라질 수 있다.

우리의 목표는 자기가 원하는 대로 삶을 살아가는 것이며, 돈이 그 과정에서 우리를 돕게 하는 것이다. 경제적 신념과 개인적 정체성이 결부되지 않는 사람만이 목표 지점에 도달할 수 있다. 당신이 경제적 독립과 행복을 얻는 데 필요한 것보다 더 많은 돈을 원한다면, 그건 단지 돈 세는 취미를 원한다는 뜻으로밖에 해석할 수 없다.

돈은 당신의 정체성을 강화하는 도구가 되어야 하며, 그 자체가 목적이 되어서는 안 된다.

당신이 독립적으로 사고한다는 말은 하나의 주제에 대해 품고 있는 신념으로는 다른 주제에 대한 신념을 예측하지 못한다는 뜻이다. 가령 당신이 어떤 정당을 지지한다고 밝히는 순간 이민, 낙태, 세금, 총기 같은 사회적 문제에 대한 견해를 곧바로 예상할 수 있다면 당신은 과연 독립적으로 사고하는 것인가, 아니면 그냥 무리를 따라다니는 것인가?

돈도 마찬가지다. 특히 평균 이상의 소득을 올리는 사람들에게 그런 성향이 두드러진다. 예를 들어 당신의 소득 수준이 어느 정도인지 얘기하는 순간 당신이 어떤 자동차를 몰고 다니고, 어떤 집에 살고, 어떤 옷을 입고, 어떻게 휴가를 보내는지가 뻔히 들여다보인다고 하자. 이런 경우 당신은 개인적인 취향이나 특성에 맞춰 돈을 쓰는 것인가, 아니면 사회의 요구나 분위기에 따라 돈을 소비하는 것인가?

내 주위에서 가장 효과적으로 돈을 쓰는 사람들은 하나같이 지출 습관이 변화무쌍하다. 어떤 곳에는 많은 돈을 쓰고, 어떤 곳은 아예 거들떠보지도 않는다. 어떤 소비는 가치 있게 생각하고, 어떤 소비는 전혀 관심을 두지 않는다. 그들은 독립적인 사고자

다. 돈을 섬기는 대신 돈의 섬김을 받는다.

영국의 시인이자 소설가인 러디어드 키플링_{Rudyard Kipling}은 이런 글을 썼다. "군중과 어울릴 때도 덕을 지키고, 왕과 더불어 걸을 때도 소탈함을 버리지 않는 사람은 위대함을 향해 나아가는 것이다."

다음 장에서는 돈에 대한 믿음이 당신의 정체성을 통제하지 못하게 하는 법을 소개한다. 그 비결은 새로운 일을 시도하는 것이다.

Money,
Mind,
and
Meaning

/

당신은 살기 위해 돈을 버는가, 돈을 벌기 위해 사는가?

돈은 당신의 도구인가, 아니면 주인인가?

돈이 당신을 섬기는가,

아니면

당신이 돈을 섬기는가?

/

15

'그것'을 찾아서

무엇을 구매할지를 배우기보다
무엇을 포기할지를 배우는 게 더 중요하다.

예산이 허락하는 범위 내에서

모든 형태의 지출을 실험하라.

그리고 당신에게 행복을 안겨주지 못하는 지출을

단호히 잘라내라.

DNA의 이중 나선 구조를 발견한 생물학자 프랜시스 크릭Francis Crick은 노벨상을 받은 비결이 무엇이냐고 묻는 사람에게 이렇게 대답했다. "간단합니다. 무엇을 무시해야 하는지 알았기 때문이죠."[89]

영리한 사람들은 하나같이 그런 식으로 일한다. 알베르트 아인슈타인 역시 자신의 가장 큰 과학적 재능이 수천 편의 논문이나 실험 자료 중에서 중요한 것만 골라내고 다른 것은 무시하는 능력에 있다고 말한 적이 있다.[90]

언뜻 듣기에는 사소한 비결처럼 들린다. "효과가 있는 것만 찾아내어 그곳에 집중하라. 나머지는 무시하라."

하지만 이 전략에는 많은 지혜가 담겨 있다. 게다가 이 지혜는 당신이 돈을 어떻게 쓸지를 결정할 때도 완벽하게 적용할 수 있다. 그 얘기를 하기 전에 내가 책을 고를 때 활용하는 아이디어를 하나 소개한다.

＊

나는 '큰 깔때기와 촘촘한 여과지' 전략을 사용해서 읽을 책을 선택한다. 처음에는 최대한 많은 책을 읽기 시작해서 그중 몇 권만을 끝까지 독파하는 것이다.

당신이 첫 장을 펼친 모든 책을 끝까지 읽겠다고 고집하면 어느 순간 독서는 따분한 일이 되어버린다. 책의 앞부분에는 대개 전체의 내용이 요약되어 있다. 그 내용을 훑어보고도 흥미를 느끼지 못한다면 당신에게 적당한 책이 아니다.

모든 책을 끝까지 다 읽는 일은 자칫 힘겨운 노동이 될 수도 있다. 그건 지루하고, 불만족스럽고, 시간을 낭비하는 작업이다. 독서를 그런 관점으로 바라보는 순간 책장에서 다른 책을 꺼내 들고 싶은 의욕도 사라질 것이다. 내 생각에는 각종 여론 조사에서 미국인의 절반 가까이가 전혀 책을 읽지 않는다는 결과가 나온 것도 그 때문인 듯싶다.[91]

안타까운 일이다. 마크 트웨인은 이렇게 말했다. "좋은 책을 읽지 않는 사람은 책을 전혀 읽지 못하는 사람에 비해 아무런 장점이 없다." 내가 아는 현명한 사람들은 한결같이 열정적인 독서광이다. 그들은 자신이 아는 현명한 사람들도 모두 열정적인 독서광이라고 입을 모은다. 이 규칙에는 예외가 없다.

시중에 출시된 영어로 쓰인 책은 400만 종이 넘는다. 그중에서 당신이 좋아하는 책(같은 작가, 같은 장르, 같은 주제)만 골라서 읽는다면 당신의 삶을 바꿔주고 당신이 미처 깨닫지 못한 즐거움을 선사할 수많은 책을 놓칠 수 있다.

이 두 가지 상반된 현실(책은 대부분 끝까지 읽을 필요가 없지만, 어떤 책은 삶을 바꿔놓는다는 현실) 사이에는 분명한 갈등이 존재한다. 따라서 독서를 통해 최대의 가치를 얻고자 하는 사람은 '풍부한 투입물'과 '촘촘한 여과지'라는 두 가지 도구를 갖춰야 한다.

어떤 책이 됐든 조금이라도 관심이 끌린다면 첫 장을 펼쳐보라. 어떤 종류의 책이든 상관없다. 손톱만큼의 흥미라도 느껴진다면 훌륭한 독서의 동기가 될 수 있다. 소설, 논픽션, 로맨스, 전쟁사 등 어떤 장르든 일단 시도하라. 당신이 생각할 수 있는 가장 큰 깔때기에 모든 것을 들이붓고 새로운 아이디어를 탐구하는 것이다.

그런 한편 당신에게는 튼튼하고 촘촘한 여과지가 필요하다. 그 책이 당신 취향이 아니라면 속히 다음 책으로 넘어가라. 책을 걸러내는 작업은 단호해야 한다. 타협하지도 말고 사정도 봐주지 마라. 데이트 상대를 고를 때처럼 책을 읽고 10분이 지났는데도 별다른 감흥이 없다면 독서가 행복한 결말로 마무리될 확률은 높지 않다. 몇 페이지 읽은 뒤에 책을 집어 던진다고 부끄러움이나 죄책감을 느낄 필요는 없다. 세상에는 훌륭한 책이 수없이 많다. 가서 고르면 된다.

나는 이 전략을 받아들인 뒤에 많은 것이 달라졌다. 그전에는 내가 좋아하리라고 생각지도 못했던 많은 책을 찾아냈다.

원래는 소설이라는 장르를 즐기는 편이 아니었다. 하지만 여러 종류의 소설을 10권만 읽어보자고 다짐했고, 그러다가 정말로 마음에 드는 책들을 발견했다. 역사도 마찬가지다. 고등학교 때는 가장 지루하게 생각했던 과목이지만 몇 가지 새로운 주제에 관한 서적을 읽은 뒤에는 이 분야의 책을 아무리 많이 읽어도 부족함을 느낀다. 또 독자들의 후기가 나쁜 책을 재미있게 읽은 적도 있고, 반대로 후기가 좋은 책들을 몇 페이지 읽다가 포기한 적도 있다.

내가 이런 과정을 거치며 얻은 교훈이 있다. 직접 시도하기 전에는 자신이 어떤 책을 좋아할지 알 수 없다는 것이다. 당신이 수백만 종의 새로운 책을 시도할 유일한 방법은 튼튼하고 촘촘한 여과지를 통해 본인에게 맞지 않는 책을 곧바로 걸러내는 것이다.

돈을 쓰는 일도 마찬가지다.

*

내게는 아무런 문제가 없는 씀씀이가 남들에게 터무니없이 받아들여지는 경우는 수없이 많다.

어떤 사람은 해외여행을 좋아하지만, 어떤 사람은 집에서 한시도 떨어지지를 못한다. 근사한 레스토랑에서 식사하기를 좋아하는 사람이 있는가 하면, 소박한 식당에서 값싼 피자를 즐기는 사람도 있다. 내 지인 중에는 일등석 비행기표를 사는 게 세상에서 가장 어리석은 짓이라고 말하는 사람이 있다. 반대로 어떤 사람은 이등석이나 삼등석 좌석에는 아예 앉을 엄두도 내지 못한다. 내 친구 하나는 운동화만 500켤레를 사 모았다. 나는 평생을 가도 그런 수집벽은 이해하지 못할 것 같다.

나는 사업가이자 작가인 라밋 세티Ramit Sethi의 조언이 마음에 든다. 좋아하는 곳에는 마음껏 돈을 쓰고, 좋아하지 않는 곳에는 가차 없이 지출을 줄이라는 것이다. 세티는 한 가지 예를 들어 자신의 논리를 설명한다. 그는 옷을 무척 좋아하지만, 자동차에는 별 관심이 없다. 따라서 옷은 부자처럼 입으면서 자동차는 가난한 사람처럼 타고 다닌다.

당신이 라밋의 선택에 동의하지 않는다면, 내 말의 요점을 제대로 이해한 것이다. 모든 사람은 다르다. 사람들에게는 저마다의 '그것'이 있다. 당신의 '그것'을 찾아내는 유일한 길은 수없이 많은 것을 시도해보고, 내게 기쁨을 가져다주지 않는 것을 과감히 물리치고, 나를 행복하게 해주는 것을 찾아내는 것이다. 돈을 지출하는 일이야말로 큰 깔때기와 촘촘한 여과지가 꼭 필요한 삶의 영역이다.

음식, 여행, 옷, 스포츠 경기, 다양한 체험 등 예산이 허락하는 범위 안에서 무엇이든 경험하고 시도해보라. 그리고 당신에게 행복을 안겨주지 못하는 지출은 재미없는 책을 집어 던지듯 곧장 그만두어라.

이런 '제거' 과정을 여러 번 반복하다 보면 당신에게 꼭 맞는 소비 항목을 발견하게 될 것이다. 그러면 즐겁지 않은 곳에 지출하는 돈을 줄임으로써 당신을 행복하게 해주는 곳에 더 많은 돈을 쓸 수 있다.

다양한 소비 항목을 시도해볼수록 자신에게 적합한 지출 유형을 더 효과적으로 찾아낼 수 있다. 큰돈을 쓸 필요도 없다. 10달러짜리 새로운 음식이든, 50달러짜리 선물이든, 지금 신은 것보다 조금 더 좋은 신발이든 무엇이든 상관없다.

알베르트 아인슈타인이나 프랜시스 크릭도 날 때부터 각자의 분야에 정통한 사람이 아니었다. 당연히 그런 사람은 아무도 없다. 그들은 수많은 연구 자료를 꼼꼼하게 검토해서 쓸모없는 것들을 신속하게 추려냈을 뿐이다.

이 전략은 돈을 쓰는 데도 유용하다. 무엇이 당신을 행복하게 해주는지를 규정하는 보편적인 지침은 없다. 당신이 직접 다양한 것들을 시도해보며 자신에게 맞는 것을 골라내고, 나머지는 잘라내야 한다.

큰 깔때기와 촘촘한 여과지를 기억하라.

*

당신의 '그것'을 찾는 과정에서 유념해야 할 몇 가지를 소개한다.

　　　　　돈의 방정식

어떤 사람이 당신에게 "나는 음식 먹는 걸 별로 좋아하지 않아요. 만족스러운 식사를 해본 적이 한 번도 없어요"라고 말하면, 당신은 그 사람이 아직 많은 음식을 경험해보지 못한 게 분명하다고 생각할 것이다.

돈도 마찬가지다. 영화 〈보일러룸Boiler Room〉에는 이런 대사가 나온다. "돈으로 행복을 살 수 없다고 말하는 사람들은 돈이 없는 사람들이다." 나는 그 말을 이렇게 바꾸고 싶다. "돈으로 행복을 살 수 없다고 말하는 사람들은 아직 자신의 '그것'을 찾지 못한 사람들이다. 찾을 때까지 열심히 노력하라. 더 큰 깔때기를 사용하라."

'그것'이 꼭 물질적인 소유물일 필요는 없다. 어려운 사람들에게 돈을 기부하거나 경제적 독립을 이루기 위한 용도로 돈을 이용할 수도 있다. 열심히 찾기만 한다면 누구나 자신만의 '그것'을 발견할 수 있다.

흔히들 가장 비싼 제품이 자신에게 가장 큰 기쁨을 안겨주리
라고 생각한다. 물론 그럴 때도 있지만, 그렇지 않을 때가 훨씬 더
많다.

제품의 가격이 소비자에게 제공하는 기쁨의 크기에 비례한다
고 믿는 사람들은 비즈니스의 역사에서 가장 중요한 교훈을 놓치
고 있는 것이다. 유명 브랜드의 제품은 소비자에게 프리미엄 가격
을 요구하는 경우가 많다. 하지만 브랜드의 존재 가치는 품질을
보증하는 게 아니라 일관성을 보증하는 데 있다.

1850년대 이전에 살았던 미국인들은 자기가 태어난 곳에서 수
십 마일 이상 벗어날 일이 거의 없었다. 삶의 영역은 각자가 거주
하는 지역으로 한정됐다. 사람들은 지역에서 생산된 음식을 먹었
고, 지역에서 자라난 나무로 집을 지었다. 옷도 마을의 재봉사가
만들었다. 모든 사람은 누가 어떤 물건을 만들었는지 알 수 있었
다. 대부분은 자기 자신이었다.

산업혁명과 남북전쟁은 그런 상황에 극적인 변화를 가져왔다.
수백만 명의 민간인과 군인이 갑자기 이곳저곳으로 이동을 시작
했다. 새로 개통된 철도는 엄청난 양의 물건을 매우 빠른 속도로
아주 먼 곳까지 실어 날랐다.

미국의 경제학자 로버트 고든_{Robert Gordon}은 자신의 책《미국 번
영의 흥망성쇠_{The Rise and Fall of American Growth}》에서 이렇게 썼다. "미
국이 도시 중심적인 국가로 바뀌고 소득이 증가하면서 사람들이
자기가 거주하는 지역에서 생산된 음식과 의복을 소비하는 비율

은 급격히 낮아졌다. 남북전쟁에 북군 편으로 참전한 수많은 미국 남성은 태어나서 처음 통조림 식품을 맛보았다."

이는 역사상 가장 큰 변화 중 하나였는데, 여기에는 한 가지 문제가 있었다. 소비자들은 음식을 만든 사람과의 단절을 처음으로 경험했다. 그전까지는 음식이 상하면 그 제품을 만든 지역의 상인을 찾아가 얼굴을 맞대고 항의할 수 있었다. 하지만 통조림 식품을 공급하는 업체는 수십 개가 넘었다. 일반 소비자들은 공급업체가 누군지 찾아낼 재간이 없었다. 제조자에게 아무런 책임이 돌아가지 않으니 제품의 품질은 엉망이었다.

1869년 〈하퍼스 위클리 Harper's Weekly〉라는 주산시에는 이런 기사가 실렸다. "도시에 사는 사람들은 건강에 좋지 않은 음식(깡통에 든 음식)을 구매하면서 끊임없는 위험에 시달린다. 업자들은 부도덕하고, 대중은 무지하다." 사람들은 도대체 누구를 믿어야 할지 몰랐다.

이 문제를 해결한 회사가 윌리엄 언더우드 컴퍼니 William Underwood Company였다. 언더우드는 통조림 식품을 납품하던 공급업자 중 한 사람이었다. 깡통에 든 식품의 품질에 일관성이 없다는 세간의 평판을 잘 알고 있던 그는 소비자들이 자기 회사의 제품을 알아볼 수 있도록 붉은색 악마 모양의 로고를 제작해 이를 깡통 겉면에 붙였다. 그리고 이런 광고 문구를 덧붙였다. "악마의 브랜드, 신의 품질."

이 회사의 로고는 과거 고객과 얼굴을 맞대고 식품을 판매하던 사람들이 오랫동안 쌓아 올린 친숙한 이미지를 순식간에 창조해냈다. 소비자들은 어디서든 빨간색 악마를 보면 그 제품이 특정 회사가 특정 품질 기준에 맞춰 생산한 특정 제품이라는 사실을 알 수 있었다. 고객들은 기꺼이 더 비싼 값을 치르고 언더우드의 식품을 구입했다. 누가 만들었는지 알지도 못하는 다른 제품에 도박을 거는 위험을 피하고 싶었기 때문이다.

1867년 언더우드는 워싱턴 D.C.로 자신의 로고를 가지고 가서 처음으로 연방 상표를 등록했다. 어느 모로 보나 이는 미국 최초의 브랜드라고 부를 만했다.

이 사례의 요점은 브랜드가 제품의 일관성을 보증하는 역할을 해왔다는 것이다. 우리는 맥도날드가 세상에서 가장 맛있는 햄버거를 만들지는 못하지만, 디트로이트의 맥도날드 햄버거가 덴마크의 맥도날드 햄버거와 맛이 똑같다는 사실은 알고 있다.

제품의 일관성은 소비자들에게 높은 가치를 제공하지만, 그 대가로 우리에게 프리미엄 가격을 요구한다. 하지만 현대의 경제 체제에서는 프리미엄 가격이 꼭 제품의 품질을 보장하는 것은 아니다. 당신은 품질에 돈을 치르기보다는 일관성에 돈을 낸다.

높은 가격이 반드시 높은 품질을 의미하지 않는다는 사실을 깨닫게 되면, 더 다양한 소비 유형을 시도해볼 필요성이 커진다. 나는 유명한 5성급 레스토랑의 고급 음식보다 동네의 작은 가게에서 먹는 7달러짜리 부리또가 더 맛있게 느껴진다. 그리고 100달러가 넘는 티셔츠보다 12달러짜리 옷이 더 마음에 들 때도 있다.

화려한 브랜드에 정신을 팔지 말고, 자신을 가장 행복하게 해주는 물건에 초점을 맞추면 눈앞에 새로운 기회의 세계가 펼쳐질 것이다.

당신이 아무리 많은 것을 시도해본다고 해도, 지루한 책을 집어 던지듯 자신에게 적합하지 않은 것을 즉시 중단하는 기술을 익히지 못하면 그 모든 시도는 아무런 쓸모가 없나.

현대인들의 소비에 내포된 위험 요소 중 하나는 광고를 많이 하고, 이름이 알려지고, 비싼 제품이 자신의 마음에 들 거라고 넘겨짚는다는 것이다. 물론 당신이 그 제품을 진심으로 좋아할 수도 있겠지만, 어쩌면 광고의 심리적 위력에 완전히 속아 넘어간 것일 수도 있다.

자신의 취향에 맞지 않는 소비를 빠르게 깨닫고 중단하는 능력은 돈의 세계에서 가장 간과되는 기술 중 하나다. 이 기술을 익히기 위해서는 강한 독립성을 갖춰야 할 뿐 아니라, 남들이 좋아하는 것이 내게도 최고의 선택이 되어야 한다는 사회적 압박에서도 벗어나야 한다.

내 이론은 이렇다. 광고에 휘둘리는 사람일수록 삶의 만족도가 떨어진다. 당신은 누군가가 당신에게 어떤 물건을 좋아해야 한다고 알려주기를 바란다. 왜냐하면 자기가 무엇을 좋아하는지 아직 깨닫지 못했기 때문이다.

당신에게 필요한 해결책은 무엇을 사야 할지를 알아내는 게 아니라 어떤 지출을 중단해야 할지 깨닫는 능력을 기르는 것이다. 상술의 함정에 빠지지 마라.

세상에서 가장 강력한 힘인 진화의 원리는 환경에 적응하는 개체를 선택하고 그렇지 못한 개체를 소멸시키는 '제거'의 과정을 통해 생태계를 유지한다. 돈을 지출하는 일도 마찬가지다. 촘촘한 여과지가 없다면 아무리 큰 깔때기가 있어도 소용없다.

나심 탈레브는 이렇게 말한다. "상대가 제안하는 돈을 받아들이기보다 거절해서 더 행복을 느낀다면 당신은 부자다." 나는 이 말을 이렇게 살짝 바꾸고 싶다. "구매한 물건보다 구매하지 않은 물건에서 더 행복을 느낀다면 당신은 현명한 사람이다." 이것저것 사봤지만 내게는 그 물건들이 맞지 않았다고 말할 수 있다면 당신은 올바른 길을 걷고 있는 것이다.

나이가 들수록 세월이 빨리 흐른다는 말이 있다. 아홉 살 아이에게는 여름 방학이 영원과도 같은 긴 시간이지만, 60대 노인들에게 여름 한 철은 눈 깜빡할 사이에 지나가는 순간일 뿐이다.

왜 이런 심리적 차이가 생길까. 학자들에 따르면 시간의 길고 짧음에 대한 인식은 특정 기간에 발생한 새롭고 특별한 기억의 양에 좌우된다고 한다. 아침저녁으로 똑같은 출퇴근길을 시계추처럼 오가는 사람들은 20년이 지나도 별다른 기억을 쌓지 못한다. 하지만 태어나서 처음으로 여름 캠프에 참가한 소년이나 이 우주가 얼마나 큰지 이제 막 알게 된 아이는 평생 잊지 못할 환상적인 추억을 만들 수 있다.

단조로움은 시간을 빨리 흐르게 하고, 다양함은 시간의 속도를 늦춘다.

돈을 쓸 때도 마찬가지다. 당신이 예전에 시도하시 못했던 새로운 경험이나 제품은 다른 방법으로 얻기가 불가능한 감동을 삶에 더해줄 수 있다. 비록 새로 산 물건이 취향에 맞지 않았더라도 그렇게 새로운 일을 시도하면서 쌓아 올린 기억과 지식은 매일 반복되는 단조로운 경험보다 훨씬 짜릿한 느낌을 선사할 것이다.

다양성은 예상치 못한 삶의 변동성으로부터 우리를 지켜주는 역할도 한다. 작가 겸 심리 치료사 앤서니 드 멜로_{Anthony De Meollo} 신부는 이렇게 말했다.[92] "천 가지의 꽃향기를 즐기는 법을 배운다면 한 가지의 꽃향기에 매달리지 않을 것이며, 그것을 얻지 못했다고 괴로워하지도 않을 것이다."

*

이번 장에서 나는 '그것', 즉 당신의 삶을 풍요롭고 행복하게 만드는 소비 항목을 찾을 것을 제안했다. 모든 사람에게는 저마다의 '그것'이 있으니 '그것'을 찾기 위해 큰 깔때기와 촘촘한 여과지를 사용하라고 말했다.

다음 장에서는 내가 정말 중요하게 생각하는 주제에 대해 말하려 한다. 바로 돈으로 살 수 없는 것에 관한 이야기다.

예전에 들은 어느 신부의 말을 잊을 수가 없다. 그 신부는 병원에서 임종을 맞는 환자들을 위해 마지막 의식을 집전하는 일을 수십 년 동안 해왔다. 그러다 보니 사랑하는 이를 떠나보내는 사람들이 마지막으로 어떻게 작별의 말을 전하는지 수없이 지켜보게 됐다.

자녀들은 부모가 숨을 거두기 직전, 간절한 마음으로 신부에게 묻는다. "제 삶에 그토록 중요한 역할을 해주신 부모님께 어떻게 작별 인사를 드려야 할까요?" "그분들이 제게 얼마나 큰 의미가 있는지 어떻게 말씀드려야 할까요?"

신부는 환자의 자녀들에게 이렇게 조언한다. "한 사람씩 방으로 들어가 본인이 가장 감사함을 느끼는 한 가지만 부모님께 말씀드리세요."

신부는 말했다. "구성원들 사이에 문제가 많은 가족, 그러니까 관계가 불편한 가족의 자녀들은 돈에 관련된 감사를 전하는 경우가 많습니다. 대학에 보내주셔서 감사해요. 밥을 차려주셔서 감사해요. 차를 사 주셔서 감사해요. 그런 거죠. 하지만 가족들이 서로 사랑하고 관계가 돈독한 가족들은 늘 같은 말을 하더군요. '저를 믿어주셔서 감사해요.'"

물론 돈으로 살 수 없는 것은 많다. 그중에서도 나는 가족을 특별하게 생각한다. 다음의 짧은 이야기를 소개한다.

어떤 아빠가 매주 어린 아들과 함께 게임을 하며 놀았다. 아빠는 아들에게 10센트짜리 동전과 5센트짜리 동전을 보여주고 눌 숭 하나를 고르게 했다.

아이는 매번 5센트짜리 동전을 골랐다. 형은 아이에게 정신이 나갔느냐고 물었다. 10센트짜리 동전이 당연히 더 가치가 높기 때문이다. 그러자 아이가 대답했다. "10센트짜리를 집으면 아빠가 이 놀이를 더는 안 할 거 아냐."

당신이 운이 좋아 아이들을 위해 또는 친구, 이웃, 동반자를 위해 쓸 돈이 넉넉하다면, 당신이 사랑하는 사람들은 돈 못지않게 당신의 사랑과 관심도 원한다는 사실을 기억하라.

다음 장에서는 돈과 자녀에 대한 이야기를 해보겠다.

"돈으로 행복을 살 수 없다고 말하는 사람들은
돈이 없는 사람들이다."

나는 그 말을 이렇게 바꾸고 싶다.

"돈으로 행복을 살 수 없다고 말하는 사람들은
아직 '그것'을 찾지 못한 사람들이다.
찾을 때까지 열심히 노력하라."

16

내 아이들에게 보낸 편지

자녀에게 돈, 그리고 무엇을 가르쳐야 할까.

가치, 근면한 노동, 경제적 지원,

그리고 자식의 삶을 망치지 않을 방법에 대해

세계에서 가장 부유한 사람 중 한 사람인 존 D. 록펠러는 뉴욕의 아스토리아 호텔로 걸어 들어갔다. 집을 수리하는 동안 잠시 머물 방이 필요했기 때문이다.

록펠러는 호텔 직원에게 가장 저렴한 방을 달라고 말했다. 직원은 이렇게 대답했다. "록펠러 씨, 이곳에는 더 좋은 방도 많습니다. 아드님은 이 호텔에 묵을 때마다 귀빈용 스위트룸을 이용하십니다."

록펠러가 말했다. "그렇군요. 그렇지만 나는 내 아들처럼 돈 많은 아버지가 없어서요."[93]

돈과 자녀의 관계를 효과적으로 관리하기란 매우 어렵다. 게다가 그건 부유한 사람들만 겪는 문제도 아니다. 통계에 따르면 18세부터 34세 사이의 자녀를 둔 미국 부모 중 60퍼센트가 전년도에 아이들을 경제적으로 지원했다고 한다.[94] 중산층 시민들은 아이들에게 한 주에 얼마나 용돈을 줘야 할지, 아이들이 대학을 가면 어떻게 경제적 지원을 해야 할지, 나중에 얼마나 많은 유산을 남겨주어야 할지 늘 고민한다.

그러나 돈에 관련된 다른 많은 주제처럼, 이 문제도 스프레드시트를 펼쳐놓고 논리적으로 분석해서 풀어낼 수는 없다. 여기에는 심리학, 사회학, 인간의 감정 같은 요소가 복잡하게 얽혀 있다. 사실 돈과 자녀라는 주제는 모든 종류의 금전적 문제 중에서도 '감정'이 담당하는 역할이 가장 크다. 나는 손톱만큼의 감정적 개입도 없이 아이들의 경제적 미래를 냉정하게 판단하는 부모를 한 번도 만나본 적이 없다.

*

돈과 자녀에 관련된 주제 중에서도 가장 어렵고 민감한 문제는 부모의 돈으로 자녀들을 망치지 않고 그들의 삶에 도움을 줄 방법을 찾아내야 한다는 것이다.

찰리 멍거의 부자 친구 한 명이 멍거에게 물었다. "너무 많은 돈을 물려주면 아이들의 의욕과 야망을 망가뜨리지 않을까?"

"당연히 그렇겠지." 멍거가 말했다. "그래도 물려줘야 해."

"왜?" 친구가 물었다.

"돈을 물려주지 않으면 아이들이 자네를 미워할 테니까."

멍거의 수많은 조언은 강렬한 인상을 남긴다. 그의 말은 어느 정도 옳다. 부유한 부모는 아이들에게 돈을 물려주기에 앞서 두 가지 선택지를 두고 고민해야 한다. 많은 유산을 남겨 아이들의 야망에 찬물을 끼얹을 것인가, 아니면 아이들에게 너무 쉬운 삶을 허락하지 않음으로써 부모 자식 사이에 갈등이 생겨날 위험을 감수할 것인가.

워런 버핏은 복지 사회의 위험성을 강조하는 부자들을 언급한 적이 있다. 그들은 과도한 복지 정책으로 인해 무료 식품 배급표나 실업 수당에 의지해서 살아가는 세대가 양산된다고 비판한다. "하지만 그 부자들은 자신의 아이들에게 평생 무료 식품 배급표를 지급합니다. 다른 점이 있다면 복지 담당관 대신 신탁 관리자가 있고, 식품 배급표 대신 배낭금이 꼬박꼬박 나오는 주식과 채권이 있다는 것뿐이죠."[95]

물론 세상에는 예외적인 경우도 있다. 그러나 그런 예외(부잣집 아이가 자신의 야망에 영향을 받지 않고 재산을 상속받는 상황)가 생겨나는 이유는 아이가 특별하기 때문이지, 부모가 현명한 의사결정을 내렸기 때문이 아니다.

만약 빌 게이츠가 18살 때 10억 달러의 유산을 물려받았다고 해도 자신의 야망을 접는 일은 없었을 것이다. 스티브 잡스나 일론 머스크 같은 사람도 마찬가지다. 마크 저커버그는 22살 때 페이스북을 10억 달러에 팔라는 제안을 받고도 눈 하나 깜빡하지 않았다. 그에게는 고려할 가치조차 없는 제안이었다.

하지만 그토록 큰 야망을 타고난 사람은 매우 드물다. 대부분의 사람은 실패할지도 모른다는 두려움과 압박감으로 인해 하루하루 살아갈 동기를 부여받는다.

내 친구 크리스 데이비스는 대단히 부유한 가정에서 자랐다. 그의 할아버지 셸비 데이비스Shelby Davis는 5만 달러의 밑천을 10억 달러로 키워낸 전설적인 투자자였다. 그런데도 크리스는 자신이 한 푼의 유산도 물려받지 못할 거라는 얘기를 들으며 어린 시절을 보냈다. 그의 가족들은 크리스에게서 스스로 인생을 개척할 기회를 빼앗고 싶어 하지 않았다.

요즘 크리스는 농담처럼 말한다. "그 기회를 조금쯤은 빼앗았어도 좋았을 텐데."

결코 쉬운 문제가 아니다. 여기서 또 하나 생각할 점은, 부모는 특정한 라이프스타일을 고집하면서 아이들에게는 검소하게 살라고 강요하는 것이 과연 괜찮을까 하는 점이다.

당신은 부모로서 좋은 의도를 품고 자녀들이 검소하게 살면서 근면함, 존경심 같은 미덕을 배우기를 바란다. 하지만 그 과정에서 아이들에게 분하고 억울한 마음이라는 엉뚱한 감정을 가르치게 될지도 모른다.

조금 극단적인 예를 들어보자. 당신은 가족 여행을 갈 때 본인은 비행기 일등석에 앉고 아이들은 삼등석에 앉혀서 자녀들에게 이런 메시지를 전하고자 할 수 있다. "나처럼 열심히 일하면 너희도 언젠가는 이런 혜택을 누릴 것이다." 하지만 아이들에게 실제로 전달되는 메시지는 이렇게 달라질지도 모른다. "나는 너희보다 가치 있는 사람이고, 너희가 불편해하는 모습을 즐긴다."

코닐리어스 밴더빌트는 아들 빌리에게 담배를 끊으라고 요구한 적이 있다. 그러자 빌리는 "아버지 뜻이 그러시다면" 하고 말하더니 피우던 시가를 바다에 던져버렸다. 코닐리어스는 자신의 주머니에서 담배를 꺼내 불을 붙이고 한 모금 빨아들인 후에 빌리의 얼굴에 대고 연기를 내뿜었다.[96]

우스운 이야기 같아도 진지하게 생각해야 할 문제다. 부모가 아이들에게 근면함과 검소함의 미덕을 가르치면서 스스로 그 가치를 실천하지 않으면, 이렇게 본인의 힘만 과시하는 결과가 빚어질 수 있다.

내 친구 하나는 어린 시절 가족과 함께 스키 여행을 갔던 이야기를 들려주었다. 친구의 할아버지는 아이들에게 이렇게 말했다. "내가 리프트 표를 사 주기를 바란다면 먼저 산을 한 번 걸어 올라가거라." 할아버지는 아이들에게 그 경험을 통해 노력의 가치를 가르치고 싶었겠지만, 막상 아이들 마음속에 떠오른 것은 '할아버지는 멍청이야'라는 생각뿐이었다. 아이들에게 품위 있는 삶의 가치를 심어주려다가 자칫 그들을 버려놓을 수도 있다.

가정마다 아이를 훈육하는 방식은 다르다. 하지만 아이들이 어려서 부모와 함께 사는 동안에는 부모와 자식의 생활 방식이 같아야 한다. 따라서 부모들은 라이프스타일을 신중하게 택할 필요가 있다. "너희들은 아직 내가 누리는 삶을 즐길 만한 자격이 없어"라는 메시지보다는 "우리 함께 경험하면서 노력의 가치를 배우자"라는 메시지가 훨씬 효과적이다. 아이들에게 모멸감을 안겨주기보다 부모가 앞장서서 모범을 보여야 한다는 것이다.

우리가 라이프스타일을 신중하게 선택해야 하는 또 다른 이유는, 자녀들에게 라이프스타일에 대한 기대치를 심어주는 사람이 바로 부모이기 때문이다.

당신이 큰돈을 번 덕분에 아이들이 어렸을 때부터 고급 승용차를 타고 다녔다고 해보자. 나중에 아이들이 유치원 교사로 일하면서 평범한 차를 타고 다닌다면, 그 아이들은 부끄러움을 느끼지 않을까? 부모보다 실패한 인생이라고 생각하지 않을까? 아니면 높은 급여를 받는 대신 별로 좋아하지 않는 직업을 선택해서 자신이 어렸을 때 경험한 라이프스타일에 맞춰 살려고 애쓰지는 않을까? 만약 아이들이 성장해서 어린 시절처럼 풍족하게 살지 못한다면, 지금 당신이 아이들에게 풍족한 환경을 안겨주는 게 오히려 그들을 실망에 빠뜨리는 원인이 되지 않을까?

세대 간의 성장(부모가 이룬 것과 비슷하거나 그 이상의 삶을 성취했다는 느낌)은 인간의 행복에 중요한 요소다. 작가 제니퍼 브레니 월리스는 이렇게 말한다.[97] "부모와 자식 사이의 유대감은 아이들의 정신 건강에 가장 큰 영향을 미치는 인간관계다. 아이가 부모의 기대치를 충족하지 못하면 그 유대감에 위기가 찾아온다."

무엇이 됐든 당신만의 길을 찾아야 한다. 이는 남이 섣불리 판단할 문제가 아니다. 하지만 지금까지 이야기한 내용을 고려해서 자신만의 라이프스타일을 신중하게 택하길 바란다.

*

우리 아이들이 성인이 되어 스스로 안정적인 삶을 살게 되면 돈과 자녀에 대한 나의 철학도 달라질 것이다.

나는 내 돈으로 아이들이 기댈 수 있는 최후의 안전망을 만들어주고 싶다. 하지만 내 돈이 아이들의 삶을 지탱하는 연료가 되기를 바라지는 않는다. 인생에서 성공하는 비결은 회복 불가능할 정도로 실패하지 않으면서 실패하는 법을 배우는 데 있다. 나는 아이들의 삶이 무너지지 않도록 막아주고 싶다. 그러나 아이들이 내 돈에 의지해서 살아가며 근면함, 품위, 실패를 관리하는 법을 배울 기회를 놓치게 하고 싶지는 않다.

나는 내 아이들에게 이런 내용이 담긴 편지를 보낸 적이 있다.

조금 무정한 말처럼 들릴지 모르지만, 나는 너희가 삶의 어느 순간에 가난한 사람으로 살아보기를 바란다. 너무 힘들고 불행하게 살라는 말은 아니다. 돈이 얼마나 귀한지를 몸소 느끼지 못하면 돈의 가치를 배울 방법이 없다는 뜻이다.

엄마와 아빠는 열심히 일해서 너희에게 기회의 문을 열어주기 위해 노력하고 있지만, 한편 너희를 마냥 응석받이로 키우고 싶지는 않다. 그러면서도 너무 인색한 부모가 되지 않기 위해 애쓰고 있단다.

자신이 원하는 걸 모두 가질 수는 없다는 사실을 깨닫는 것만이 '필요'와 '욕구'의 차이를 이해하는 유일한 길이다. 그래야만 예산을 세우고, 저축하고, 이미 소유한 물건의 가치를 알아보는 법을 배울 수 있다.

너무 큰 상처를 받지 않으면서 검소하게 살아가는 방법을 배우는 일은 너희가 익혀야 할 중요한 삶의 기술 중 하나다. 이 기술은 인생에 반드시 닥쳐올 우여곡절을 헤쳐나가는 데 요긴하게 쓰일 것이다.

작가 로버트 헨더슨의 의견도 비슷하다. 그는 아이들을 성공한 사람으로 키우는 일이 부모의 목표가 되어서는 안 되며, 아이들이 스스로 성공하는 길을 찾도록 키우면 성공은 저절로 따라온다고 말한다. [98]

／ 나는 신분 상승을 추구하는 일이 우리 사회의 우선순위가 되어서는 안 된다고 생각한다. 신분 상승은 그보다 훨씬 중요한 것, 다시 말해 행복한 가족, 경제적 안정, 아이들을 위한 감정적 보호 등의 가치를 추구하는 과정에서 생겨나는 부산물이 되어야 한다.

나는 우리 아이들에게 이렇게 말한다. "성공이란 네가 사랑받고 싶은 사람들에게 진심으로 사랑받는 것을 뜻한다. 그들이 네게 전해주는 사랑의 크기는 네가 쓰는 돈이나 소유한 재산이 아

니라 네가 그 사람들을 어떻게 대하느냐에 따라 달라진다." 내가
아이들에게 해줄 수 있는 가장 중요한 조언은 돈만으로는 삶에서
원하는 것을 모두 얻을 수 없다는 사실이다. 아무리 많은 돈을 써
도 인성, 정직, 공감 능력 등의 부족함을 메울 수는 없다.

그렇게 생각해보면 내가 아이들에게 가르치고 싶은 것은 분명
하다. 주체적으로 일하는 사람이자 믿을 만한 친구, 훌륭한 시민
이 되는 데 필요한 인성과 심리, 삶의 자세다. 이 덕목은 그들이
경제적 성공을 이루는 데도 도움이 될 것이다.

*

'돈과 자녀'라는 주제에 관한 몇 가지 교훈을 소개한다.

> 하나, 워런 버핏은 당신이 실망을 안겨주고 싶지 않은 사
> 람이 옆에 있는 것이 삶에 도움이 된다고 말한다.

생각해보라. 자녀만큼 당신이 실망을 안겨주고 싶지 않은 사람
이 또 있을까. 부모는 자신의 돈이 자녀들에게 어떤 영향을 미칠
지 고민하지만, 때로는 반대로 생각해보는 것도 의미가 있다. 아
이들은 당신의 경제적 의사결정에 어떤 영향을 미치는가?

재무 상담사 칼 리처즈Carl Richards는 좋은 재무 상담이란 "고객
과 어리석음 사이에 장벽을 세우는 것"이라고 말한다. 고객들이

충동에 휘둘려 최악의 의사결정을 내리지 않도록 돕는 게 상담사의 의무라는 것이다. 부모로서 아이들에게 실망을 안겨주고 싶지 않다는 마음도 그런 역할을 해내는 데 도움이 된다.

당신이 알든 모르든 아이들은 늘 당신의 말과 행동에 관심을 기울인다. 부모가 사치스럽고 물질적인 삶을 추구하면 아이들도 똑같이 따라 한다. 반면 부모가 열심히 일하고 가치관이 훌륭하면 아이들도 비슷한 삶을 살 것이다.

자녀가 부모의 정치적 신념을 물려받는다는 연구 결과는 수없이 많다. 퓨 리서치 센터의 설문 조사에 따르면 공화당 성향의 부모를 둔 10대 청소년의 80퍼센트가 공화당을 지지했고, 민주당 성향의 부모를 둔 청소년의 90퍼센트가 민주당을 지지했다고 한다. [99]

놀라운 사실은 부모가 아이들을 일부러 앉혀놓고 어느 정당이 다른 정당보다 나은 이유를 설명하는 경우가 거의 없다는 것이다. 부모들은 특정 정당의 장단점, 이에 관한 반대 의견, 그 의견을 다시 반박하는 견해 등을 아이들에게 상세히 가르치지 않는다. 그런데도 아이들이 부모의 관점을 그대로 물려받는 이유는 그들이 부모를 늘 지켜보기 때문이다.

자녀들은 엄마 아빠가 무심코 내뱉는 말, 뉴스를 보면서 움찔하

 돈의 방정식

고 놀라는 표정, 선거 결과에 대한 반응, 이웃과 나누는 대화 등을 놓치지 않고 관찰한다. 이런 수천 가지 단서가 시간의 흐름에 따라 차곡차곡 쌓이면서(부모가 전혀 의도하지 않았더라도) 아이들의 정치적 신념으로 굳어지는 것이다.

돈에 대한 가치관도 마찬가지다. 당신은 아이들과 저녁 식사를 하면서 돈에 대한 가치관을 진지하게 설명할 필요가 없다. 그들은 이미 알고 있다. 아이들이 아주 어렸을 때부터 당신이 "우리는 그걸 살 돈이 없어" 또는 "이 물건을 사서 행복해"라고 말할 때마다 하나씩 기억을 쌓아가는 것이다.

아이들은 당신이 무엇을 가치 있게 여기는지, 무엇을 낭비하는지를 낱낱이 지켜본다. 그들은 당신이 퇴근해서 월급이 올랐다고 말하며 얼마나 기뻐했는지, 회사에서 해고당했을 때 얼마나 괴로워했는지 기억한다. 이웃이 새로 산 차를 보며 당신이 얼마나 부러워했는지, 돈을 지출하는 문제를 두고 엄마 아빠가 어떻게 다퉜는지도 알고 있다. 아이들은 당신이 욕심을 부린 순간과 알뜰하게 돈을 절약한 순간을 생생하게 기억한다.

아이들은 이 모든 것을 주의 깊게 관찰한다. 아이들의 마음속에 하나씩 쌓인 기억들은 그들이 어른이 됐을 때 돈을 생각하는 관점에 큰 영향을 미친다.

셋, 당신은 아이들이 무엇을 관찰하기를 바라는가?

아이들이 항상 부모를 지켜본다는 사실을 아는 사람은 아이들과 함께하는 매 순간이 그들에게 스스로 모범을 보일 기회라는 사실도 알고 있다.

나는 더 나은 삶을 살기 위한 도구로 돈을 이용하는 법을 아이들에게 가르치고 싶다. 아이들 앞에서 불안과 탐욕을 드러내면서 그들의 삶에 부담을(심지어 해악을) 안겨주고 싶지 않다.

나는 삶에서 가장 중요한 요소(가족, 건강, 친구)가 충족되었다면 낯 모르는 사람들에게 굳이 돈을 과시할 필요가 없음을 아이들에게 가르치고 싶다.

나는 아무리 돈이 많고 물질적으로 풍족할지라도 얼간이처럼 행동하고, 공감 능력이 부족하고, 남들에게 우월감을 드러내는 사람은 누구도 좋아하지 않는다는 사실을 아이들에게 가르치고 싶다.

나는 돈을 가장 값지게 사용하는 방법은 자신의 시간을 통제하고 자유와 독립을 얻음으로써 각자 선택한 삶을 살아가는 것임을 아이들에게 가르치고 싶다.

넷, 자녀들은 부모의 어떤 모습을 기억하는가?

소아마비 백신을 발명한 조너스 소크Jonas Salk 박사는 삶의 궁극적인 목표가 무엇이냐는 질문을 받고 이렇게 대답했다. "좋은 조상이 되는 거죠."

세상 모든 부모에게 이처럼 훌륭한 목표가 또 있을까. 당신의 자녀, 손자 손녀, 먼 미래의 후손들에게 세계가 어떻게 돌아가는지에 대한 지식, 삶에서 무엇이 소중한지에 관한 지혜, 인생을 스스로 개척하는 자립심, 위험을 감수하는 자신감, 장기적으로 사고하는 신중함, 좋은 조상이 되는 방법 등을 물려준다면 얼마나 멋진 세상이 펼쳐지겠는가.

좋은 조상이 되는 일은 돈과 얼마나 관련이 깊을까? 아이들에게 비싼 물건을 사 주거나 유산을 많이 남겨주면 좋은 조상이 될 수 있을까?

돈은 중요하지만, 또 너무 그렇게 중요하지는 않다. 부모는 자녀들을 위해 더 많은 돈을 쓸수록 그들이 더 나은 삶을 사는 데 도움이 된다고 생각한다. 하지만 그런 사고방식은 위험하다. 그건 아이들에게 의미 있고 오래 지속되는 삶의 교훈을 가르치거나, 아이들과 더 많은 시간을 보내거나, 사랑을 다른 방식으로 표현하는 일을 회피하기 위한 핑계일 뿐이다.

아이들은 당신의 돈을 원할 수 있다. 하지만 그들이 진정으로 중요하게 여기는 것(그리고 당신을 기억하는 것)은 돈으로 살 수 없는 더 깊고 소중한 가치다.

/

인생에서 성공하는 비결은

회복 불가능할 정도로 실패하지 않으면서

실패하는 법을 배우는 데 있다.

나는 아이들의 삶이 무너지지 않도록 막아주고 싶다.

그러나 아이들이 내 돈에 의지해서 살아가며

근면함, 품위, 실패를 관리하는 법을

배울 기회를 놓치게 하고 싶지는 않다.

/

17

스프레드시트는
감정이 없다

감정이 숫자보다 깊은 통찰을 발휘할 때

가장 훌륭한 의사결정은

'머리'와 '가슴'이 교차하는 곳에서 이루어진다.

아내와 나는 자랑스럽게 여기는 한 가지가 있다. 돈에 관련된 의사결정을 내릴 때 감정에 휘둘리지 않고 냉정하게 결정한다는 사실이다. 그런데 돌이켜보면 항상 그랬던 것은 아니었다.

10년 전이었다. 처음으로 집을 구입하기로 한 우리 부부는 온라인 부동산 사이트에서 마음에 쏙 드는 집을 발견했다. 그 집을 직접 보기 위해 자동차로 이동하는 동안 "집만 둘러보자, 절대 섣부른 결정을 내리지 말자"고 서로에게 다짐했다.

하지만 그 집의 진입로로 들어서는 순간 아내는 탄성을 터뜨렸다. "정말 마음에 들어!" 내 생각도 같았다. 얼마 전 첫아이를 낳은 우리의 눈에 앞마당의 나무에 매달린 어린이용 그네가 보였다. 완벽한 집이었다. 그 집은 정말로 완벽했다. 그토록 그 집을 원하는 상황에서 우리의 다짐 같은 건 아무 힘을 발휘하지 못했다.

많은 이들이 집을 구할 때 가장 이상적인 의사결정 방식은 스프레드시트 위에 거래의 장단점을 객관적으로 분석해본 뒤에 신중하게 의견을 모으는 것이라고 생각한다. 하지만 현실 세계에서는 판매 중인 집으로 걸어 들어가는 순간 이미 어디에 어떤 가구를 놓는 게 좋을지부터 생각하게 된다. 크리스마스 아침에 아이들과 거실에서 선물을 풀어보는 모습을 상상하고, 친구들과 바비큐 파티를 즐기는 장면을 떠올린다.

우리가 제시한 가격이 집주인에게 받아들여지기 전날 밤, 나는 아내에게 물었다. "이 집을 놓치면 어떨 것 같아?" "엄청 슬플 것 같아." 아내가 대답했다. 내 느낌도 비슷했다.

나는 인생에서 가장 중요한 금전적 의사결정 중 하나를 이런 식으로 내려서는 안 된다는 것을 알았지만, 그 순간에는 어쩔 수 없었다. 그게 현실이었다. 사람들 대부분이 그렇게 집을 산다. 토스터를 사는 것처럼 집을 사도 괜찮다고 생각하는 사람은 아무도 없다.

그렇지만 우리 부부는 그 집을 산 일을 조금도 후회하지 않는다. 우리에게는 정말로 완벽한 집이었다. 당신과 가족의 삶을 바꿔놓을 의사결정을 내릴 때 스프레드시트를 펼쳐놓고 수학 문제를 풀듯이 결정해서는 안 된다. 스프레드시트에는 감정이 담기지 않지만, 살다 보면 감정적 요인이 의사결정에서 가장 중요한 부분으로 작용하는 순간도 있다.

감정적인 의사결정이 항상 무모한 것만은 아니다. 감정은 누구에게나 중요하다. 〈월스트리트 저널〉의 언론인 제이슨 츠바이크 Jason Zweig 는 자신의 어머니가 오랫동안 살던 집을 팔고 다른 곳으

로 이사하는 과정을 글에 담은 적이 있다.[100]

> "나는 이 집에 별다른 애착이 없어. 외관도 그저 그래."
> 어머니는 이어서 말했다. "하지만 우리 가족에게 중요한 일
> 은 모두 여기서 일어났지. 그 기억을 남겨두고 떠나기가 너무
> 아쉽구나."

만일 내가 당신에게 "그동안 아이들과 함께 쌓은 추억을 가격
으로 따진다면 얼마나 될까요?"라고 묻는다면, 당신은 추억의 가
치를 돈으로 환산할 수 없다고 답할 것이다. 하지만 "당신이 아이
들과 추억을 쌓았던 이 집의 시장 가격은 얼마인가요?"라고 물으
면 당신은 금방 숫자를 댈 것이다.

이 두 가지 차이를 이해하면 사람들이 왜 특정한 방식으로 돈
을 쓰는지를 설명할 수 있다.

당신은 다음 두 사람 중에 누가 더 좋은 배우자를 구할 것 같은
가? 한 사람은 자기가 원하는 배우자의 특징을 스프레드시트에
정리해서 그 조건을 충족하는 상대만을 찾는다. 다른 한 사람은
자신의 가슴을 뛰게 하는 운명의 상대를 만날 날만을 기대한다.

가장 훌륭한 의사결정은 '머리'와 '가슴'이 교차하는 곳에서 이
루어진다. 그러므로 돈을 가장 값지게 지출하는 비결도 합리적인
계산과 감정적인 기쁨을 균형 있게 조율하는 데 있다. 당신은 숫
자를 책임 있게 관리하되, 그 숫자가 당신의 영혼과 삶에 더 큰

가치를 부여하도록 해야 한다.

그러나 돈이 워낙 숫자와 연관이 깊은 물건이다 보니, 사람들은 오직 합리성, 효율성, 체계성의 렌즈를 통해서만 금전적 문제를 바라보는 실수를 저지른다.

세계 최고의 재즈 음악가 루이 암스트롱에게 누군가 좋은 음악이 뭐냐고 물었다. 그는 이렇게 대답했다.[101] "듣기 좋으면 됩니다. 그냥 즐기세요. 당신이 뭔가를 듣고 흥에 겨워 발로 박자를 맞추면 그게 좋은 음악입니다."

다른 일도 마찬가지다. 당신은 좋아하는 음악을 어떻게 찾는가? 좋아하는 음식은 어떻게 찾나? 당신이 좋아하는 집에서 쌓아 올린 추억에는 어떤 식으로 가치를 매기나?

두뇌의 합리적인 계산에 의존해서 이 질문에 대답할 필요는 없다. 때로는 주관적이고 감정적인 요소가 당신의 삶을 통제하는 순간도 있다. 당신이 무엇을 원하는지는 스프레드시트보다 감정이 더 잘 안다.

돈을 쓰는 과정에 얼마나 많은 감정이 개입하는지를 깨닫는 순간, 오히려 돈을 관리하는 일이 더 쉬워질 수 있다. 돈 관리를 수학 문제를 푸는 일처럼 생각하지 말고, 예산의 범위 안에서 감정적 욕구를 충족시키는 과정으로 바라보라.

다음 장에서는 우리가 간과해온 사소한 지출에 대한 이야기를 해보려 한다.

18

사소한 것에 관하여

작은 비용을 절약하면 큰 부를 쌓을 수 있다.
반대로 사소한 비용에 목을 매다가 큰 문제를 놓칠 수도 있다.

작은 것에 관심을 기울여라.

사람들이 등산에 실패하는 이유는

산이 높아서가 아니라 발에 잡힌 물집 때문이다.

광고 전문가이자 작가로 활동하는 로리 서덜랜드Rory Sutherland는 이런 글을 썼다. "훌륭한 아이디어는 그 빈대도 훌륭한 아이디어일 수 있다."[102]

이 말의 의미를 잘 새기면서 우리의 주머니에서 아주 적은 부분을 차지하는 사소한 지출을 어떻게 바라봐야 할지에 대해 함께 생각해보자. 소액의 비용을 잘 관리하면 삶이 완전히 달라질 수도 있지만, 반대로 푼돈에 집착하는 일이 완전한 시간 낭비에 불과할 수도 있다.

*

미국 대통령을 지낸 캘빈 쿨리지는 검소하기로 유명했다. 그가 대통령 재임 중에 집행한 예산을 전부 합하면 210억 달러였다. 그의 팀은 농무부에 근무하는 모든 직원 앞으로 다음과 같은 글이

적힌 카드를 보냈다.[103]

> ▌ 정부 공문 발송 비용은 한 통당 26센트로 제한합니다. 비용 절감에 동참하길 바랍니다. 공문은 적게 보내고, 내용도 짧게 작성해주세요.

쿨리지 행정부는 공무원들에게 연필도 한 자루씩만 지급했고, 지우개 부분까지 다 닳지 않은 연필은 정부에 반납해서 다른 용도로 사용하게 했다.

이 조치가 터무니없게 느껴진다면 이렇게 한번 생각해보라. 쿨리지가 대통령으로 재임 중이던 1925년에는 58만 5,000명의 연방정부 직원이 근무했다. 만일 직원 한 명이 하루에 다섯 통씩 공문을 발송한다면(그때는 이메일도 없었고 전화도 널리 보급되기 전이었다), 전체 공문 발송 비용은 연 1억 9,700만 달러를 훌쩍 넘어선다.

당시는 연방정부의 한 해 예산이 28억 달러에 불과하던 시절이었다. 그 말은 연방 지출의 7퍼센트가 공문을 발송하는 데 쓰일 수 있다는 얘기다. 참고로 2023년 미국은 연방 예산의 10퍼센트를 국가 부채에 대한 이자를 지급하는 데 사용했다. 예산의 7퍼센트는 결코 적은 금액이 아니다. 쿨리지가 멍청한 사람이라 그런 편지를 보낸 게 아니다.

작가 케빈 켈리Kevin Kelly는 이런 글을 썼다. "작은 것에 관심을 기울여라. 사람들이 등산에 실패하는 이유는 산이 높아서가 아니라 발에 잡힌 물집 때문이다."

좀 더 피부에 와닿는 사례를 들려주겠다.[104]

▌ 존 D. 록펠러는 자기 회사에서 일하는 근로자가 기름 깡통 뚜껑을 납땜으로 밀봉하는 모습을 지켜보다가 이렇게 물었다.

"깡통마다 몇 방울의 납을 떨어뜨리나?"

"40방울입니다." 작업자가 대답했다.

"38방울만 떨어뜨려본 적이 있나?" 록펠러가 물었다.

"없습니다."

"38방울로 납땜해보고 결과를 알려주게."

작업자가 시도해보니 38방울로는 충분치 않은 모양인지 깡통에서 기름이 새어 나왔다. 하지만 39방울을 떨어뜨리니 뚜껑을 밀봉하기에 충분했다. 그때부터 39방울이 새로운 작업 표준으로 자리 잡았다.

록펠러는 이렇게 회고했다. "처음에는 그렇게 아낀 한 방울로 한 해 2,500달러를 절약했다. 그러나 수출이 계속 증가하고 매출이 두 배 세 배 커지면서 절약되는 금액도 점점 늘어났다. 결국 절약한 한 방울의 납은 수십만 달러의 비용 절감 효과를 가져왔다."

이 금액을 오늘날의 화폐 가치로 환산하면 2,000만 달러에 달한다. 작은 변화가 누적되면 큰 영향을 미칠 수 있다.

이와 조금 다른 경우를 보자. 어떤 사람이 1974년에 6만 달러를 주고 집을 한 채 샀다고 해보자. 현재 집값이 35만 달러로 올랐다면 집주인은 그 집에 투자해서 큰 이득을 얻었다고 생각할 것이다.

하지만 그 집값의 변동액을 연평균 성장률로 계산하면 연 3.75퍼센트 정도다. 집주인은 집값의 1퍼센트를 매년 부동산세로 내야 하니 순수익률은 연 2.75퍼센트로 떨어진다. 게다가 집을 유지 보수하는 데도 매년 집값의 1~3퍼센트에 달하는 비용을 들여야 한다.

그렇다면 그 사람이 실제로 올린 수익은 얼마나 될까? 생각보다 훨씬 적을 것이다. 우리가 간과하는 작은 비용도 오랫동안 쌓이면 큰 금액이 될 수 있다.

물건의 가격_{price}은 계산하기가 쉽다. 물건을 구매할 때 치른 돈이나 팔 때 받은 돈이 바로 가격이다. 하지만 비용_{cost}은 계산하기가 훨씬 어렵다. 오랜 시간을 두고 주머니에서 천천히 빠져나가기 때문이다. 자동차, 배, 취미 활동 등에 관한 지출도 마찬가지다. 당신이 담배를 피우는 데 지출하는 비용은 담배 한 갑의 가격뿐 아니라 흡연 습관으로 인한 장기적 의료비까지 고려해야 한다. 담배 가격은 계산하기 쉬워도 의료비를 계산하기는 어렵다.

이런 얘기를 들은 적이 있다.

어떤 사람이 커피숍에서 라떼를 사 마시는 직장 동료에

게 물었다. "라떼를 얼마나 자주 마셔?"

"매일 마시지." 동료가 대답했다.

"와, 라떼를 30년 동안 매일 마신다면 엄청난 돈이네!" 그 남자가 말했다. "라떼를 마시는 데 1년에 1,900달러를 쓰는 셈이야. 그 돈을 연리 8퍼센트의 수익이 나오는 곳에 투자하면 30년 뒤에 25만 달러를 손에 넣을 수 있어. 페라리도 살 수 있겠군."

동료는 잠깐 당황한 표정을 짓더니 이렇게 물었다. "자네는 라떼를 안 마시나?"

"안 마시지." 남자가 대답했다.

"그럼 자네의 페라리는 어디에 있나?"

당신이 라떼를 좋아한다면 마음껏 마셔도 상관없다. 내 말의 요점은 무심코 넘어가는 작은 비용을 좀 더 세심하게 관리한다면 장기적으로 큰돈을 절약할 수 있다는 것이다. 별다른 노력이 필요한 것도 아니다. 이곳에서 몇 달러, 저곳에서 몇 달러 아끼는 습관만 들이면 된다.

사람들이 투자 수익을 개선하려 애쓰는 이유는 1년에 0.1퍼센트만 수익이 높아져도 그 돈이 오랜 시간 복리로 늘어났을 때 큰 금액이 된다는 사실을 알기 때문이다. 하지만 비용(공문, 납땜, 라떼)을 줄였을 때도 똑같은 효과를 얻을 수 있다는 사실에는 관심을 두지 않는다.

워런 버핏은 젊은 시절부터 복리 개념에 집착했다. 그는 지금 소액을 투자해서 복리로 늘리면 미래에 얼마가 될지 계산하는 버릇이 있었다. 가령 이발 비용에 복리 이자가 붙으면 나중에 3만 달러가 된다는 식이었다. 그가 고급 정장을 사 입으면 미래의 투자 수익 수백만 달러를 포기하는 셈이었다. 세차 비용도 똑같았다. 차에 묻은 얼룩을 지우는 데 수만 달러의 미래 가치를 희생할 필요는 없다고 생각했다. 버핏은 몇 달러의 비용을 치르는 게 옳은 일인지 결정할 때마다 친구에게 이렇게 말하곤 했다. "나는 그런 식으로 50만 달러를 날리고 싶지 않아."[105]

내 친구 크리스 데이비스는 어린 시절 할아버지에게 1달러짜리 핫도그를 사 달라고 조른 적이 있다. 할아버지는 자신이 평생 달성한 투자 수익률을 기준으로 계산하면 그 핫도그 가격은 1달러가 아니라 1,000달러라고 말했다(크리스가 최근 계산한 바에 따르면 할아버지의 말은 과장이 아니었다. 그의 할아버지 셸비 데이비스는 평생 수백 배의 자산 수익률을 기록한 전설적인 투자자였다).[106]

여러분에게는 이들의 행동이 너무 인색하게 느껴질지도 모른다. 나는 보통 사람들에게는 그런 삶의 방식을 권하지 않는다. 배가 고프면 맛있게 핫도그를 먹고, 머리가 길면 미용실에 가라. 중요한 것은, 작은 비용이 복리로 쌓여 큰 금액이 된다는 사실을 이해하면 세상을 다른 눈으로 바라볼 수 있다는 점이다. 장기적인 부는 한 차례의 크고 거창한 의사결정보다 작고 꾸준한 의사결정이 오랜 시간 누적되어 이루어진다.

이제 지금까지 얘기한 것과 정반대의 관점을 살펴보자. 아마 이 견해도 꽤 설득력이 있을 것이다.

*

내가 좋아하는 말이 하나 있다. "매달 조금씩 저축해보라. 연말이 되면 통장에 얼마나 적은 돈이 남아있는지 확인하고 놀랄 것이다."

역사가 시릴 파킨슨Cyril Parkinson은 파킨슨의 사소함의 법칙Parkinson's Law of Triviality을 만들어냈다. 요약하면 "사람들이 이떤 문제에 기울이는 관심의 크기는 그 문제의 중요성에 반비례한다"라는 것이다.

파킨슨은 가상의 조직에서 일하는 재무 위원회의 이야기를 예로 들어 자신의 논리를 설명한다. 재무 위원회는 세 가지 비용을 승인하는 안건을 협의 중이다.

첫째, 원자로 건설 비용 1,000만 달러. 둘째, 직원용 자전거 보관소 설치 비용 400달러. 셋째, 직원 휴게실에 비치할 간식 비용 20달러.

위원회는 원자로 건설 비용 1,000만 달러는 곧바로 승인한다. 금액이 너무 크다 보니 어떻게 손대야 할지 감이 오지 않고, 대안을 고려하는 일도 벅찬 데다, 위원회 구성원 중에 원자로 전문가가 아무도 없기 때문이다.

하지만 자전거 보관소를 설치하는 문제를 두고는 훨씬 많은 논의가 오간다. 그들은 자전거 거치대만 설치하면 충분할지, 만일 보관소를 짓는다면 재질을 나무로 할지 알루미늄으로 할지 토론을 벌인다. 집에서 그런 물건으로 작업을 해본 사람이 많다는 이유에서다.

그중에서도 위원회가 가장 오랫동안 시간을 쏟은 안건은 직원용 다과 비용이다. 모든 사람이 가장 좋은 커피, 쿠키, 과자 등에 대해 저마다 의견을 제시한다.

가정에서도 똑같은 일이 벌어진다. 작가 라밋 세티는 사람들이 3달러짜리 질문(이 라떼를 사도 될까?) 앞에서는 머리를 싸매고 고민하면서 정작 자신들의 경제적 성공에 가장 중대한 영향을 미치는 3만 달러짜리 질문(어떤 대학에 가야 할까?)에는 크게 신경을 쓰지 않는다고 말한다.

이는 많은 재무 상담사가 좌절을 느끼는 대목이기도 하다. 사람들은 커피 값을 줄이는 문제는 신경을 쓰면서, 본인이 감당할 능력도 되지 않는 학비가 비싼 대학에 가고, 고급 자동차를 계약하고, 큰 집을 척척 사들인다. 세티의 말마따나 30만 달러짜리 문제에는 관심을 두지 않고 3달러짜리 문제에만 집착하는 것이다.

관심의 크기는 문제의 중요성에 반비례한다. 이런 일이 생기는 이유는 사소한 예산에 집착하는 일이 뭔가 책임감 있는 행동처럼 느껴지고 본인이 주도적으로 문제를 해결한다는 인상을 주기 때문이다. 하지만 그 과정에서 더 큰 문제는 무시하고 넘어가기 일쑤다. 사람들은 자기가 특정한 문제에 관심이 없다는 사실은 잘 안다. 하지만 "나 좀 봐. 라떼를 줄여서 돈을 절약하고 있어"라고 말하면서 큰돈을 무책임하게 지출하고 있다는 사실은 인식하지 못한다.

가계 예산에서 가장 큰 비중을 차지하는 비용 항목은 대개 다음 몇 가지뿐이다.

- 대학교 학비
- 주택
- 자동차
- 건강 보험
- 육아

이게 전부다. 이 정도 항목에만 관심을 기울여도 충분하다.

*

작은 비용을 절약하면 큰 부를 쌓을 수 있다. 반대로 사소한 비용에 목을 매다가 큰 문제를 놓칠 수도 있다.

나는 이 두 가지 진리가 서로 모순된다고 생각하지 않는다. 훌륭한 아이디어는 그 반대도 훌륭한 아이디어일 수 있다는 조언을 기억하라. 돈을 잘 관리하는 방법의 핵심은 두 가지 진리 사이에서 균형 잡힌 지출 방식을 찾아내는 것이다.

- 비관주의자처럼 절약하고 낙관주의자처럼 투자하라.
- 최악의 상황을 예상하면서 최고의 상황을 희망하라.
- 오늘을 살면서 내일을 준비하라.

여기에 하나 더 덧붙인다.

- 큰 지출을 통제하지 않고는 부를 쌓을 수 없고, 작은 비용을 신경 쓰지 않으면 부를 늘리기 어렵다.

Money,
Mind,
and
Meaning

/

사람들은 커피 값을 줄이는 문제는 신경을 쓰면서

본인이 감당할 능력도 되지 않는 학비가 비싼 대학에 가고,

고급 자동차를 계약하고, 큰 집을 척척 사들인다.

30만 달러짜리 문제에는 관심을 두지 않고

3달러짜리 문제에만 집착하는 것이다.

/

19

탐욕과 공포의 수명주기

"내가 틀렸다고? 말도 안 돼."
어제 옳았다고 과연 내일도 옳을까.

순수로 시작해서, 광기로 변하고, 원점으로 돌아온다.

　　어떤 이들은 그녀의 잔인한 발아래 단숨에 짓밟히고, 어
떤 이들은 갤리선의 노예처럼 혹사당하는 운명을 맞는다. 그
녀가 아끼는 몇몇은 행운의 거품을 타고 하늘 높이 떠오르
지만, 그녀는 한순간의 숨결로 거품을 불어 터뜨리고 추락
하는 이들을 보며 조롱하며 웃는다.
—〈뉴욕시New York City〉, 제임스 웰던 존슨James Weldon Johnson[107]

　　탐욕과 공포는 삶의 많은 것을 지배한다. 나는 이렇게 생각한
다. 아무리 큰 성공이라도 더 많은 것을 탐하는 욕심 앞에서는 망
가질 수 있다. 또한 아무리 매력적인 기회라도 당사자가 바라보기
를 거부한다면 눈에 보이지 않을 수 있다. 이 두 가지의 순수한 감
정이야말로 돈에 관련된 실수, 후회, 부끄러움을 초래하는 근본
원인이다.
　　탐욕과 공포는 돈이 있는 곳이라면 어디에나 있다. 투자 업계나

시장의 흥망성쇠에만 관련된 감정이 아니다. 탐욕과 공포는 우리가 돈을 쓸 때도 중요한 역할을 한다.

돈을 쓰려면 조금쯤 낙관적인 태도가 필요하고, 돈을 저축하려면 어느 정도 비관적인 관점이 필요하다. 탐욕과 공포도 일정 수준까지는 삶에서 불가피하고 유용한 감정일 수 있다. 하지만 그 수준을 넘어서는 순간 부작용을 일으키고 위험한 약점으로 바뀐다. 당신은 때가 너무 늦은 뒤에야 그 선을 넘었다는 사실을 알게 된다. 인생에서 성공하는 비결 중 하나는 낙관주의가 탐욕으로 바뀌고 비관주의가 공포로 바뀌는 미묘한 순간을 알아차리는 것이다.

탐욕과 공포는 삶 속으로 교묘하게 숨어든다. 선한 의도와 훌륭한 윤리의식을 갖춘 사람도 종종 이들의 덫에 걸린다. 이 두 가지 감정은 겉으로는 정반대처럼 보이지만, 사실은 똑같은 원천에서 생겨난다.

순수한 낙관주의는 자연스럽게 탐욕으로 바뀌고, 탐욕은 부정否定으로 이어지고, 부정은 혼란으로 변하고, 혼란은 공포가 된다. 공포는 당신을 출발점으로 되돌려놓는다. 당신이 공포를 경험하면서 얻었다고 생각한 교훈은 탐욕과의 다음번 재회를 준비하는 전주곡이 된다. 이 두 감정이 얼마나 위험한지 이해하려면 이들이 처음부터 어떤 주기를 거쳐 생겨나는지 알아야 한다.

　　돈의 방정식

        *

　모든 종류의 탐욕은 "나는 옳을 자격이 있다"라는 순진한 마음에서 비롯된다.

　당신에게는 과거에 내린 의사결정이 있고, 미래에 내릴 의사결정도 있으며, 오늘의 세상을 바라보는 세계관도 있을 것이다. 우리는 아침마다 침대에서 일어나 거울을 보며 내가 어제 좋은 결정을 내렸듯이 내일도 좋은 결정을 내릴 것이라고 믿는다. 온종일 자신을 의심하는 마음가짐으로는 아무 일도 해낼 수 없다. 특히 당신이 학교나 직장에서 성공한 경험이 있다면 더욱 그렇다.

　당신에게 '옳을 자격'이 있는 이유는 현재의 가치관을 개발하고 좋은 의사결정을 내리기 위해 수많은 노력을 쏟았기 때문이다.

　당신은 오랫동안 학교에서 열심히 공부했고, 어려운 시험을 통과했다. 친구들의 괴롭힘도 이겨냈다. 직장에서도 힘든 일을 마다하지 않고 성실히 근무했다. 그런 힘겨운 과정을 겪었는데도 내게 옳을 자격이 없다는 말을 듣고 싶은 사람은 아무도 없을 것이다.

　당신에게 옳을 자격이 있다는 말은 옳음의 대가로 뭔가 보상이 주어진다는 뜻이다. 노력의 결과는 보상이다. 그게 세상이 돌아가는 이치다. 그렇지 않은가?

　당신에게 옳은 관점이 있다면 이를 바탕으로 옳은 의사결정을 내릴 것이며, 옳은 의사결정은 동료들의 존경, 상사의 급여 인상,

건강한 몸 같은 보상으로 이어질 것이다. 흥미롭고 매력적인 생각이다.

세상이 어떻게 돌아가는지 잘 모르겠다고 생각하면서 하루하루를 보내기는 어렵다. 그런 사람은 아무도 없다. 우리는 내 믿음만큼은 정확하며, 정확한 믿음은 보상이 되어 돌아온다고 스스로 최면을 건다.

당신은 자신이 무엇을 믿든 그 믿음은 옳고, 당신에게는 옳을 자격이 있다고 생각한다. 당신은 그 믿음을 구축하기 위해 많은 노력을 쏟았다. 당신의 '옳음'에 세상이 보상을 제공할 거라는 믿음은 많은 사람들이 하는 순진한 생각이다. 그곳에서부터 모든 문제가 시작된다. 순수로 시작해서, 광기로 변하고, 원점으로 돌아오는 그 일련의 과정을 12단계로 살펴보자.

1. '옳음'의 대가로 보상을 받는 순간, 착각의 문이 열린다.

남들에게 인정, 관심, 보상을 받으면 기분이 날아갈 것 같다. 마치 중독성 강한 마약과도 같다. 당신은 그 느낌에 취해 순진무구한 마음을 품는다. 내가 옳은 결정을 내렸고 그 덕에 성공을 거뒀으니, 그 노력의 대가로 보상이 주어졌다고 생각하는 것이다.

합리적인 사람은 자신에게 뭔가 보상이 주어졌을 때 내가 한 일이 이 결과에 어느 정도 영향을 미쳤을지를 계산해본다. 사람들은 내가 '이 일'을 했기 때문에 '저런 결과'가 빚어졌다고 단순하게 생각하지만, 사실은 자신의 통제를 벗어난 수백만 가지의 변수가 결과에 영향을 미쳤을 수 있다. 하지만 그렇게 믿는 사람은 별로 없다.

당신이 어떤 일을 해서 보상을 받았다면 내가 해낸 '이 일'이 '저 결과'의 직접적인 원인이라고 넘겨짚는다. '저 결과'가 나온 이유를 파악하는 데 그것만큼 쉬운 방법은 없다.

어쨌든 나는 옳았고, 그 '옳음'에 보상을 받을 자격이 있다. 내가 한 일이 보상의 원인이라는 사실은 확실해 보인다.

다른 사람들도 비슷한 생각이다. 사람들은 당신이 보상을 받는 **모습**을 **지켜보고**(사신노 보상을 받으면 어떤 기분이 들지 상상하면서) 당신이 이뤄낸 성과에 열광한다. 그들은 당신을 향해 무수한 칭찬, 관심, 존경을 보낸다. 부러움과 질투도 드러낸다. 이 모든 게 당신을 기쁘게 하고, 내 생각과 행동이 옳았으니 보상을 받았다는 믿음을 굳혀준다.

이제 당신은 더 많은 보상을 원한다. 한 번 성공한 사람은 이렇게 말하기 쉽다. "나는 예전에 옳았으니 그 옳음을 더 강하게 밀어붙일 거야."

꼭 틀린 생각은 아니다. 게다가 어느 정도 합리적인 분석일 수도 있다. 당신은 물의 온도를 실험해서 본인의 판단이 옳았음을 입증했다. 이제는 물속으로 뛰어들 일만 남았다. 그건 사회적 비교의 과정이기도 하다. 작은 '옳음'의 대가로 내게 주어졌던 세간의 찬사는 시들해졌다. 그들에게 더 큰 '옳음'을 보여주고 싶다.

여기가 탐욕의 중요한 부분이다. 사람들은 자신의 행동을 늘 합리화한다. 나중에 그 행동이 지나쳤거나 정상이 아니었음이 드러나도 자기가 결국 옳았다는 생각을 버리지 않는다. 어떤 행동이 무모하고 해롭다는 사실을 처음부터 뻔히 알면서도 같은 일을 되풀이하는 사람과는 다르다. 그런 사람은 사이코패스일 뿐이다. 순진한 탐욕의 가장 보편적인 형태는 과거의 성공에 대한 열정을 바탕으로 현실을 재단하는 것이다.

당신은 예전에 했던 일을 반복하고 싶은 욕구를 느낀다. 게다가 욕구의 크기도 이전보다 두 배쯤 불어나 있다.

당신이 예전과 같은 직장에 다닌다면 상사에게 더 많은 급여를 요구할 것이다. 투자에서 조금 재미를 봤다면 빚을 내서 투자액을 늘릴지도 모른다. 지난번에 새로 산 자동차로 남들의 관심을 끌었다면 시계, 옷, 보석, 집 같은 물건을 새로 사서 더 많은 사람의 관심을 끌려고 할 수도 있다.

만일 당신이 한 행동이 결과에 직접적인 영향을 미쳤다면 별다른 문제가 없을 수도 있다. 어쨌든 '이 행동'이 '저 결과'를 초래했다는 뜻이기 때문이다.

하지만 이제는 기존의 방식이 지속 불가능할 수도 있다. 아니면 지난번에 나온 결과가 당신 스스로 통제할 수 없는 요인들에 의해 빚어졌을지도 모른다. 그런 상황에서 예전에 효과가 있었던 행동을 더 강하게 밀어붙이는 것은 실패의 확률만 높이는 길이다.

당신은 예전에 거둔 성공이 행운이나 우연의 산물이었다는 사실, 또는 당신이 마침 적절한 시간에 적절한 장소에 있었던 덕분에 좋은 결과를 얻었다는 사실을 알지 못한다.

예전에 당신에게 관심을 보였던 사람들은 이제 곁에 없다.

예전에 당신의 성공에 열광한 사람들은 당신이 늘어놓는 성공담을 듣는 데 진력이 났다.

예전에 당신이 달성한 실적에 기뻐하며 보상을 주었던 상사는 급여를 올려달라는 당신의 요구에 지쳤다.

예전에 당신의 말에 귀를 기울였던 사람들은 이제 당신을 보고 코웃음을 친다.

이유야 어떻든 온 세상이 당신의 행동을 조롱하고 비웃는다. 당신은 그런 현실을 느끼면서 상황이 생각보다 복잡하다는 사실을 깨닫는다.

예전에 효과가 있었던 행동이 갑자기 먹히지 않는다. 당신은 자신이 옳았고, 옳음의 대가로 보상이 주어질 것이며, 과거에 효과를 본 행동을 한층 더 강화해야 한다는 믿음을 바탕으로 전략을 세웠다. 그런데 이제 그 전략에 문제가 생겼다.

그러나 당신은 자기가 쏟은 투입물보다 더 많은 결과물을 얻어낼 자격이 있다고 믿으면서 여전히 탐욕의 정점에서 헤어나지 못한다. 자신의 능력을 과대평가할 뿐 아니라 그 능력이 결과물에 직접적인 영향을 미쳤다고 철석같이 믿고 있는 것이다.

공포의 씨앗은 당신도 모르는 사이에 그렇게 심어진다.

예전에 보상을 안겨준 전략이 더 이상 효과가 없을 때, 당신은 의견이 다른 사람들과의 교류를 끊고 자신이 옳다고 생각하는 행동에 박차를 가한다.

성공의 경험이 전혀 없는 초심자들이 손실이나 실패를 경험하면, 그들은 기술이나 아이디어가 부족해서 그런 결과가 나왔다고 생각할 것이다.

하지만 당신은 자신의 기술을 사람들에게 충분히 확인받았다고 생각한다. 손실이나 실패를 경험해도 그건 세상이 자신에게 새로운 기회를 주는 과정이라고 해석한다.

"회사가 급여를 올려주기를 거부했으니 이제는 내 능력을 알아주는 더 나은 직장을 찾아봐야겠어."

"친구들은 내가 가진 멋진 물건에 별로 감탄하지 않아. 다른 사람들을 만나봐야지."

"사람들은 왜 내 자동차를 보고도 칭찬하지 않을까. 아마 더 좋은 차를 살 때가 됐나 봐."

한 번도 성공을 경험하지 못한 사람은 이런 사고방식에 빠지지 않는다. 자기가 과거에 했던 행동 덕분에 과거의 결과가 빚어졌다고 믿는 사람만이 그렇게 생각한다.

그런 사람들의 일반적인 반응은 더 큰 자신감과 함께 그동안 했던 행동을 한층 거세게 밀어붙이는 것이다.

과거의 행동이 과거의 결과에 영향을 미쳤다고 생각하는 사람들은 세상이 제공하는 피드백에 귀를 닫는다. 그들은 새로운 접근 방식을 시도하는 대신 기존의 신념을 고집한다. 뜻을 굽히지 않고 계속 선신하는 게 남들에게 존경받는 길이라고 생각한다. 현재의 전략에 더 큰 노력을 쏟으면 그 생각이 옳았음이 드러났을 때 더 큰 보상이 주어지리라고 믿는다.

당신은 스스로 결단력이 강하다고 생각하지만, 사실은 고집이 세고 융통성이 없을 뿐이다.

불교에는 '초심初心'이라는 개념이 있다. 세상을 처음 사는 사람처럼 열린 자세로 새로운 것을 시도하고, 새로운 아이디어를 공부하고, 과거의 선입견에서 벗어나고자 하는 마음가짐을 일컫는 말이다. 당신에게 기술이 있다고 생각하는 것은 초심의 적이다. 과거의 성공은 다른 아이디어를 향한 탐구의 동기를 없앤다. 특히 그 아이디어가 당신의 전략과 다를 때는 더욱 그렇다. 그건 위험한 사고방식이다. 경제의 세계에서는 평균 회귀의 법칙과 치열한 경쟁 상황이 기존의 전략을 끝없이 위협한다. 그런 곳에서 하나의 관점에만 갇혀 있으면 치명적인 운명에 처할 수도 있다.

사고가 유연하지 않은 사람은 남들의 피드백에 귀를 기울이지 않는다. 당신은 초심자보다도, 심지어 어둠 속에서 마구잡이로 전략을 세우는 사람보다도 미래에 맞설 준비가 훨씬 덜 되어있다. 당신이 실패할 확률은 끝없이 치솟는다.

당신은 자신의 능력과 기술이 부족할지도 모른다는 생각을 꿈에서도 하지 않는다. 그저 세상이 내 편이 아닐 뿐이라고 한탄한다. 친구를 원망하고, 상사를 탓한다. 언론 매체에 화살을 돌린다. 정치인들에게 책임을 떠넘긴다. 남들에게 화를 낸다. 거울을 들여다보고 자신을 반성하는 것 이외에는 모든 일을 한다.

이 시점이 되면 당신의 탐욕은 많이 수그러든다. 하지만 과거의 성공이 자신의 뛰어난 기술 덕분이라는 믿음은 여전히 절정에 달해있다.

당신은 지나친 행동을 줄이거나, 그동안 상처 준 사람들에게 사과한다. 하지만 여전히 희망의 끈을 놓지 않는다. 자신에게 약간의 변화가 필요하다는 사실은 인식하면서도 얼마 뒤에는 제자리로 돌아올 수 있다는 자신감에 넘친다.

당신은 본인의 생각과 행동이 다소 지나쳤음을 인정한다. 하지만 자기가 틀렸다는 사실은 받아들이지 않는다. 워낙 좋은 전략이라 조금 강하게 밀어붙인 감이 있지만, 그 방법은 여전히 훌륭하고, 여전히 옳다. 그러므로 나는 보상을 받을 자격이 있다.

당신은 계속 갈 길을 간다. 단지 그전보다 열정이 조금 줄어들었을 뿐이다.

6. 그것은 오랜 시간 지속된 환상일 뿐이다.

당신은 결국 행동을 포기하기 시작한다. 그런 일이 벌어지기까지는 며칠이 걸릴 수도 있고 몇 해가 걸릴 수도 있다. 당신은 그동안 걸어온 길에 부족한 점이 있을지도 모른다는 의구심을 품는다.

그러면서도 자기가 틀렸다는 사실은 깨닫지 못한다. 그걸 인정하는 일은 '고통스럽다'. 그저 자신의 관점이 불완전할지도 모른다고 생각할 뿐이다.

이 시점에서 당신은 이렇게 말하기 시작한다. "우리는 지난해에 많은 것을 배웠습니다." 또는 이렇게 말한다. "이게 다 성장의 경험입니다."

때로는 그런 식의 말에 진심이 담겨있을 수도 있다. 하지만 자신이 현실과 아주 동떨어진 사람이 아니라는 궁색한 신호를 보내기 위해 그렇게 말하는 경우가 더 많다. 당신의 마음속 깊은 곳에는 본인의 능력에 대한 믿음이 조금도 훼손되지 않고 그대로 남아있다.

7. 어느 순간 당신이 틀렸다는 사실이 분명해진다.

당신은 자신의 판단이 틀렸을지도 모른다고 생각한다. 때로는 주위 사람들에게 자신이 틀렸다는 사실을 인정하기도 한다.

당신이 고통스러운 마음을 달래기 위해 동원하는 방법은 부인否認이다. 친구들이 일이 잘 돌아가느냐고 물으면 화제를 바꾼다. 한때 모든 것을 쏟아 열중하던 일을 마치 시작한 적도 없는 양 부인한다. "별로 중요한 일이 아니었어." 또는 이렇게 말한다. "그저 재미 삼아 했던 작은 소일거리였을 뿐이지."

8. 당신의 실수 탓에 삶의 방식을 통째로 바꿔야 하는 잔혹한 현실이 찾아온다.

당신은 집을 팔고, 자동차를 처분하고, 휴가를 취소하고, 사무실을 더 작은 곳으로 옮긴다. 본인의 잘못된 판단으로 이런 결과가 초래됐다는 사실을 누구에게도 부인하지 못한다. 수치심이 느껴진다.

사람이 수치심을 느낄 때는 냉정하고 합리적인 마음으로 문제를 바라보는 능력이 떨어진다. 그건 예전에 탐욕의 정점을 찍었을 때도 마찬가지였다.

자신이 틀렸을지도 모른다는 의구심은 극심한 공포로 바뀐다. 평상시에 종종 대화를 나누던 사람들과의 만남도 피한다. 이제는 의견을 구하거나 속을 털어놓을 만한 사람도 없다. 그저 자신의 마음속에 꽁꽁 갇힌 채로 공포와 의심의 음울한 쳇바퀴 속으로 빠져들 뿐이다.

9. 성장에서 손실 관리로 목표가 바뀐다.

당신은 기회나 수익을 생각하는 일을 중단한다. 이제 당신이 정의하는 가장 큰 성공은 더 이상의 추락을 막는 것이다. 무엇이 됐든 추가적인 손실을 방지하는 게 더 이익이다.

당신은 수중에 남은 것을 죄다 팔아치운다. 경력을 중단하고 자동차를 넘긴다. 직장도 그만둔다. 마치 항복 문서에 서명한 사람 같다.

10. 탐욕에 빠졌을 때는 성공의 100퍼센트가 당신의 능력 덕분이었다고 믿었다. 반면 이제는 당신이 통제해서 상황을 개선할 수 있는 일은 아무것도 없다고 생각한다.

당신은 탐욕에 빠졌을 때만큼이나 잘못된 생각을 하고 있다. 더구나 그때와 똑같이 현실을 제대로 파악하지 못한다.

당신은 주위를 둘러보기 시작한다. 한때 내가 무시했던 사람들이 나보다 훨씬 높은 곳에 자리 잡고 있다. 대체 무슨 일이 생긴 건가? 왜 그들은 나와 같은 문제에 시달리지 않나? 내가 모르는 뭔가를 알고 있는 건가? 그렇게 새로운 공포가 생겨난다.

과거 당신이 성공했을 때는 다른 사람들이 당신의 행동을 낱낱이 지켜보고 흉내 내려고 안간힘을 썼다. 저희들이 모르는 무엇을 당신이 알고 있는지 궁금해했다. 당신이 받은 보상을 자신들도 손에 넣기를 간절히 원했다.

이제 상황은 반대가 됐다. 당신은 성공한 사람들을 올려다보기 시작한다. 그들이 아는 것 중에 내가 모르는 게 무엇인지 궁금해진다.

그러나 공포에 잔뜩 사로잡힌 당신은 상황을 개선할 기회를 찾지 않는다. 똑똑한 사람들은 용케 피해갔어도 나만 모르는 또 다른 지뢰밭이 있는지 두려워할 뿐이다.

> **11. 또 어떤 공포가 찾아올지 모른다는 사실이 가장 큰 공포가 될 때 공포의 피해는 절정에 달한다.**

탐욕에 빠진 사람이 부정적인 일이 일어날 가능성을 외면하듯이 공포에 사로잡힌 사람은 긍정적인 일이 일어날 가능성을 외면한다.

아이러니한 사실은 이런 혼돈의 상태가 수많은 기회를 생산하는 비옥한 토지이며, 삶의 방향을 바꾸기에 가장 적절한 환경이라는 것이다. 하지만 당신은 기회를 생각할 틈이 없다. 오직 더 이상의 추락을 막는 데만 정신을 쏟는다.

12. 어느 시점이 되면 안정을 찾는다.

어느덧 사람들은 당신을 용서하기 시작한다. 공포가 물러난 자리에는 현실을 있는 그대로 받아들이는 마음이 들어선다. 이제 당신은 새로운 삶의 리듬을 찾아낸다. 예전에 가졌던 것을 모두 잃은 대신 더 맑은 머리로 사고할 능력을 얻었다.

당신이 처음으로 한 맹세는 "같은 실수를 되풀이하지 않겠다"는 것이다.

공포에서 비롯된 고통은 탐욕이 선사한 기쁨보다 10배는 컸다. 이 실패의 유일한 장점이라면 여기에서 큰 교훈을 얻었고, 똑같은 실수를 피하는 법을 배웠다는 것이다.

당신의 세계관은 새롭게 바뀐다. 한때 탐욕과 공포의 함정에 빠져 저지른 실수는 시장, 회사, 삶을 운영해나가는 새로운 방법을 제시했다. 이제는 기회가 찾아왔을 때 어떻게 행동해야 하는지 누구보다 잘 알게 되었다는 생각이 든다.

당신은 새로운 관점에 자신감을 품는다. 이제는 예전보다 똑똑한 사람이 될 자격이 있다. 그토록 어려운 시기를 겪고도 그때보다 똑똑해지지 않는다는 것은 불공평한 일이다. 과거에는 내 생각이 틀렸지만, 지금은 옳다. 그렇게 고통스러운 경험을 겪은 뒤에 옳을 자격이 없다는 말을 듣고 싶어 하는 사람은 아무도 없다.

내게 옳을 자격이 있다는 말은 '옳음'의 대가로 보상을 받을 거라는 뜻이다. 노력에는 보상이 따른다. 그게 세상이 돌아가는 이치다. 그렇지 않은가?

매일 아침 침대에서 일어나 거울을 들여다보고 내게 좋은 의사 결정을 내릴 능력이 없다고 말하며 하루하루를 보낼 수는 없다.

그건 너무 순진한 관점일까?

당신은 옳을 자격이 있다고 믿는가?

그렇다면 이 이야기가 처음 시작된 곳으로 되돌아온 것이다.

Money,
Mind,
and
Meaning

/

당신은 예전에 거둔 성공이

행운이나 우연의 산물이었다는 사실,

또는 당신이 마침 적절한 시간에 적절한 장소에 있었던 덕분에

좋은 결과를 얻었다는 사실을 알지 못한다.

/

20

돈을 쓰면서 불행해지는 19가지 방법

이렇게 쓰라고 말할 수는 없지만
이렇게 써선 안 된다고 말할 수는 있다.

무엇이 당신을 행복하게 해주는지는 알기 어려워도

무엇이 당신을 불행에 빠뜨리는지는 비교적 파악하기 쉽다.

삶의 중요한 진실 중 하나는 무엇이 당신을 행복하게 해수는지는 알기 어려워도 무엇이 당신을 불행에 빠뜨리는지는 비교적 파악하기 쉽다는 것이다.

당신이 살면서 어려운 문제에 맞닥뜨렸다면(돈을 어떻게 써야 더 나은 삶을 살 수 있는지는 분명 어려운 문제다), 효과가 없는 것을 하나하나 제거해서 마지막에 남는 선택지를 취하는 것도 유용한 방법일 수 있다. 진화의 원리도 비슷한 방식으로 작동한다. 환경에 적응하지 못하는 개체는 도태되고 적응하는 개체만 살아남는다.

사람의 건강도 마찬가지다. 어떤 음식이 몸에 좋으냐의 문제는 지금도 끝없는 논쟁거리다. 완벽한 식사가 무엇을 의미하는지를 확실한 증거와 함께 제시할 수 있는 사람은 아무도 없다. 반대로 어떤 음식이 몸에 해로운지는 누구나 알고 있다. 나는 붉은 포도주 한 잔이 몸에 얼마나 좋은지는 잘 모른다. 그러나 담배가 몸에 해롭다는 사실은 100퍼센트 확신한다.

한 소년이 찰리 멍거에게 물었다. "저 같은 사람에게 들려주고 싶은 조언이 있으신가요?" 멍거가 대답했다. "코카인을 멀리하고, 선로에서 기차와 경주하지 말고, 에이즈에 걸릴 상황을 피하렴."[108]

당신이 삶에서 무엇을 피해야 하는지 먼저 알고 난 뒤에야 비로소 성공할 수 있다는 뜻이다.

비슷한 맥락에서 나는 돈을 어떻게 써야 한다고 당신에게 말해줄 수는 없다. 왜냐하면 나는 당신이 아니기 때문이다. 더구나 나 자신도 행복해지는 법을 찾기 위해 지금도 노력 중인 상황에서 무엇이 당신을 행복하게 해주는지 알려줄 수도 없다. 모든 사람은 다르고 삶은 복잡하다.

*

그럼에도 무엇이 우리 삶을 불행에 빠뜨리는지는 꽤 보편적이면서도 단순한 문제다. 그런 의미에서 돈을 쓰면서 불행해지는 법에 대해 몇 가지 소개한다.

1. 나보다 한 단계 위의 사회·경제적 계층에 속한 사람들을 올려다보며 그 안에서 행복을 찾을 수 있다고 생각한다.

지금보다 조금 더 가진 게 많고, 조금 더 좋은 집에 살고, 조금 더 많은 돈을 쓴다면 삶이 만족스러울 거라고 믿는다. 지금 당신이 속한 위치가 예전에 그토록 꿈꾸던 자리였고, 그때는 이곳에 만족스럽고 행복한 삶이 가득하리라고 생각했다는 사실은 까맣게 잊었다.

2. 독립적인 삶을 희생하는 대가로 지위를 추구한다.

진정한 행복은 자신만의 마법 같은 시간을 누릴 때 찾아오는 게 아니라 낯선 사람들이 당신의 소유물을 보고 감탄할 때 느껴진다고 착각한다.

3. 돈을 벌고, 쓰고, 모으는 일이 정체성의 핵심을 차지한다.

돈을 이용해서 어떻게 삶을 쌓아 올릴지 고민하기보다 돈 자체를 생각하며 시간을 보낸다.

4. 소득의 거의 전부를 써버려서 상사나 은행 같은 타인의 결정에 의존해야 하는 상황에 놓인다.

그들은 당신에게 조금도 관심이 없다.

5. 돈만 있으면 만사형통할 거라고 상상한다.

돈이 조금만 더 있어도 아침마다 미소를 지으며 자리에서 일어날 수 있다고 믿는다. 돈이 있으면 사람들에게 사랑과 존경을 받고, 친구도 많아지고, 인간관계도 풍부해질 것이며, 삶에서 숱하게 닥치는 공포, 불안, 의심, 혼란도 씻은 듯이 사라지리라고 생각한다.

6. 돈은 삶의 문제를 해결하는 데 전혀 도움이 안 될 뿐 아니라 모든 사악함과 이기심의 근원이라고 생각한다.

앞서 지적한 관점 못지않게 위험한 생각이다. 돈은 당신에게 독립과 기쁨을 안겨주는 놀라운 도구다. 지난 수천 년간 인류가 편안하고, 즐겁고, 의미 있는 삶을 살기 위해 발명한 지혜의 산물이다. 당신이 태어나기 전 지구를 거쳐 간 수천억 명의 사람들이 축적한 노력에 아무런 시간과 관심을 기울일 필요가 없다고 믿는 것은 비극이다.

7. 지나친 절약 습관 때문에 충분히 감당할 능력이 있는 좋은 삶을 누리지 못한다.

돈을 모으는 유일한 목표가 은행 계좌에 쌓아놓고 바라보는 데 있다고 생각한다. 더 나은 삶을 사는 도구로 돈을 활용하기보다 돈 세는 취미를 즐기기 위해 돈을 모은다.

8. 지난 인생을 돌아보면서 자신의 성공은 성실한 노력 덕분이고, 실패는 불운 탓이라고 생각한다.

반대로 남들의 실패는 나쁜 의사결정의 산물이고, 성공은 행운에서 비롯됐다고 믿는다. 공감 능력보다 자존감을 앞세우고, 삶에서 통제할 수 있는 것과 없는 것이 무엇인지 현실적으로 구분하지 못한다.

9. 자신의 내면과 타인의 겉모습을 비교한다. 남들의 성공을 부러워하면서도 그들의 삶 전체를 파악하지 못한다.

남들이 소유한 자동차, 집, 옷, 보석, 소셜 미디어 계정 따위가 그들의 행복한 삶을 입증하는 증거라고 생각한다. 그들이 멋진 물건을 소유했다는 이유만으로 좋은 인간관계, 훌륭한 건강, 높은 수준의 도덕성, 풍부한 감정 지능이 저절로 따라올 것이며 삶에 대한 만족감도 클 거라고 믿는다.

10. 물건을 구매하는 행위에 따르는 사회적·감정적 비용을 무시한다.

당신이 구매한 물건으로 인해 남들이 당신을 바라보는 관점에 어떤 영향이 미칠지 고려하지 않는다. 당신이 뭔가를 하나씩 사들일 때마다 다음번에 뛰어넘어야 하는 기대의 수준이 높아지면서 숨겨진 빚이 하나씩 늘어난다는 사실을 잊어버린다.

11. 자기가 어떤 일을 후회하게 될지를 잘 모른다.

현재의 거품 속에만 갇혀 살아가거나, 머나먼 미래의 순간에만 시선을 고정한다. 그러다 문득 자신의 삶을 돌아보고 지금까지 무엇을 생각하며 살아왔는지 허탈해한다.

12. 가치의 크기를 자산의 크기로 판단한다.

사람들이 소유한 돈의 양으로 그들이 삶에서 거둔 성공의 크기를 평가한다. 더 나쁜 일은 사람의 겉모습만으로 그가 얼마나 돈이 많은지 판단하는 것이다.

13. 돈에 관련된 의사결정은 모두 수학 문제처럼 처리하고, 합리적 감정, 정서적 가치, 영혼의 양식을 얻고자 하는 욕구 등은 무시한다.

자신을 행복하게 해주는 일보다 스프레드시트를 그럴듯하게 꾸미는 일에 더 관심을 보인다.

14. 필요와 욕구가 전혀 다른 사람들의 조언에 설득당하고, 그들의 생활 방식을 흉내 낸다.

사회적인 분위기에 휩쓸려 뭔가를 갖고 싶어 하고, 마케팅 담당자들에게 현혹되어 특정한 소유물을 갈망한다. 낯선 사람들을 포함한 타인에게 최선의 해답을 구한다. 사람마다 필요한 것, 갖고 싶어 하는 것, 욕망하는 것이 다르다는 사실은 외면한다.

15. 주위에서 가장 크게 성공한 사람들에게 눈높이를 맞춘다.

큰 성공을 거둬도 만족하지 않는다. 그건 당신 자신과 '불행해지기 위한' 계약을 맺는 일과 다를 바가 없다.

16. 소득이 늘어나는 속도보다 더 빠른 속도로 기대치를 높인다.

물질적 삶이 점점 나아져도 그쯤은 이미 기대했다고 말하면서 전혀 감사하게 생각하지 않는다. 오로지 더 많은 것을 향해 손을 뻗는다.

17. 필요치 않은 것을 얻기 위해 꼭 필요한 것을 위험에 빠뜨린다.

삶에 아무런 영향을 미치지 않는 급여 인상을 위해 가족이나 친구와의 관계를 망가뜨리고, 아무도 관심을 보이지 않을 새 자동차를 구매하는 문제를 두고 편안한 잠을 포기한다.

18. 내가 소유한 멋진 물건에 쏟아지는 타인의 관심을 과대평가한다.

다른 사람들이 그 물건에 쏟는 관심을 나에게 바치는 존경이라고 생각하지만, 사실 그들은 그 물건을 자기 손에 넣는 순간을 상상할 뿐이다.

19. 자기가 모든 해답을 알고 있다고 착각한다.

어떤 새로운 것도 시도하지 않는다. 삶의 신비로움을 외면하고 성장과 변화를 위한 모든 움직임을 거부한다. 어떤 대안적 관점에도 호기심을 품지 않는다. 자기가 돈에 대해 알고 있는 내용이 배워야 할 지식의 전부라고 생각한다. 자신의 믿음과 다른 정보를 발견하면 그 정보가 틀렸다고 우긴다. 돈을 종교와도 같이 여긴다. 호기심보다는 헌신을, 탐구 정신보다는 믿음을 앞세운다.

지금까지 소개한 19가지 관점으로 돈을 대하면, 불행으로 향하는 길을 걷게 되는 셈이다. 다음 장은 그 불행의 길을 피한 사람들의 이야기다.

/

한 소년이 찰리 멍거에게 물었다.
"저 같은 사람에게 들려주고 싶은 조언이 있으신가요?"
멍거가 대답했다.
"코카인을 멀리하고, 선로에서 기차와 경주하지 말고,
에이즈에 걸릴 상황을 피하렴."

당신이 삶에서 무엇을 피해야 하는지 먼저 알고 난 뒤에야
비로소 성공할 수 있다는 뜻이다.

/

21

돈에 관한
나의 유일한 목표

독립적인 삶은,
돈으로 살 수 없는 최고의 투자 수익률을 보장한다.

외면적 기준에 집착하다 보면

나 스스로 얼마나 행복한지가 아니라,

다른 사람보다 물질적으로 얼마나 풍족한지에 따라

승리를 정의하게 된다.

우리 시대 가장 위대하고 성공적인 배우 중 한 사람인 케빈 코스트너가 들려준 다음 이야기는 내 눈을 번쩍 뜨이게 했다.[109]

코스트너에게는 친구가 한 명 있었다(이름을 밝히지는 않았지만 여러 정황을 꿰맞춰 보면 소설가 마이클 블레이크Michael Blake임이 분명하다). 그 친구는 오랫동안 글을 써왔는데도 자신의 분야에서 별로 두각을 드러내지 못했다.

"그 친구에게 많은 일거리를 소개해줬죠." 코스트너는 친구를 위해 일을 찾아주려고 애썼다. "하지만 가는 곳마다 그에 대한 평이 그리 좋지 않더군요."

친구는 다른 곳에도 줄을 대달라고 코스트너를 졸랐다. "모든 작가가 자신이 최근에 쓴 작품이 최고라고 생각하지만, 자네가 쓴 글은 최고가 아닌 것 같아." 코스트너는 친구에게 직설적으로 말했다.

어느 날 그 친구는 코스트너에게 전화를 걸어 이렇게 말했다. "당분간 묵을 곳이 필요해. 자네 집에서 신세를 좀 질 수 있을까?" 그는 거주할 집이 없었다.

"그래서 그 친구는 우리 집에서 몇 달을 살았습니다." 친구는 코스트너의 집에서 미친 듯이 글을 썼다. "그는 매일 저녁 글을 썼습니다. 그리고 이렇게 말했어요. '오늘 내가 쓴 글을 좀 읽어주면 안 될까?'"

"나는 그때마다 손을 내저었어요." 코스트너는 그 친구를 같은 길을 걸어가는 동반자나 뭔가 배울 게 있는 사람이 아니라, 길 잃은 고양이쯤으로 생각했다.

"그는 자기가 쓴 글을 세 살 난 우리 딸에게 저녁마다 읽어주기 시작했어요. 결국 참지 못한 아내가 그 사람을 내보내라고 하더군요. 그래서 나도 나가달라고 했죠."

친구는 코스트너의 집을 떠났다. 그는 애리조나로 가서 어느 중국 음식점에서 접시 닦는 일자리를 얻었다.

몇 달 뒤 그 친구는 코스트너에게 전화를 걸었다. "내가 쓴 글을 읽어봤나?"

"아니." 코스트너가 대답했다.

코스트너는 아직 거처를 잡지 못한 친구의 처지를 딱하게 여겨 침낭을 보내줬다.

나중에 친구는 다시 전화를 걸어 물었다. "내가 쓴 글을 읽어봤나?"

짜증이 난 코스트너는 읽어보겠다고 대답했다.

"결국 그 글을 읽었어요." 코스트너가 말했다. "그 책이 바로《늑대와 춤을Dances With Wolves》이었죠."

이 소설은 나중에 영화로 제작되어 공전의 히트를 기록했다. 그 영화는 아카데미 시상식에서 무려 일곱 개 부문의 상을 휩쓸었고, 코스트너를 슈퍼스타의 대열에 올려놓았다.

행운이 어떻게 찾아올지는 아무도 모른다. 이 이야기는 잠시 뒤에 계속하겠다.

＊

어머니 말씀에 따르면 나는 세 살 때부터 동전 세기를 좋아했다고 한다. 다른 것은 제쳐두고 오로지 돈만 셌다.

찰리 멍거는 젊은 사람들에게 돈을 가르치면 그들이 보이는 반응은 딱 두 가지라고 말했다. 즉시 이해하거나 전혀 이해하지 못하거나, 둘 중 하나라는 것이다. 사람들의 성향이 그렇게까지 양분될 수 있는지 의구심이 들기도 하지만, 내 삶을 돌이켜 보면 수긍이 가기도 한다.

나는 10대에 처음 급여를 받았을 때부터 지금까지 번 돈을 알뜰하게 모으고 투자해서 늘 두 자릿수의 수익을 올렸다. 내게는 그것이 항상 옳은 일 같았다. 아무도 그렇게 하라고 가르치지 않았고, 그 일이 어렵게 느껴지지도 않았다. 그냥 당연한 일처럼 생각됐다.

아내와 나는 그다지 많은 돈을 쓰지 않는다. 원하는 게 별로 없어서다. 우리는 아주 행복한 삶을 살고 있지만, 우리가 소중히 생각하고 즐기는 일을 하는 데는 돈이 별로 들지 않는다. 등산, 정원 가꾸기, 책 읽기, 글쓰기, 애완견과 산책하기, 아이들과 함께 행복한 시간 보내기 등이 두 사람이 좋아하는 일의 전부다. 우리가 벌어들인 돈의 액수는 시간이 지나면서 많이 달라졌어도 우리가 즐기는 일은 별로 달라지지 않았다.

우리는 가난했을 때(우리에게도 그런 시절이 있었다) 그랬듯이 지금도 서로를 사랑한다. 우리는 그동안 저축한 돈을 독립적인 삶을 살아가는 데 활용하고 있다. 그것이 우리에게 얼마나 만족스러운 일상을 선사했는지는 말로 표현할 수도 없다.

구체적으로 말하자면 이렇다. 아내는 일에서 손을 떼고 전업주부로 살고 있으며, 나는 흥미 있는 일거리만 수락하고 나머지는 모두 거절한다. 우리에게는 소득보다 독립적인 삶이 더 소중하다. 양쪽에 모두 금전적인 요소가 개입되어 있기는 하지만, 나는 돈을 거부한다기보다 오히려 돈으로 시간을 구매하는 데 가깝다.

돈에 관한 내 유일한 목표는 매일 밤 가족이 무사함을 감사하며 평온한 마음으로 침대에 눕고, 내일도 내가 원하는 일을 원하는 사람과 원하는 만큼 하며 보낼 수 있다는 사실을 확인하며 잠이 드는 것이다.

주식 시장에서 높은 수익을 올리는 일에는 아무런 흥미가 없다. 이웃의 관심을 끌려고 애쓰지도 않는다. 그런 일은 외면적 기준을 충족하기 위한 행위에 불과하다. 외면적 기준에 집착하다 보면 나 스스로 얼마나 행복한지가 아니라, 다른 사람보다 물질적으로 얼마나 풍족한지에 따라 승리를 정의하게 된다. 그건 내게 전혀 의미가 없는 게임이다. 독립적인 삶은, 돈으로 살 수 없는 최고의 투자 수익률을 보장한다. 그런 무의미한 게임과는 비교할 수도 없다.

우리 부부의 경제적 삶은 너무나 단순하다. 아내와 나는 대학 시절에 만나 곧바로(결혼도 하기 전에) 통장을 합쳤다. 우리는 돈 얘기를 거의 하지 않는다. 할 만한 이야기도 별로 없다. 정해놓은 예산도 없고, 세부 사항을 기록한 스프레드시트도 없으며, 특별한 전략이나 목표도 없다. 우리 부부의 재산은 집, 현금, 인덱스 펀드, 그리고 내가 이사회 구성원으로 있는 마켈 그룹의 주식이 전부다.

우리는 빚이 없다. 원하는 물건은 무엇이든 살 수 있지만, 원하는 게 많지 않으니 그게 문제가 된 적은 별로 없다. 수입이 거의 없던 시절이든, 살면서 가장 높은 소득을 올렸던 시절이든 마찬가지였다. 우리는 여러 해에 걸쳐 다양한 지출 방식을 실험해봤으므로 단지 더 많은 돈을 저축하기 위해 삶의 즐거움을 희생한다고는 생각하지 않는다.

물론 내가 걸어온 길이 완벽하지는 않았다. 투자를 잘못한 적도 있고, 어리석은 의사결정을 내린 적도 많았다. 우리 부부 역시 다른 부모들처럼 아이들에게 돈에 관한 올바른 가치관을 심어주기 위해 노력한다. 삶의 방식은 너무나 다양하고, 인간은 지극히 불완전하다. 모든 일을 올바르게 하고 있다고 자신할 수 있는 사람은 아무도 없다. 나도 여러 해에 걸쳐 수없이 생각을 바꿔가며 살았다. 우리가 생각을 바꾸는 과정에서 얻어야 할 교훈은, 자신이 가진 믿음의 어떤 부분이라도 언제든 바뀔 수 있다는 사실을 염두에 두고 살아야 한다는 것이다.

돈이라는 게 얼마나 성가신 물건인지를 아는 사람은 복잡함 속에서 안정을 구하기보다 단순함의 가치를 더 소중하게 여길 것이다.

우리 가족이 돈을 생각할 때마다 지침이 되어주는 단순한 원칙을 소개한다.

- 수입보다 적게 지출한다.
- 조용한 복리 성장을 추구한다.
- 돈을 섬기는 대신 돈의 섬김을 받는다.
- 나만큼 나를 생각하는 사람은 없다.
- 독립은 부富다.
- 건강도 부다.
- 좋은 조상이 되기 위해 노력한다.
- 가족을 사랑한다.

누구든 이해할 수 있는 내용이다. 다시 케빈 코스트너의 이야
기로 돌아가보자.

＊

벤저민 프랭클린은 정직함이 최고의 도덕이라기보다 최고의 '정
책'이라고 말했다.[110] 정직함은 당신의 삶에 도움을 주고, 높은 위
치를 선물하고, 더 많은 돈을 벌게 해준다.

친절도 마찬가지다. 우리가 남들을 친절하게 대해야 하는 이유
는 두 가지다. 하나는 도덕적인 이유고, 다른 하나는 이기적인 이
유다.

도덕적인 차원에서 남에게 친절을 베풀어야 하는 이유는 친절
한 말과 행동을 통해 타인에게 공감을 표현할 수 있고, 그것이 도
덕적으로 올바른 일이기 때문이다. 이기적인 측면에서 타인을 친
절히 대해야 하는 이유는 세상을 살다 보면 남들의 도움이 필요
한 순간이 숱하게 찾아오기 때문이다. 사람들에게 친절을 베풀고
호감을 얻어야만 그들의 협조도 얻을 수 있다.

케빈 코스트너의 이야기는 도움의 손길이 언제 어디서 우리에
게 찾아올지 아무도 모른다는 사실을 잘 보여주는 사례다. 겉으
로는 성공과 전혀 무관해 보이는 사람도 당신이 필요로 하는 소
중한 지혜를 품고 있을 수 있다.

세상은 불공평하다. 과거에도 그랬고, 미래에도 그럴 것이다. 사

람의 능력이나 기술도 제각각이다. 그건 세상 전체를 위해서도 다행스러운 일이다.

하지만 돈이 많은 사람은 당연히 지혜도 많으리라고 섣불리 넘겨짚는 사고방식은 위험하다. 우리는 경제적으로 여유가 있고, 기회가 넘쳐나고, 물질적으로 풍요로운 시대에 살고 있다. 그러다 보면 사람들이 어떤 옷을 입었는지, 어디에 사는지, 얼마나 많은 돈을 버는지에 따라 그들을 향한 관심의 크기가 달라져야 한다는 착각에 빠지기 쉽다.

돈에 대한 나의 마지막 조언은 하나다. 운이 좋을수록 친절한 사람이 되어야 한다는 것이다. 돈이 많으면 내가 어떤 사람인지 남들에게 더 효과적으로 알릴 수도 있지만, 한편으로는 남들의 진정한 모습을 알아차리지 못할 수도 있다.

당신이 운이 좋아 풍요로운 시대에 태어나고, 부유한 지역에 살고, 세상을 배우고, 자신을 마음껏 표현할 수 있게 됐다면(그건 당신 이전에 이 세상에 왔었던 1,000억 명의 사람들이 축적한 노력과 지혜 덕분이다), 그럴수록 돈으로 살 수 없는 것에 감사해야 한다.

돈을 이용해서 당신이 쌓아 올린 훌륭한 삶을 더욱 빛나게 할 수는 있다. 그러나 돈 자체만으로 훌륭한 삶을 쌓아 올리지는 못한다.

당신과 의사결정의 내용이나 결과가 다른 사람들도 당신 못지않게 똑똑하고, 재미있고, 통찰력 있고, 소중하다는 사실을 깨달아야 한다. 그들은 자신의 관점에서 의미 있는 일을 할 뿐이며, 이 복잡한 세상에서 각자의 길을 찾으려 노력할 뿐이다. 당신 역시 본인의 관점에서 의미 있는 일을 할 뿐이고, 이 복잡한 세상에서 당신만의 길을 찾기 위해 애쓰고 있다.

이제 우리는 이 이야기가 시작된 곳으로 돌아온 셈이다. 정보만 있으면 모든 행동을 이해할 수 있고, 모든 사람은 단순한 삶을 향해 저마다의 길을 걸어간다.

**Money,
Mind,**
and
Meaning

/

돈을 이용해서 당신이 쌓아 올린 훌륭한 삶을

더욱 빛나게 할 수는 있다.

그러나 돈 자체만으로 훌륭한 삶을 쌓아 올리지는 못한다.

/

이 책은 수많은 동료의 도움 없이는 세상에 나오지 못했을 것이다. 일일이 다 적을 수는 없지만, 특히 마음 깊이 감사드리고 싶은 분들이 있다.

변함없는 사랑과 지지를 보내준 그레첸, 마일스, 리스, 누구보다 먼저 나를 믿어준 브라이언 리처즈, 굳이 그럴 이유가 없었음에도 나를 지지해준 크레이그 샤피로, 아무런 대가도 바라지 않고 늘 힘이 되어준 제나 압두, 이 책이 세상에 나올 수 있도록 큰 역할을 해준 노아 슈워츠버그, 몰리 글릭, 아드리안 재크하임, 언제나 용기를 북돋아주고 길을 잡아주며 나를 단단히 붙들어준 크레이그 피어스, 그리고 끊임없는 격려와 아낌없는 피드백을 보내준 크리스 힐, 더그 본파트, 마이클 안토넬리, 데이비드 센라, 그리고 이름을 다 언급할 수 없는 수많은 분들, 그런 분들 덕분에 이 책이 완성될 수 있었다. 진심으로 감사드린다.

주

들어가는 말

1   ruined her life: Robert Kurson, Crashing Through: A True Story of Risk,
        Adventure, and the Man Who Dared to See (Random House, 2007), 49.

2   listed them off: Gretchen Rubin, "Carl Jung's Five Key Elements to
        Happiness," Psychology Today, February 23, 2012, psychologytoday.com/
        us/ blog/ the- happiness- project/ 201202/ carl- jungs- five- key-
        elements- happiness.

3   "harder than knowing what to need": Luke Burgis, Wanting: The Power
        of Mimetic Desire in Everyday Life (St. Martin's Press, 2021).

4   "selling himself a slave to it": "Benjamin Franklin," The Historian's Hut
        (blog), July 20, 2018, thehistorianshut.com/ 2018/ 07/ 20/ benjamin-
        franklin-17.

'너와 나'는 다르다

5   syndicated columnist Robert Quillen: The Wilkes- Barre Record, June
        28, 1928.

6   Allen wrote about the era: Frederick Lewis Allen, Only Yesterday: An
        Informal History of the 1920s (Harper & Brothers, 1931).

7   "post-traumatic broke syndrome": Charlotte Cowles, "How to Run
        a Multimillion- Dollar Business and Still Nap Every Day," The Cut,
        January 1, 2024, thecut.com/ article/ how- tiffany- aliche- gets_it_
        done.html.

8   software engineer Billy Markus says: Billy Markus (@BillyM2k), "always
        remember that humans are not rational, we are rationalizing; thus all of
        us strongly believe all sorts of stuff that isn't true and that would be quite
        difficult to convince us otherwise no matter the facts and evidence," X,
        February 13, 2024, x.com/ BillyM2k/ status/ 1757537741473226925.

9   "by your brain as you need them": "Cartoon Science (How Emotions Are
        Made)," posted February 21, 2017, by Lisa Feldman Barrett, YouTube,
        youtube.com/ watch? v= K_ rjOY0kdII.

10   Concepts like "Anger" and "Disgust": Lisa Feldman Barrett, How
        Emotions Are Made: The Secret Life of the Brain, (Mariner Books, 2017).

11   by other cultures: Jonathan Haidt, The Righteous Mind: Why Good

People Are Divided by Politics and Religion (Vintage, 2013), 18– 19.

12   "consensus realities are mostly the result of geography": David McRaney, How Minds Change: The Surprising Science of Belief, Opinion, and Persuasion (Portfolio, 2022).

13   Take an extreme example from: Rob Henderson, " 'Luxury Beliefs' That Only the Privileged Can Afford," Wall Street Journal, February 9, 2024, wsj.com/us_news/education/luxury-beliefs-that-only-the-privileged-can- afford-7f6b8a16.

14   says financial advisor Tim Maurer: Tim Maurer, "Personal Finance Is More PERSONAL Than It Is FINANCE," Financial Life Planning, November 16, 2011, timmaurer.com/p/personal-finance_is_more-personal.

15   Comedian George Carlin: "George Carlin—Idiot and Maniac," youtube.com/ watch? v= XWPCE2tTLZQ.

16   Adam Smith wrote in 1759. Adam Smith, The Theory of Moral Sentiments (1759), chap. 2, available at knarf.english.upenn.edu/Smith/tms132.html.

17   for your talents alone: Shannon Sharpe (@ShannonSharpe), ".@ochocinco saved 83% of his salary by flying Spirit&wearing fake jewelry," X, January 30, 2023, x.com/ShannonSharpe/ status/1620223077702586370.

18   drive a Honda Accord: "Jeff Bezos: Old Honda?," posted September 1, 2023, by Way, YouTube, youtube.com/ watch? v= tc0a28KrWKo.

19   $500 million yacht: Sarah Jackson, "Jeff Bezos' Yacht Reportedly Cost $500 Million and is the Largest Sailing Yacht in the World. Here's What We Know," Business Insider, November 14, 2023, businessinsider.com/ jeff- bezos-yacht.

20   didn't have any furniture: John Brownlee, "2Steve Jobs's Quest for Perfection Could Make Even Buying a Sofa into a Decade-Long Ordeal," Cult of Mac, October 25, 2011, cultofmac.com/ 125861/ steve-jobss-quest- for-perfection-could-make-even-buying_a_sofa-into_a_decade-long-ordeal.

21   and to abuse alcohol: Jennifer Breheny Wallace, Never Enough: When Achievement Culture Becomes Toxic—and What We Can Do About It (Portfolio, 2023), 121.

22   "lowest of human character traits": Jan-Willem van der Rijt, "The Vice of Admiration," Philosophy 93, no. 1 (2018): 69–90, doi.org/10.1017/S0031819117000353.

23   "But it doesn't work": Alice Schroeder, The Snowball: Warren Buffett and

the Business of Life (Bantam, 2008).

도파민의 질문 "자, 다음 목표는 뭐지?"

24   "When you walk around": Nina Norman, "Summary: How Proust Can
      Change Your Life: Valuable Insights Into Living Your Best Life by Alain
      de Botton," Paiminy, December 10, 2023, paminy.com/ book-summary-
      how-proust-change-your-life-valuable-insights-living-best-life.

25   "People from a planet": Oxford Reference.oxfordreference.com/
      display/10.1093/acref/ 9780191826719.001.0001/q_oro-ed4-00007730.

26   financial advisor Peter Mallouk: x.com/ PeterMallouk.

27   "No purpose," he said: "The Purpose of Life Nixon," posted July 9, 2011,
      by JM, YouTube, youtube.com/watch? v= Pc3IfB23W4c.

당신이 보지 못하는 것

28   political rival Thomas Jefferson: Amber Paranick, "Deaths of John Adams
      and Thomas Jefferson on July 4th," Headlines & Heroes (Library of
      Congress blog), July 6, 2022, blogs.loc.gov/ headlinesandheroes/ 2022/ 07/
      deaths_of_john-adams-and-thomas-jefferson_on_july-4th.

29   asked who he envies: The Solitary Billionaire: J. Paul Getty, interview by
      Alan Whicker, aired February 24, 1963, on BBC, bbc.co.uk/programmes/
      p00nw1t5.

30   Rubin once echoed something similar: Patrick O'Shaughnessy (@patrick_
      oshag), "Rick Rubin sums up why I believe in the idea of 'growth without
      goals.' 'It's hard to get really depressed until your dreams come true. Once
      your dreams come true and you realize you feel the same way you did
      before then you get a feeling of hopelessness . . .'" X, August 13, 2023,
      x.com/ patrick_ oshag/ status/ 1690759146792972288.

31   "That's when you get hopeless": Jay Shetty (@jayshettypodcast), "@rickrubin
      gets deep during our time on the podcast If you haven't listened yet
      you can now on all audio platforms or you can watch on YouTube,"
      Instagram, September 29, 2023, instagram.com/reel/CxxhghROPxF.

32   The happiest states in America: Jessica Roy, "Here Are the 50 States
      Ranked by How Happy Their Residents Are," Time, February 24, 2014,
      time.com/ 9465/here-are-he_50_states-ranked_by_how-happy-
      their-residents-are.

33   "things other than their disability": Daniel Kahneman, "Focusing
      Illusion," n.d., response to annual question "2011: What Scientific
      Concept Would Improve Everybody's Cognitive Toolkit?," Edge, edge.
      org/ response- detail/ 11984.

34   Kahneman again (emphasis mine): Daniel Kahneman, Thinking, Fast and Slow (Farrar, Straus and Giroux, 2011).

35   "more money won't help": Michele W. Berger, "Does More Money Correlate with Greater Happiness?," Penn Today, March 6, 2023, penntoday.upenn.edu/news/oes-more-money-correlate-greater-happiness-Penn-Princeton-research.

36   "how it would feel to be there": Ben Cohen, "Taylor Swift Is Still Intimidated by the Fear of Being Average," Wall Street Journal, December 21, 2023, wsj.com/arts-culture/music/ taylor-swift-eras-tour-success-a2358af7.

37   "Everyone is jealous": Jimmy Carr (@jimmycarr), X, May 29, 2024, x.com/ jimmycarr/ status/ 1796572824393703882.

38   wrote this beautiful note: Marc Randolph (@mbrandolph), "I'm Marc Randolph, co_founder of Netflix & 6 other companies. This is my definition of success," X, May 28, 2024, x.com/ mbrandolph/ status/1795468885245976631.

그는 왜 결승점 앞에서 죽음을 택했을까

39   twenty-seven thousand miles later: Nicholas Tomalin and Ron Hall, The Strange Last Voyage of Donald Crowhurst (1970; repr., International Marine/ Ragged Mountain Press, 2003).

40   "The big question about": Alice Schroeder, The Snowball: Warren Buffett and the Business of Life (Bantam, 2008).

하루에 세 번씩 5성급 호텔 요리를 먹는다면

41   "such a carpet was happening?": Robert Kurson, Crashing Through: A True Story of Risk, Adventure, and the Man Who Dared to See (Random House, 2007), 132.

42   "The thing that is least": William Dawson, The Quest of the Simple Life (E. P. Dutton and Co., 1907).

43   Schwarzenegger once gave diet advice: Arnold Schwarzenegger (@ Schwarzenegger), "I heard that the way you go viral on this site is by making a big list of things you have to do. Let me try. You should mostly eat food you know is healthy, there is no magic food. You should also occasionally let yourself eat delicious food you know isn't healthy," X, December 18, 2023, x.com/ Schwarzenegger/ status/ 1736816475426664558.

44   "the arrogance of wealth": Morgan Housel, "What We Said When the World Changed," Collaborative Fund, April 5, 2017, collabfund.com/ blog/what_we_said-when-the-world-changed.

45   "any other thing that wrecked him": John Updike, "Poor Little Rich Boy," The Guardian, June 20, 2003, theguardian.com/books/2003/jun/21/featuresreviews.guardianreview34.

46   the legacy of the world's richest man: Arthur T. Vanderbilt II, Fortune's Children: The Fall of the House of Vanderbilt (William Morrow, 1989), 415.

47   more money than the US Treasury: David Senra (@FoundersPodcast), "When Cornelius Vanderbilt died he had more money than the U.S. Treasury This story is wild! New episode available now!," X, March 11, 2024, twitter.com/ founderspodcast/ status/ 1767302892132962454? s= 43.

48   "devote themselves to pleasure": Vanderbilt, Fortune's Children.
      77 family biographer Arthur Vanderbilt writes: Vanderbilt, Fortune's Children, 343.

49   money promised to his heirs: Vanderbilt, Fortune's Children, 343.

50   "as cocaine is to morality": Rebecca Fowler, " 'Inherited Wealth Is a Real Handicap to Happiness. It Is as Certain a Death to Ambition as Cocaine Is to Morality'— William K Vanderbilt," Independent, July 11, 1996, independent.co.uk/news/inherited-wealth_is_a_real-handicap_to_happiness_it_is_as_certain_a_death_to_ambition_as_cocaine_is_to_morality- william_k_vanderbilt- 1328294.html.

51   just "Because I can": The Queen of Versailles, directed by Lauren Greenfield (Evergreen Pictures, 2012). "Queen of Versailles" (excerpt of transcript from The Queen of Versailles), subsaga.com, n.d., subsaga.com/ bbc/ documentaries/ factual/ storyville/ 2012- 2013/ 14_queen_of_versailles.html.

52   in his 1926 memoir: Harvey S. Firestone, Men and Rubber: The Story of Business (1926; repr., Latticework, 2023), 26.

53   "would have been so motivated": Emily Burack, "Anderson Cooper Wants to Teach His Sons the Value of Earning a Living," Town & Country, September 13, 2023, townandcountrymag.com/society/money-and-power/ a45124305/anderson-cooper-sons-inheritance.

54   when he was newly rich: Brian Murphy, "Charles Feeney, Philanthropist Who Gave Away His Billions, Dies at 92," Washington Post, October 10, 2023, washingtonpost.com/obituaries/2023/10/10/chuck-feeney-philanthropist-duty-free-dies.

55   "isn't helping people": "An Entrepreneur, Always," The Atlantic Philanthropies, n.d., atlanticphilanthropies.org/chuck-feeneys-story/ chapter_1.

56   Perell once wrote: David Perell (@david_ perell), "The people I admire most

Home," Jason Zweig (blog), November 30, 2015, jasonzweig.com/ the-real-value_of_a_home.

101   "your foot to is good music": Jazz, directed by Ken Burns (PBS, 2001).

사소한 것에 관하여

102   Author Rory Sutherland writes: Rory Sutherland, Alchemy: The Dark Art and Curious Science of Creating Magic in Brands, Business, and Life (Mariner Books, 2019).

103   Department of Agriculture that read: Jamie Catherwood (@ InvestorAmnesia), "Calvin Coolidge took the meaning of 'frugal' to another level . . . The juxtaposition of Coolidge's cost- cutting measures with today's federal spending is pretty insane. Taken from the @ FinanceMuseum Summer issue." X, November 21, 2023, twitter.com/ InvestorAmnesia/ status/ 1727001307100406152.

104   a crazier example: Ron Chernow, Titan: The Life of John D. Rockefeller, Sr. (Vintage, 2004).

105   "blow $500,000 that way": Alice Schroeder, The Snowball: Warren Buffett and the Business of Life (Bantam, 2008).

106   for a $1 hot dog: Barron's, "The $1000 Hot Dog," posted by Davis Funds, n.d., davisfunds.com/insights/video/ hotdog-video-barron.

탐욕과 공포의 수명주기

107   James Weldon Johnson on New York City: New York: A Documentary Film, directed by Ric Burns (PBS, 1999 – 2003).

돈을 쓰면서 불행해지는 19가지 방법

108   "Don't do cocaine": Charlie Munger, quoted in Morgan Housel, "Charlie Munger's Humorous Advice," The Motley Fool, April 5, 2017, fool.com/ investing/ general/ 2008/ 02/ 22/ charlie-mungers-humorous-advice. aspx.

돈에 관한 나의 유일한 목표

109   that stopped me in my tracks: Tae Kim (@firstadopter), "This is a good story," Threads, July 15, 2023, threads.net/@firstadopter/post/ CuuWTSSuusD? igshid=MTc4MmM1YmI2Ng%3D%3D.

110   Benjamin Franklin didn't say honesty: Thanks to Charlie Munger for this one.

옮긴이 | **박영준**

대학교에서 영문학을 전공하고 대학원에서 경영학을 공부한 후 외국계 기업에서 일했다. 바른번역 소속 전문 번역가로 활동 중이며 국제 정치, 경제, 경영, 자기계발, 첨단기술 등 다양한 분야의 책을 번역하고 있다.

옮긴 책으로는 《돈의 방정식》, 《행동은 불안을 이긴다》, 《프로젝트 설계자》, 《나폴레온 힐과의 마지막 대화》, 《열두 개의 성공 블록》, 《존 맥스웰 리더십 불변의 법칙》, 《당신이 생각하는 모든 것을 믿지 말라》, 《시간 해방》, 《컨버전스 2030》, 《우버 인사이드》, 《세상 모든 창업가가 묻고 싶은 질문들》, 《포춘으로 읽는 워런 버핏의 투자 철학》, 《언러닝》 등이 있다.

돈의 방정식

초판 1쇄 발행　2026년 1월 16일
초판 21쇄 발행　2026년 2월 20일

지은이 모건 하우절
옮긴이 박영준

책임편집 이정아
마케팅 이주형
기획개발 오민정, 이상화, 윤지윤

펴낸이 이정아
펴낸곳 (주)서삼독
출판신고 2023년 10월 25일 제 2023-000261호
이메일 info@seosamdok.kr

© 모건 하우절
ISBN 979-11-93904-67-1 (03320)

서삼독은 작가분들의 소중한 원고를 기다립니다. 주제, 분야에 제한 없이 문을 두드려주세요.
info@seosamdok.kr로 보내주시면 성실히 검토한 후 연락드리겠습니다.

have a way of escaping the bubble of culture. Sometimes via religion; sometimes via old books; sometimes via time in nature. Without such an escape, propaganda wins. You stop thinking for yourself. Modern delusions grow into an all- consuming mind virus." X, November 25, 2023, twitter.com/ david_ perell/ status/1728627591651975341.

57 happy before you had more money: "Kahneman Resolves Conflict on Income- Wellbeing Study, Finds Point at Which Unhappiness Stops Decreasing for Unhappy People," Kahneman-Treisman Center for Behavioral Science & Public Policy, Princeton University, press release, March 8, 2023, behavioralpolicy.princeton.edu/ news/DK_wellbeing0323.

58 "If you get to my age": Marcel Schwantes, "Warren Buffett Says Your Greatest Measure of Success at the End of Your Life Comes Down to 1 Word," Inc., September 13, 2018, inc.com/marcel-schwantes/ warren- buffett-says_it_doesnt-matter-how-rich-you-are-without-this_1_ thing-your-life_is_ a_disaster.html.

쾌적하고 편리한 vs. 남에게 보이기 자랑스러운

59 that amounts to a religious experience: "Sour Grapes | The World's Most Notorious Wine Forger | True Crime | FULL ENGLISH DOCUMENTARY," posted May 19, 2022, by Gravitas Documentaries, YouTube, youtube.com/ watch? v= 5LGibBYuj5U.

60 reselling the real ones online: Amy X. Wang, "Inside the Delirious Rise of 'Superfake' Handbags," New York Times,
May 4, 2023, updated June 28, 2023, nytimes.com/ 2023/ 05/ 04/ magazine/ celine- chanel- gucci- superfake- handbags.html.

61 Author David Brooks once wrote: David Brooks, "The Haimish Line," New York Times, August 29, 2011, nytimes.com/ 2011/ 08/ 30/ opinion/ brooks-the-haimish-line.html.

오늘을 위할 것인가, 내일을 위할 것인가

62 David Cassidy's last words: Andrea Mandell, "Katie Cassidy Shares Father David Cassidy's Last Words: 'So Much Wasted Time,' " USA Today, November 24, 2017.
https://www.usatoday.com/story/life/people/2017/11/24/katie-cassidy-shares-father-david-cassidys-last-words-so-much-wasted-time/893367001/

63 150 years old: J. Nielsen et al., "Eye Lens Radiocarbon Reveals Centuries of Longevity in Greenland Shark (Somniosus microcephalus)," Science 353, no. 6300 (2016): 702-4.

64 Bill Perkins writes: Bill Perkins, Die with Zero: Getting All You Can from Your Money and Your Life (Mariner Books, 2020), cover flap.

65   "Taking too little risk": Nick Maggiulli (@dollarsanddata), X, April 3, 2024, x.com/ dollarsanddata/ status/ 1775501677438677460.

66   could expect to live until age sixty-two: Felicitie C. Bell and Michael L. Miller, "Life Tables for the United States Social Security Area 1900 – 2100," SSA Pub. No. 11_11536 (Social Security Administration, August 2005), ssa.gov/ oact/ NOTES/ pdf_ studies/ study120.pdf.

67   Amazon founder Jeff Bezos once described: "Jeff Bezos—Regret Minimization Framework," Youtube, December 20, 2008, youtube.com/ watch? v= jwG_qR6XmDQ.

68   "he appreciates being second": Michael Collins, Carrying the Fire: An Astronaut's Journeys (1974; 50th anniversary ed., Farrar, Straus and Giroux, 2019), Kindle.

69   "that guy's seats are better": Patrick O'Shaughnessy, host, Invest Like the Best, podcast, episode 337, "Building Thrive Capital," July 18, 2023, joincolossus.com/ episodes/ 60539836/ kushner- building- thrive- capital? tab= transcript.

70   Lawrence Yeo, once wrote: Lawrence Yeo, "The Antidote to Envy," More to That (blog), n.d., moretothat.com/ the- antidote_to_envy.

71   go bankrupt in the future: Sumit Agarwal, Vyacheslav Mikhed, and Barry Scholnick, "Peers' Income and Financial Distress: Evidence from Lottery Winners and Neighboring Bankruptcies," Review of Financial Studies 33, no. 1 (January 2020): 433 – 72, academic.oup.com/ rfs/ article- abstract/ 33/ 1/ 433/ 5488177.

72   "Someone will always be getting richer": Charlie Munger, quoted in Morgan Housel, "FOMO the Worst Financial Trait," Collaborative Fund, January 19, 2023, collabfund.com/ blog/ fomo- the- worst- financial- trait.

73   worse off by several metrics: Jennifer Breheny Wallace, Never Enough: When Achievement Culture Becomes Toxic— and What We Can Do About It (Portfolio, 2023), Kindle.

74   twelve seasons in the NBA: Celtics Wire, "How Antoine Walker Lost $108,000,000, but Found His Way Again," Yahoo Sports, July 15, 2023, sports.yahoo.com/ antoine- walker- lost- 108- 000- 090045760.html.

75   "worry about money again in his life": Bloomberg, "Basketball Star Who Went Bankrupt Wishes He'd Gotten an MBA," InvestmentNews, November 19, 2014, investmentnews.com/ industry- news/ archive/

basketball- star- who- went- bankrupt- wishes- hed- gotten_an_ mba- 59681.

76   a full- sized basketball court: Lester Munson, "Antoine Walker Wants Your 'Writ of Pity,' " ESPN.com, June 3, 2010, espn.com/ espn/ commentary/ news/ story? page= munson/ 100603.

77   "I don't ever need to worry about money": "Interview with Former Pro Football Player and Math PhD Candidate John Urschel," MIT Faculty Newsletter 30, no. 2 (November/ December 2017), web.mit.edu/ fnl/ volume/ 302/ urschel.html.

78   "The more you have to lose": Nassim Taleb, Skin in the Game: Hidden Asymmetries in Daily Life (Random House, 2018).

79   ousted from his company: Benjamin Stupples, "Margin Calls, Lawsuits Squeeze Wealth of Leveraged Executives," Bloomberg, February 26, 2024, bloomberg.com/ news/ articles/ 2024_02_26/ margin- calls- lawsuits- squeeze- wealth_of_leveraged- executives.

조용한 돈

80   "you gone outshine me?'": Frank Lucas, Original Gangster (Ebury, 2010), 243.

81   one of the winners: Elisabeth Ginsburg, "Lottery Winners Years Later," New York Times, January 31, 1993, nytimes.com/ 1993/ 01/ 31/ nyregion/ lottery- winners- years- later.html.

82   Nerburn once wrote to his sons: M. G. Bianco, Letters to My Sons: A Humane Vision for Human Relationships (CreateSpace, 2014).

돈이 당신의 정체성을 결정할 때

83   "Money is like gasoline": Tim O'Reilly, quoted in Cheng- Wei Hu, Weekly I/ O#77, chengweihu.com/ io/ money_is_gasoline.

84   before he became wealthy: Harvey S. Firestone, Men and Rubber: The Story of Business (1926; repr., Latticework, 2023), 128.

85   Graham has a saying: Paul Graham, "Keep Your Identity Small," February 2009, Paul Graham (blog), paulgraham.com/ identity.html.

86   also linked to Alzheimer's disease: Sonia Fernandez, "New Research Shows Genetic Mutation Known for Alzheimer's Disease Is Associated with Higher Fertility in Women," The Current (UC Santa Barbara), August 10, 2023, news.ucsb.edu/ 2023/ 021170/ new- research- shows- genetic- mutation- known- alzheimers- disease- associated- higher.

87   "a little smarter, a little quicker": CNBC, "Full Transcript from CNBC's 'Charlie Munger: A Life of Wit and Wisdom,' " CNBC.com, November 30, 2023, cnbc.com/ amp/ 2023/ 11/ 30/ full-transcript-from-cnbcs-

charlie-munger_a_life_of_wit-and- wisdom-.html.

88 "We are built with": Dee Hock, quoted in Morgan Housel, "Mental Liquidity," Collaborative Fund, March 29, 2023, collabfund.com/ blog/ mental- liquidity.

89 "I know what to ignore": Safi Bahcall, Loonshots: How to Nurture the Crazy Ideas That Win Wars, Cure Diseases, and Transform Industries (St. Martin's, 2019).

90 ignore everything else: John M. Barry, The Great Influenza: The Epic Story of the Deadliest Plague in History (Viking, 2004).

91 half of Americans don't read books: David Montgomery, "54% of Americans Read a Book This Year," December 21, 2023, YouGov, today. yougov.com/ entertainment/ articles/ 48239_54_percent_of_ americans- read_a_book- this- year.

92 "If you learn to enjoy": Anthony De Mello, The Way to Love (Doubleday, 1992).

93 "a rich father": As told by Chris Davis.

94 kids financially in the last year: Faith Hill, "The New Age of Endless Parenting," Atlantic, July 9, 2024, theatlantic.com/ family/ archive/ 2024/ 07/ modern-parenting-grown-children/ 678942.

95 "they have stocks and bonds": Alice Schroeder, The Snowball: Warren Buffett and the Business of Life (Bantam, 2008).

96 blew the smoke into Billy's face: Arthur T. Vanderbilt II, Fortune's Children: The Fall of the House of Vanderbilt (William Morrow, 1989), 26.

97 "When a child cannot meet": Jennifer Breheny Wallace, Never Enough: When Achievement Culture Becomes Toxic (Portfolio, 2023).

98 "I've come to believe that upward": Rob Henderson, Troubled: A Memoir of Foster Care, Family, and Social Class (Gallery Books, 2024).

99 for Democrats, it's nine in ten: Alan Cooperman, "Most U.S. Parents Pass Along Their Religion and Politics to Their Children," Pew Research Center, May 10, 2023, pewresearch.org/ short- reads/ 2023/ 05/ 10/ most_us_parents- pass- along- their- religion- and- politics_to_ their- children.

100 his mom selling her longtime home: Jason Zweig, "The Real Value of a